教科書ガイド

東京書籍版

パワーオンI

Power On
English Communication I

TEXT BOOK GUIDE

あすとろ出版

はじめに

本書は，東京書籍発行の高等学校の教科書『Power On English CommunicationⅠ』に準拠した教科書自習書として編集されたものです。

本書には次のような特色があります。

1 教科書本文を的確に理解できる

教科書本文について，語義を掲載するだけでなく，意味のまとまりごとに日本語訳を付け，英文の構造が複雑であったり文法の補足説明が必要であったりするものについて「読解のポイント」を示しています。

2 二次元コードから語句・本文の音声を聞くことができる

各Lessonの冒頭に，教科書と同じコンテンツを閲覧できる二次元コードを付けています。語句・本文の音声を聞き，ネイティブスピーカーの発音にならって繰り返し音読することで，リスニング・スピーキングの力も高めることができます。

3 Lessonごとに定期テスト対策ができる

各Lesson末に定期テスト対策問題を収録し，巻末に解答・解説を掲載しています。学校などでの授業進度に沿って，定期テスト対策をしっかりと行うことで，得点アップにつなげることができます。

そのほか，教科書の設問についてのヒント，文法事項の解説も掲載しており，予習・復習に役立てることができます。教科書の内容を正しく理解することで，英語力の土台を固めることができます。

本書がみなさんの学習の手助けになれば幸いです。

あすとろ出版　編集部

本書で使われている主な記号

ヒント	各設問についての考え方や英文の意味などを掲載
語句	教科書の語句と語義を掲載 名：名詞　代：代名詞　動：動詞　形：形容詞 副：副詞　前：前置詞　接：接続詞　間：間投詞 助：助動詞　冠：冠詞
本文	教科書本文および意味のまとまりごとの日本語訳を掲載 スラッシュ（/）：意味上の区切れや語句のまとまりを示す 1 2 3：各文の通し番号
読解のポイント	教科書本文の文構造や文法の解説，読解上の要点を掲載 S：主語　V：動詞　O：目的語　C：補語 (従属節内にはS'のように，「'」を付す) [ ]：節を示す ⇒ Grammar：新出文法事項を示す
解説	教科書の Grammar に対応した文法の解説を掲載
練習問題	教科書の Try It! に対応したオリジナル文法問題を掲載
練習問題解答　解説	練習問題の解答と解説を掲載

※著作権等の関係により，以下の内容は掲載を省略しました。
教科書内の写真・イラスト，全訳・解答例，
「Action」以外のリスニング問題のスクリプトとヒント
※教科書のLessonとReading以外のページは掲載を省略しました。

CONTENTS

Lesson 1 Japan's New Tourism

Get Started! 教科書 ▶ p.15

写真を見て話し合ってみましょう。

Do you know these places?

What are the people in the pictures doing?

ヒント「あなたはこれらの場所を知っていますか。写真の中の人たちは何をしていますか。」

語句

- □ tourism /túərìzm/ 名 ツーリズム

Part 1 教科書 ▶ pp.16-17

外国人観光客に最も人気のある観光地はどこでしょうか。下から1つ選びましょう。

1. Kinkakuji Temple

2. Hiroshima Peace Memorial Park

3. Fushimi-Inari Taisha Shrine

ヒント **1.**「金閣寺」**2.**「広島平和記念公園」**3.**「伏見稲荷大社」

本文を読んで，(　　) 内に適切な語を入れましょう。

・famous for its (① 　　　) red *torii* gates
・the (② 　　　) dates of the gates ・the names of (③ 　　　)
・very exotic ・appeals to (④ 　　　) from abroad

ヒント「・(①) 赤い鳥居で有名な」「・鳥居の (②) 年月日」「・(③) の名前」「・とてもエキゾチックな」「・海外からの (④) の心を引きつける」①は教科書p.17の4～5行目，②と③は7～8行目，④は9～10行目を参照。

What is a popular sightseeing spot in your area?

例 Tokyo Skytree is.

ヒント「あなたの地域で人気のある観光地は何ですか。」例「東京スカイツリーです。」

本文

1 What is / the top sightseeing spot in Japan / among foreign tourists?// **2** Kinkakuji Temple?// **3** Hiroshima Peace Memorial

何が…か　日本で最も人気のある観光地　外国人観光客の間で　金閣寺か　広島平和記念公園か

語句

- □ top /tá:p/ 形 いちばん上の，最上位の
- □ sightseeing /sáɪtsì:ɪŋ/ 名 観光

Park?// **4** The answer is ... / Fushimi-Inari Taisha Shrine in Kyoto!//
その答えは…だ　京都の伏見稲荷大社

5 Actually,/ I went there last month.// **6** The shrine is famous / for
実は　私は先月そこに行った　その神社は有名だ

its countless red *torii* gates.//
数えきれないほどの赤い鳥居で

7 Look at this photo.// **8** What are these black letters?// **9** They
この写真を見なさい　これらの黒い文字は何か　それらは

are the construction dates of the gates / and the names of donors!//
鳥居の建立年月日だ　そして寄贈者の名前

10 The sharp contrast / between the red gates and the black letters /
はっきりとした対比　赤い鳥居と黒い文字の間の

is very exotic.// **11** It appeals / to visitors from abroad.//
とてもエキゾチックだ　それは心を引きつける　海外からの観光客の

- □ countless /káuntləs/
  形 数えきれないほどの，無数の
- □ construction /kənstrʌ́kʃən/
  名 建設，建造
- □ donor(s) /dóunər(z)/
  名 寄贈者
- □ sharp /ʃɑ́:rp/
  形 はっきりとした
- □ contrast /kɑ́:ntræst/
  名 対照，対比，コントラスト
- □ exotic /ɪgzɑ́:tɪk/
  形 異国風の，エキゾチックな
- □ appeal(s) /əpí:l(z)/
  動 (人の)心を引きつける

- □ Hiroshima Peace Memorial Park
  広島平和記念公園
- □ *be* famous for ...
  …で有名だ
- □ look at ...
  …を見る
- □ between ... and 〜
  …と〜の間の

読解のポイント

1 What is the top sightseeing spot in Japan among foreign tourists?

isはbe動詞の現在形で「現在の状態」を表す。sightseeing spotに複数の修飾語句がついている。定冠詞theと形容詞topが前から修飾（前置修飾）し，in Japanとamong foreign touristsが後ろから修飾（後置修飾）している。⇒ Grammar

2 Kinkakuji Temple? ⤴

文末を上昇調で読む。

3 Hiroshima Peace Memorial Park? ⤴

文末を上昇調で読む。

4 The answer is ... Fushimi-Inari Taisha Shrine in Kyoto!

S V C

The answer isの後ろに「...」があるのは，相手の気を引くために間をとっているためである。Fushimi-Inari Taisha Shrineをin Kyotoが後ろから修飾している。

5 Actually, I went there last month.

S V

Actuallyは「実は」という意味。wentはgoの過去形で「行った」という意味。thereは4の文のFushimi-Inari Taisha Shrineを指している。⇒ Grammar

6 The shrine is famous for its countless red *torii* gates.

S V C

be famous for ...は「…で有名だ」という意味。itsは「それの」という意味で，先行する名詞を受ける代名詞。ここではThe shrineを受けている。

7 Look at this photo.

Look at ...は「…を見る」という意味。lookは自動詞なので，見る対象を示すときは前置詞atが必要。

8 What are these black letters?

ここではlettersは「文字」という意味で使われている。

9 They are the construction dates of the gates and the names of donors!

S V C C

2つの補語（C）がandでつなげられている。of the gatesはthe construction datesを，of donorsはthe namesを後ろから修飾している。

10 The sharp contrast between the red gates and the black letters is very exotic.

S V C

主語の後ろに長い修飾語句があるため，主語と動詞が離れている。動詞に注目して，主語のかたまりがどこまでかを判断する。between the red gates and the black lettersが，主語The sharp contrastを後ろから修飾している。

11 It appeals to visitors from abroad.

S V O

Itは10の文のThe sharp contrast between the red gates and the black lettersを指している。appeal to ...で「…の心を引きつける」という意味。from abroadがvisitorsを後ろから修飾している。

Grammar

動詞の現在形・過去形　現在の状態や習慣，過去の状態や動作などを表します。

●現在形

Fushimi-Inari Taisha Shrine **is** the top sightseeing spot in Japan.
be動詞の現在形　現在の状態を表す

（伏見稲荷大社は日本で最も人気のある観光地です。）

●過去形

I **went** to the shrine last month.
goの過去形　過去の行為を表す

（私は先月その神社に行きました。）

解説 動詞は，表す「時」に応じて形を変えて用いる。現在時制では，be動詞は現在の状態（…である）や存在（…にある，いる）を表し，一般動詞では，現在の習慣や行為，状態を表す。一般動詞の現在形は，主語が三人称単数のときは語尾に-s（-es）がつく（例）。過去時制では，過去の状態や存在，習慣や行為などを表す。went（=goの過去形）のように，過去形が-ed以外の形になる動詞に注意。

例 Riku often **plays** tennis with his brothers on weekends.
（リクは週末によく兄弟とテニスをします。）

Try It!

（　　）内から適切な語を選び，声に出して文を読みましょう。

1. Fushimi-Inari Taisha Shrine and Kinkakuji Temple (is / are) famous sightseeing spots in Kyoto.
2. Ms. Green (visit / visits) Kyoto every year.
3. She (takes / took) many pictures of the shrine last month.

ヒント 1.「伏見稲荷大社と金閣寺は京都で有名な観光地です。」主語がandで結ばれた複数であることに注目。
2.「グリーン先生は毎年京都を訪れます。」主語は三人称単数であることに注目。
3.「彼女は先月，その神社のたくさんの写真を撮りました。」last monthが過去を表す語句であることに注目。

練習問題

（　　）内から適切な語を選びなさい。

1. Tokyo Tower (is / was) the tallest building in Japan until 2012.
2. She (goes / went) to the temple every morning these days.

練習問題解答

1. was　2. goes

解説 1.「東京タワーは，2012年まで日本で最も高い建物でした。」until 2012「2012年まで」から，過去形を選ぶ。2.「彼女は近頃では毎朝その寺に行っています。」every morning these days「近頃では毎朝」から，現在形を選ぶ。

イラストを見て，語（句）の意味を推測しましょう。

1. sightseeing

2. sports tourism

3. cultural tourism

ヒント 教科書p.18では，**1.** は観光客らしき人たちが城の写真を撮っている。**2.** は人がスキーやサイクリングをしている。**3.** は人が生け花をしたり，書道をしたりしている。

本文を読んで，（　　）内に適切な語を入れましょう。

(①) and (②) from all around the world come and experience Japow.
The town is now a (③) for sports tourism.

ヒント「世界中から（①）や（②）がジャパウを体験しにきます。」「その町は今ではスポーツツーリズムの（③）です。」①と②は教科書p.19の7～8行目，③は9～10行目を参照。

Speak / Write

What sports do you like?

例 I like tennis and soccer.

Plus One

ヒント「あなたは何のスポーツが好きですか。」例「私はテニスとサッカーが好きです。」

本文

1 Nowadays,/ not only sightseeing but also "new tourism" is popular.// **2** Sports tourism and cultural tourism are two examples / of this "new tourism."// **3** That is,/ tourists are seeking fresh experiences,/ not just sightseeing.//

最近では　観光だけではなく「ニューツーリズム」も人気がある　スポーツツーリズムと文化ツーリズムは2例だ　この「ニューツーリズム」の　つまり　観光客たちは斬新な体験を求めている　ただ観光だけでなく

4 Do you know the word "Japow"?// **5** It stands for Japanese powder snow.// **6** The snow is very soft and light,/ like powder.// **7** Skiers and snowboarders from all around the world / come and experience Japow.// **8** Niseko in Hokkaido is especially popular

「ジャパウ」という語を知っているか　それは日本の粉雪を表す　その雪はとても柔らかくて軽い　粉のように　世界中からのスキーヤーとスノーボーダー　ジャパウを体験しにくる　北海道のニセコは特に彼らに人気がある

語句

- □ nowadays /náuədèiz/ 副 近頃は
- □ seek(ing) /síːk(iŋ)/ 動 …を探す，探究する
- □ Japow /dʒəpáu/ 名 ジャパウ（日本のパウダースノーを表す造語）
- □ skier(s) /skíːər(z)/ 名 スキーヤー
- □ snowboarder(s) /snóubɔ̀ːrdər(z)/ 名 スノーボーダー
- □ mecca /mékə/ 名 メッカ

with them.// 9 The town is now a mecca for sports tourism! //
その町は今やスポーツツーリズムのメッカだ

- not only ... but also 〜
  …だけでなく〜も
- that is
  つまり
- stand for ...
  …を表す
- from all around the world
  世界中から
- come and experience ...
  …を体験しにくる
- popular with ...
  …に人気がある

読解のポイント

1 Nowadays, not only sightseeing but also "new tourism" is popular.
S V C

not only ... but also 〜で「…だけでなく〜も」という意味。この表現が主語にくるときは，動詞は「〜」に入る名詞の人称・数に合わせる。そのため，この文ではnew tourism（三人称単数）に合わせてbe動詞はisを使っている。

2 Sports tourism and cultural tourism are two examples of this "new tourism."
S V C

主語はandでつながれたSports tourismとcultural tourismの複数なので，be動詞はareとなる。two examplesをof this "new tourism"が後ろから修飾している。

3 That is, tourists are seeking fresh experiences, not just sightseeing.
S V O

That isは「つまり」という意味。動詞are seekingは現在進行形〈be動詞＋動詞の-ing形〉で「(今)…している」という意味を表している。not just ...は「…だけでなく」という意味。⇒ Grammar

4 Do you know the word "Japow"?
(the word = "Japow")

the word "Japow"で「『ジャパウ』という語」という意味。the wordとJapowはイコールの関係である。

5 It stands for Japanese powder snow.
S V O

Itは4の文のJapowを指している。stand for ...で「…を表す」という意味。

6 The snow is very soft and light, like powder.

S　V　C

snowにTheがついているのは，5の文に出てきたJapanese powder snowを指しているためである。like ... は「…のように」という意味。とても柔らかくて軽い雪の状態を「粉のように」とたとえている。

7 Skiers and snowboarders from all around the world come and experience Japow.

S　V　O

from all around the worldは「世界中から」という意味。主語のSkiers and snowboardersを後ろから修飾している。come and experience ... で「…を体験しにくる」という意味。

8 Niseko in Hokkaido is especially popular with them.

S　V　C

Nisekoをin Hokkaidoが後ろから修飾している。popular with ... で「…に人気がある」という意味。themは7の文のSkiers and snowboarders from all around the worldを指している。

9 The town is now a mecca for sports tourism!

S　V　C

a mecca（for ...）は「（…の）メッカ，中心地，発祥の地」という意味。

Grammar

進行形　〈be 動詞＋動詞の-ing 形〉で，「…している」「…していた」のように，進行の意味を表します。

●現在進行形

Tourists **are seeking** fresh experiences now.

「(今) …している」〈be動詞の現在形＋動詞の -ing 形〉

（観光客は今，斬新な体験を求めています。）

●過去進行形

I **was skiing** in Hokkaido at that time.

「(そのとき) …していた」〈be動詞の過去形＋動詞の -ing 形〉

（私はそのとき，北海道でスキーをしていました。）

解説　現在進行形は，現在進行している動作や出来事を表し，基本的に「(今) …している」という意味。ただし，例1のように「近頃…している」と今この瞬間ではなく，時間幅の広い語句とともに用いることもできる。

過去進行形は過去のある時点で進行していた動作や出来事を表し，基本的に「…していた」という意味。

進行形にできるのは動作や変化を表す「動作動詞」で，ふつう，状態を表す「状態動詞」，たとえばknowやlikeは進行形にしない。haveは「…を持っている」という意味では進行形にしないが，例2のように「…を食べる」という動作を表しているときは進行形にすることができる。

例1 Helen **is studying** Japanese hard these days.
(ヘレンは近頃，日本語を一生懸命勉強しています。)

例2 We **were having** dinner at a restaurant at this time yesterday.
(私たちは昨日のこの時間，レストランで夕食を食べていました。)

Try It!

(　　) 内の語句を適切な形にかえて，声に出して文を読みましょう。

1. Emma and her friend (be ski) right now.

2. At that time, Emma and I (be experience) Japow.

3. I (be watch) a TV program about Niseko when she called me.

ヒント **1.**「エマと彼女の友達はちょうど今，スキーをしています。」主語が複数で，right nowが現在を表す語句であることに注目。

2.「そのとき，エマと私はジャパウを体験していました。」主語は複数で，At that timeが過去を表す語句であることに注目。

3.「彼女が私に電話してきたとき，私はニセコについてのテレビ番組を見ていました。」主語がIで，when she called meが過去を示していることに注目。

練習問題

(　　) 内の語句を適切な形にかえなさい。

1. I (be make) some sandwiches for our lunch now.

2. Some students (be ask) their teacher questions after class yesterday.

3. My sister (be play) the guitar in her room now.

4. Tom (be clean) his room when I came home.

練習問題解答

1. am making　**2.** were asking　**3.** is playing　**4.** was cleaning

解説 **1.**「私は今，昼食にサンドイッチを作っています。」主語のIと文末のnowに注目する。

2.「昨日，放課後に先生に質問していた生徒がいました。」主語は複数で，文末にyesterdayがあることに注目。〈ask + 人 + 物〉は「(人) に (物) を尋ねる」という意味。

3.「私の姉は今，彼女の部屋でギターを弾いています。」主語のMy sisterと文末のnowに注目する。

4.「私が帰宅したとき，トムは彼の部屋を掃除していました。」主語はTomで，when節は過去の文であることに注目。

イラストを見て，語の意味を推測しましょう。

1. costume
2. training
3. meal

ヒント 教科書p.20では，1.忍者の衣装が描かれている。2. 左側の男性がダンベルを上げていて，右側の男性がメモをとりながら指示を出している。3.ご飯，みそ汁，てんぷら，はしなどが並べられている。

本文を読んで，(　　) 内に適切な語を入れましょう。

Anime tours	・go to Anime Tourism Information at Narita Airport ・visit 88 anime "(① 　　　　) sites"
Ninja villages	・wear ninja costumes ・take ninja (② 　　　　) lessons
Sushi, *udon*, or *bento* making	・visit (③ 　　　　) Japanese homes ・prepare and eat meals with their Japanese hosts

ヒント アニメ観光旅行「・成田空港でアニメツーリズムインフォメーションに行く」「・88か所のアニメの『(①) 地』を訪れる」忍者村「・忍者の衣装を着る」「・忍者(②)レッスンを受ける」すし，うどん，または弁当作り「・(③) の日本の家庭を訪れる」「・日本人の主人役と食事を用意し食べる」①は教科書p.21の3～4行目，②は5～6行目，③は7～8行目を参照。

What kinds of cultural experiences can foreign tourists have?

例 They can wear *yukata*.

Plus One

ヒント「外国人観光客はどのような文化体験をすることができますか。」例「彼らは浴衣を着ることができます。」

本文

1 Many tourists enjoy cultural experiences.// **2** Some of them go on anime tours.// **3** They first go to Anime Tourism Information / at Narita Airport.// **4** Then / they will visit 88 anime "holy sites" / all over Japan.//

多くの観光客が文化体験を楽しむ / アニメ観光旅行にでかける人もいる / 彼らはまずアニメツーリズムインフォメーションに行く / 成田空港で / それから / 彼らは88か所のアニメの「聖地」を訪れるだろう / 日本の至る所で

語句

- □ anime /ǽnəmeɪ/ 名 (日本の)アニメ
- □ holy /hóʊli/ 形 神聖な
- □ ninja /níndʒə/ 名 忍者

5 Some go to ninja villages / such as Iga and Koka.// **6** They can
忍者村に行く人たちもいる たとえば伊賀や甲賀のような 彼らは忍者の
wear ninja costumes / and take ninja training lessons.//
衣装を着ることができる そして忍者修行レッスンを受けることができる

7 Others try sushi, *udon*, or *bento* making.// **8** They visit
すし，うどんまたは弁当作りを試みる人たちもいる 彼らは
ordinary Japanese homes.// **9** There,/ they prepare and eat meals /
一般の日本の家庭を訪れる そこで 彼らは食事を準備して食べる
with their Japanese hosts.//
日本人の主人役と

10 What kind of new tourism does your area provide / for foreign
あなたの地域はどのようなニューツーリズムを提供しているか 外国人
tourists?//
観光客に

- □ costume(s) /ká:stju:m(z)/ 名 衣装
- □ training /tréɪnɪŋ/ 名 訓練，修行
- □ lesson(s) /lésn(z)/ 名 授業，けいこ，レッスン
- □ sushi /sú:ʃi/ 名 すし
- □ making /méɪkɪŋ/ 名 作ること
- □ meal(s) /mí:l(z)/ 名 食事

- □ go on a tour 観光旅行にでかける
- □ Anime Tourism Information アニメツーリズムインフォメーション
- □ all over ... …の至る所で
- □ such as ... たとえば…のような
- □ provide ... for ～ ～に…を提供する

読解のポイント

1 Many tourists (S) enjoy (V) cultural experiences (O).

cultural experience は「文化体験」という意味。

2 Some of them (S) go on (V) anime tours (O).

Some は「いくつか，何人か」という意味の代名詞。Some of them の them は **1** の文の Many tourists を指している。直訳すると「彼らのうちの何人か」となるが，「…する人もいる」と訳すと自然な表現となる。

3 They (S) first go to (V) Anime Tourism Information (O) at Narita Airport.

first は副詞で「まず」という意味。この文と **4** の Then「それから」で始まる文において，行動の順序を説明している。

4 Then they will visit 88 anime "holy sites" all over Japan.
S V O

will visit は「…を訪れるだろう」という意味。all over Japan は「日本の至る所で」という意味で，88 anime "holy sites" を後ろから修飾している。⇒ Grammar

5 Some go to ninja villages such as Iga and Koka.
S V O

Some は**1**の Many tourists のうちの何人かを指す。such as ... は「たとえば…のような」という意味で，ninja villages「忍者村」の具体例として「伊賀」と「甲賀」を挙げている。

6 They can wear ninja costumes and take ninja training lessons.
S V O V O

〈can＋動詞の原形〉で「…することができる」という意味。この文では，and で can wear ninja costumes と can take ninja training lessons が結び付けられており，後者の can が省略されている。
⇒ Grammar

7 Others try sushi, *udon*, or *bento* making.
S V O

Other(s) は「ほかの人（たち）」という意味の代名詞。**2**の Some（of them），**5**の Some 以外の人たちを指す。動詞 try の後ろに3つの目的語が並列している。making は「作ること」という意味で，実際には sushi making, *udon* making, or *bento* making のように最初の2つの目的語にも making の意味が含まれるが，ここでは省略されている。

8 They visit ordinary Japanese homes.
S V O

They は**7**の文の Others を指している。

9 There, they prepare and eat meals with their Japanese hosts.
S V V O

There は**8**の文の ordinary Japanese homes を指している。動詞 prepare の目的語 meals は，eat の目的語と共通するので省略されている。

10 What kind of new tourism does your area provide for foreign tourists?

What kind of ... は「どのような（種類の）」という意味。provide ... for ～で「～に…を提供する」という意味。

Grammar

助動詞＋動詞の原形　「…だろう」「…できる」「…すべきだ」などの意味を表します。

Many tourists will *visit* 88 anime "holy sites."
「…だろう」〈助動詞 will ＋動詞の原形〉
（多くの観光客が88か所のアニメの「聖地」を訪れるでしょう。）

You can *take* ninja training lessons.
「…できる」〈助動詞 can ＋動詞の原形〉
（あなたは忍者修行のレッスンを受けることができます。）

You should *go* to ninja villages.
「…すべきだ」〈助動詞 should ＋動詞の原形〉
（あなたは忍者村に行くべきです。）

That man must *be* a ninja.
「…に違いない」〈助動詞 must ＋動詞の原形〉
（あの男性は忍者に違いありません。）

解説 動詞の補助をして，動詞に様々な意味をそえる語を助動詞という。助動詞は後ろに続く動詞とともに用いて，能力や推量などの意味をつけ加える。後ろに続く動詞は主語にかかわらず原形になる。上に挙げられたもののほかにmayなどもよく用いられる（例）。

例 He may *be* interested in anime tours.
（彼はアニメ観光旅行に興味があるかもしれません。）

Try It!

（　）内の語を並べかえて，ペアで対話しましょう。

1. *A* : I'm hungry. I didn't eat breakfast today.
B : Then,（ can / eat / you ）all the cookies.

2. *A* : Oh, look! He is running so fast.
B : He（ a / be / ninja / must ）.

ヒント **1.** *A*「私はおなかがすいています。今日は朝食を食べませんでした。」*B*「それなら，そのクッキーを全部食べていいです。」〈主語＋助動詞＋動詞の原形〉の語順となる。
2. *A*「あっ，見てください！　彼はとても速く走っています。」*B*「彼は忍者に違いありません。」〈must ＋ be動詞（原形）〉の語順となる。

練習問題

（　）内の語を並べかえなさい。

A : I don't feel well.
B : Oh, that's too bad.（ go / should / you / home ）now.

練習問題解答

You should go home

解説 *A*「私は気分がよくありません。」*B*「おや，気の毒に。あなたは今帰宅すべきです。」
助動詞shouldは「…すべきだ」という意味。

Summary 1 本文の内容に合うように，空所を埋めましょう。

Part1

- 伏見稲荷大社は，外国人観光客の間では日本で最も人気のある観光地です。
- 赤い鳥居の黒い文字は，建立年月日と ① ＿＿＿＿ の名前です。
- 赤い鳥居と黒い文字のはっきりとした対比が，外国人参拝者には ② ＿＿＿＿ で魅力的です。

Part2

- 最近では，旅行者は観光だけでなく，斬新な ③ ＿＿＿＿ を求めています。
- 北海道のニセコは，特に人気があり，スポーツツーリズムの ④ ＿＿＿＿ です。

Part3

- アニメツーリズムでは88か所のアニメの ⑤ ＿＿＿＿ を訪れます。
- 伊賀や甲賀では，⑥ ＿＿＿＿ の衣装を着て修行を体験することができます。
- 日本の ⑦ ＿＿＿＿ を訪れて，すしやうどん，弁当作りを体験することもできます。

ヒント それぞれの教科書参照ページを示す。①p.17の6〜8行目　②p.17の8〜10行目　③p.19の3〜4行目　④p.19の8〜10行目　⑤p.21の2〜4行目　⑥p.21の5〜6行目　⑦p.21の7〜9行目。

Summary 2 （　）内に入る語（句）を ＿＿＿ の中から選び，要約を完成しましょう。

The top sightseeing spot in Japan among foreign tourists is / Fushimi-Inari Taisha Shrine
日本で外国人観光客の間で最も人気のある観光地は…だ　京都の伏見稲荷大社

in Kyoto.// It is famous for its countless red *torii* gates.// On the gates,/ you can see some
それは数えきれないほどの赤い鳥居で有名だ　鳥居には　いくつかの黒い文字が

black letters.// The sharp (①　　　　) between the red gates and the black letters /
見られる　赤い鳥居と黒い文字のはっきりとした（①）

appeals to visitors from abroad.//
海外からの観光客の心を引きつける

Nowadays,/ not only sightseeing (②　　　　) also "new tourism" is popular.//
最近では　観光だけではなく「ニューツーリズム」(②) 人気がある

(③　　　　),/ tourists are seeking fresh experiences.//
(③)　観光客たちは斬新な体験を求めている

Many people enjoy sports tourism.// Niseko in Hokkaido is a mecca for it.//
多くの人々がスポーツツーリズムを楽しむ　北海道のニセコはそのメッカである

Tourists (④　　　　) enjoy cultural tourism.// (⑤　　　　),/ some of them go
観光客たちは (④) 文化ツーリズムを楽しむ　(⑤)，　彼らの中にはアニメ

on anime tours. // Some go to ninja villages.// Others try sushi, *udon*, (⑥　　　　) *bento*
観光旅行にでかける人がいる　忍者村に行く人もいる　すし，うどん，(⑥) 弁当作りを試みる人もいる

making.//

also / but / contrast / for example / or / that is

ヒント それぞれの教科書参照ページを示す。①p.17の8〜10行目　②p.19の1〜2行目。カッコの前にあるnot onlyと直後にあるalsoに注目　③p.19の3〜4行目。直前の文の内容を言いかえている　④p.21の1行目。要約文では，2つ前の文でスポーツツーリズムの紹介をし，続いて文化ツーリズムの紹介を付け加えている　⑤p.21の1〜2行目。要約文では，前の文の文化ツーリズムの具体例を挙げている　⑥p.21の7行目。

Vocabulary イラストをヒントに，本文に出てきた単語を書きましょう。

1. l□□□□r
2. t□□□□□t
3. p□□□□r

ヒント 教科書p.23では，**1.**「A，あ，b，イ」の文字が並んでいる。**2.** スーツケースを脇に置き，カメラを首からぶら下げ，地図を手にしている観光客らしき女性が描かれている。**3.** 粉が描かれている。

Key Expressions 日本語と同じ意味になるように，(　　) 内に適切な語を入れて文を言いましょう。

1. Kyoto is (　　　　) (　　　　) its shrines and temples.
京都は神社仏閣で有名です。
2. Niseko is popular not (　　　　) with skiers (　　　　) also with cyclists.
ニセコはスキーをする人だけでなく，自転車に乗る人にも人気があります。
3. Many foreign tourists like traditional Japanese food (　　　　) (　　　　) sushi and tempura.
多くの外国人観光客はすしやてんぷらのような伝統的な和食を好みます。

ヒント **1.**「…で有名」に相当する語句を入れる。
2.「…だけでなく〜も」となるように適切な語句を入れる。
3.「(たとえば) …のような」に相当する語句を入れる。

Grammar for Communication 例を参考に，あなたが週末にしたことについて，ペアで話しましょう。

例1
A: Were you busy last weekend?
B: Yes, I was practicing tennis. How about you?

例2
A: Were you busy yesterday?
B: No, I had a relaxing day. How about you?

ヒント 例1 *A*「あなたは先週末忙しかったですか。」*B*「はい，テニスの練習をしていました。あなたはどうでしたか。」
例2 *A*「あなたは昨日忙しかったですか。」*B*「いいえ，私はのんびりしました。あなたはどうでしたか。」

Action

教科書 ▶ pp.24-25, 181

Listen Scene 1 エマとお母さんが旅行サイトを見ながら話しています。2人の会話を聞きましょう。

Emma: Mom,/ you will stay in Japan for one month.//
エマ：お母さん　あなたは1か月間日本に滞在するつもりだ

What kind of experience do you want?//
あなたはどんな体験をしたいか

Emma's mother: Well,/ I love traditional Japanese food / such as sushi, *udon*, and tempura.// So,/ I want a sushi making experience.// Wait,/ look at this.// This is appealing.// I can stay on a farm / and try rice planting!//
エマの母：ええと　私は伝統的な和食が大好きだ　たとえば　すし，うどんやてんぷらのような　だから　私はすし作り体験を望む　待って　これを見て　これは　魅力的だ　私は農場に滞在することができる　そして田植えを試みることができる

Emma: That sounds nice.// It's 7,500 yen / per night with two meals.//
エマ：それはすてきだ　それは7500円だ　1泊につき2食付いて

語句
- □ appealing /əpíːlɪŋ/ 形 魅力的な
- □ farm /fáːrm/ 名 農場
- □ rice planting /ráɪs plæntɪŋ/ 田植え
- □ per /pər/ 前 …につき

Listen and Answer　問いの答えを選びましょう。

1. How long will Emma's mother stay in Japan?
   a. For one week.　b. For one month.　c. For one year.
2. What will Emma's mother try?
   a. Sushi making.　b. *Udon* eating.　c. Rice planting.
3. How much must Emma's mother pay per night for a farm stay?
   a. 5,000 yen.　b. 7,000 yen.　c. 7,500 yen.

ヒント 1.「どのくらいの期間エマの母は日本に滞在しますか。a. 1週間。b. 1か月。c. 1年間。」エマの最初の発言を参照。
2.「エマの母は何を試みるつもりですか。a. すしを作ること。b. うどんを食べること。c. 田植え。」エマの母の最後の発言を参照。
3.「エマの母は農家に滞在するのに1泊につきいくら支払わなければなりませんか。a. 5,000円。b. 7,000円。c. 7,500円。」エマの最後の発言を参照。

Scene 2　エマとエマのお母さんが見ていたウェブサイトを完成させましょう。

1. ①の空所に，**Part 1**の本文を参考に適切な語（句）を入れましょう。
2. ②の空所に，**Part 2**の本文を参考に適切な語（句）を入れましょう。
3. ③の空所に，**Part 3**の本文を参考に適切な語（句）を入れましょう。

Niigata Prefecture is ① ______ for its high quality rice.// Come and ② ______ the life of a
新潟県は質の高い米で ① だ　米農家の生活を ② しにきてください

rice farmer / on a traditional rice farm.// You will experience rice planting,/ and stay at a local
伝統的な米農場で　あなたは田植えを体験するだろう　そして地域の農家に

farmhouse.// You can also enjoy cooking lessons / and eat ③ ______ with your Japanese host.//
泊まるだろう　あなたはまた料理のレッスンを楽しむことができる　そしてあなたの日本人の主人役といっしょに ③ を食べることができる

Price: One night, two meals / ¥7,500 ～ per person
料金　1泊，2食　1人につき7,500円～

ヒント 1. は教科書p.17の4～5行目，2. はp.19の7～8行目，3. はp.21の8～9行目を参照。

教科書▶pp.14-25

定期テスト対策 1 (Lesson 1)

解答⇒p.210

1 日本語の意味を表すように，____に適切な語を入れなさい。

(1) そのホテルでは宿泊客に朝食を提供しています。

The hotel ____________ breakfast ____________ its guests.

(2) 彼女は甲賀市だけではなく伊賀市も訪れました。

She visited not ____________ Koka City ____________ also Iga City.

(3) 彼は天丼や牛丼のようなどんぶりが好きです。

He likes *donburi* ____________ ____________ *tendon* and *gyudon*.

(4) 私はSDGsについて知りません。まず，それは何を表していますか。

I don't know about the SDGs. First, what does it ____________ ____________?

(5) 私たちは１泊につきいくら払うのでしょうか。

How much will we pay ____________ ____________?

2 (　　) 内から適切な語（句）を選び，○で囲みなさい。

(1) Tsubasa and I (am / are) in the same class.

(2) Dad is very quiet. He (will / must) be angry about something now.

(3) He (is running / was running) in the park when it started to rain.

3 日本語に合うように，[　　] 内の語（句）を並べかえなさい。

(1) 彼女は観光についてのアドバイスを求めています。

[is / advice / seeking / she] about sightseeing.

____ about sightseeing.

(2) あなたはふだん週末に何をしますか。

[do / what / you / on / do / usually] weekends?

____ weekends?

(3) 彼らは今朝，図書館にいました。

[they / the / were / library / in] this morning.

____ this morning.

(4) あなたはこの農場ツアーに行くべきです。

[should / you / farm tour / go on / this].

____.

4 次の英語を指示に従って書きかえなさい。

(1) I'm preparing dinner right now.（right nowをthenに変えて）

____

(2) He came back at five yesterday.（yesterdayをtomorrowに変えて）

____

5 次の英語を日本語にしなさい。

(1) I didn't like carrots when I was small.

____

(2) A lot of people will come to this festival from all around the world.

____

(3) I was thinking about you when you called me.

____

6 次の英文を読んで，質問に答えなさい。

What is the top sightseeing spot in Japan (　①　) foreign tourists? Kinkakuji Temple? Hiroshima Peace Memorial Park? The answer is ... Fushimi-Inari Taisha Shrine in Kyoto! Actually, I ②(go) there last month. ③The shrine is famous for its countless red *torii* gates.

Look at this photo. What ④(be) these black letters? ⑤They are the construction dates of the gates and the names of donors! The sharp contrast between the red gates and the black letters ⑥(be) very exotic. It ⑦appeals (　⑧　) visitors from abroad.

(1) ①・⑧の（　）内に適する語を書きなさい。

①__________ ⑧__________

(2) ②・④・⑥の（　）内の語を適切な形にしなさい。

②__________ ④__________ ⑥__________

(3) 下線部③・⑤を日本語にしなさい。ただし，⑤はTheyの内容を具体的に示すこと。

③（　　　　　　　　　　　　　　　　）

⑤（　　　　　　　　　　　　　　　　）

(4) 下線部⑦について，何が外国人観光客の心を引きつけるか。日本語で答えなさい。

____

Light from Creatures

Get Started! 教科書 ▶ p.29

写真を見て話し合ってみましょう。

What are these creatures?

ヒント「これらの生き物は何ですか。」

語句

□ creature(s) /krí:tʃər(z)/ 名 生き物

Part 1 教科書 ▶ pp.30-31

イラストを見て，語（句）の意味を推測しましょう。

1. firefly squid

2. firefly

3. anglerfish

ヒント 教科書p.30では，**1.** イカの胴体に粒がついている。**2.** 虫のお尻が光っている。**3.** 魚の頭の突起物が光っている。

（　　）内に適切な語を入れて，ホタルイカの特徴をまとめましょう。

Where do they live?	They live in (① 　　　　) Bay.
How do they glow?	They have special (② 　　　　) in their bodies. Their organs flash light in (③ 　　　　) patterns.

ヒント「それらはどこにすんでいますか。それらは（①）湾にすんでいます。」「それらはどのようにして光るのですか。それらは体内に特別な（②）があります。それらの器官は（③）パターンでぴかっと光ります。」①は教科書p.31の1～5行目，②は6行目，③は7行目を参照。

Do you like firefly squid?

例 Yes, I do. It's delicious.

ヒント「あなたはホタルイカが好きですか。」例「はい，好きです。それはとてもおいしいです。」

本文

1 Can you see these small blue lights / in this picture of Toyama Bay?// **2** These lights are much loved / by the local people.// **3** They are a sign of spring.//

これらの小さな青い光が見えるか　この富山湾の写真の　これらの光はとても愛されている　地元の人々によって　それらは春のしるしだ

語句

□ bay /béɪ/ 名 湾

□ sign /sáɪn/ 名 しるし

4 Where do the lights come from?// **5** They come from firefly
その光はどこからくるのか　それらはファイアフライスクィッド
squid,/ *hotaruika* in Japanese.// **6** How do the squid give off light?//
からくる　日本語でホタルイカ　そのイカはどのようにして光を放つのか
7 They have special organs in their bodies.// **8** The organs flash
それらは体内に特別な器官がある　その器官が
light in various patterns.//
様々なパターンでぴかっと光る

9 Do other creatures glow / like these squid?// **10** Yes.//
ほかの生き物は光を放つか　これらのイカのように　はい
11 Fireflies, anglerfish, and crystal jellyfish also produce light.//
ホタルやチョウチンアンコウやオワンクラゲもまた発光する

□ firefly squid /fáɪərflàɪ skwìd/ 名 ホタルイカ
□ organ(s) /ɔ́ːrgən(z)/ 名 器官
□ flash /flæʃ/ 動 ぴかっと光る
□ pattern(s) /pǽtərn(z)/ 名 型，パターン
□ glow /glóu/ 動 光を放つ
□ fireflies /fáɪərflàɪz/ (< firefly /fáɪərflàɪ/) 名 ホタル
□ anglerfish /ǽŋglərfìʃ/ 名 チョウチンアンコウ
□ crystal jellyfish /krìstl dʒélifìʃ/ 名 オワンクラゲ

□ a sign of ... …のしるし
□ give off ... …を放つ

読解のポイント

1 Can you see these small blue lights in this picture of Toyama Bay?

Can you ...? は「…できますか」と可能かどうかを尋ねる。in this picture が these small blue lights を，of Toyama Bay が this picture を後ろから修飾している。

2 These lights are much loved by the local people.
(S: These lights　V: are ... loved)

These lights は **1** の文の these small blue lights を指している。〈be動詞＋過去分詞〉で「…されている［された］」という受け身の文となる。この文ではbe動詞areと過去分詞lovedの間に副詞muchが置かれており，「とても」という意味でlovedを修飾している。by the local people は loved を後ろから修飾している。⇒ Grammar

3 They are a sign of spring.

They は2の文の These lights を指している。a sign of ... で「…のしるし」という意味。ここでは，2の文の理由が書かれている。

4 Where do the lights come from?

come from ... は「…からきている」という意味。

5 They come from firefly squid, *hotaruika* in Japanese.

They は4の文の the lights を指している。*hotaruika* in Japanese は firefly squid の日本語名を指している。〈in＋言語名〉で「…語で」という意味。

6 How do the squid give off light?

squid の複数形は squid と squids の2つがあり，ここでは前者が用いられている。give off ... で「(におい・光など）を放つ」という意味。

7 They have special organs in their bodies.

They は6の文の the squid を指している。

8 The organs flash light in various patterns.

The organs は7の文の special organs を指している。in various patterns は「様々なパターンで」という意味で，どのように光を放つのかを説明している。

9 Do other creatures glow like these squid?

like ... は「…のように」という意味の前置詞。these squid は5の firefly squid を指している。

11 Fireflies, anglerfish, and crystal jellyfish also produce light.
(S: Fireflies, anglerfish, and crystal jellyfish / V: produce / O: light)

3つの主語がコンマと and でつながっている。produce light は「発光する」という意味。

Grammar

受け身 〈be動詞＋過去分詞〉で「…されている［された］」という意味を表します。

The lights are loved by the local people.
「愛されている」

（その光は地元の人々に愛されています。）

A new type of firefly was discovered in China.
「発見された」

（新種のホタルが中国で発見されました。）

解説 主語が「…されている［された］」と言う場合，受け身〈be動詞＋過去分詞〉を使って表す。

動作主を表す場合は，by ...「…によって」と表す。動作主は，話者が伝える必要がないと判断した場合には省略される。受け身の疑問文・否定文は，be動詞の疑問文・否定文と同じように作る（例1・例2）。疑問文ではbe動詞を主語の前に置き，否定文ではbe動詞の後ろに否定語notを置く。

例1 **Was** this song **written** by a Japanese high school student?
（この曲は日本人の高校生によって書かれましたか。）

例2 Lunch **is *not* provided**, so bring your own.
（昼食は提供されないので，ご持参ください。）

Try It!

（　　）内の語（句）を並べかえて，声に出して文を読みましょう。

1. These small blue lights (by / produced / were all) firefly squid.
2. All the tourists (by / moved / were) the beautiful lights.
3. Fireflies (often / seen / are) near clean rivers.

ヒント
1.「これらの小さな青い光はすべてホタルイカによって出されました。」be動詞の過去形があるのでproducedを過去分詞と考え，受け身の文〈be動詞＋過去分詞＋by＋動作主〉にする。
2.「すべての観光客はその美しい光に心を動かされました。」movedは動詞move「…の心を動かす」の過去分詞。
3.「ホタルはきれいな川の近くでよく見られます。」受け身の文では，oftenのように頻度を表す副詞はふつう過去分詞の前に置く。

練習問題

（　　）内の語（句）を並べかえなさい。

1. (was / this watch / given) to me by my grandfather.
2. This ninja costume (online / sold / is).
3. My key (found / was / not) anywhere.
4. Where (taken / was / this photo)?

練習問題解答

1. This watch was given　**2.** is sold online　**3.** was not found　**4.** was this photo taken

解説
1.「この腕時計は私の祖父によって私に与えられました。」（　　）内にbe動詞wasと動詞giveの過去分詞givenがあるので，受け身の文を作る。
2.「この忍者の衣装はオンラインで売られています。」onlineは副詞で「オンラインで」という意味。この語には前置詞byはつかない。
3.「私の鍵はどこにも見つけられませんでした。」受け身の否定文ではnotはbe動詞の後ろ，過去分詞の前に置く。
4.「この写真はどこで撮られましたか。」受け身の疑問文はbe動詞を主語の前に出す。

イラストを見て，語句の意味を推測しましょう。

1. flash light
2. distract predators
3. attract fish

ヒント 教科書p.32では，1.何かがぴかっと光っている。2.光を発しているイカの周りで魚がとまどっている。3.チョウチンアンコウの頭の突起物の光に魚が集まっている。

（　）内に適切な語を入れて，それぞれの生き物が光を放つ目的をまとめましょう。

Creature	When do they produce light?
Firefly squid	When they distract (①).
Fireflies	When they look for (②).
Anglerfish	When they look for (③).

ヒント「生き物　それらはいつ発光しますか。」「ホタルイカ　(①) の気をそらすとき」，「ホタル　(②) を探すとき」，「チョウチンアンコウ　(③) を探すとき」①は教科書p.33の1行目，②は2〜5行目，③は6〜7行目を参照。

Speak / Write

Do you know any songs with the word “fireflies” in it?

例 Yes, I do. I know the song *Hotaru no Hikari*.

Plus One

ヒント「あなたは『ホタル』という歌詞が入った歌を知っていますか。」例「はい，知っています。私は『蛍の光』という歌を知っています。」

本文

❶ Firefly squid flash light / when they distract predators.//
ホタルイカはぴかっと光る　それらが捕食動物の気をそらすとき

❷ Fireflies fly / near rivers on early summer nights / in the Japanese countryside.//
ホタルは飛ぶ　初夏の夜に川の近くを　日本の田園地帯では

❸ They have appeared in Japanese poems and songs / for centuries.//
それらは日本の詩や歌に現れてきた　何世紀もの間

❹ They turn their lights on and off / when they look for mates.//
それらは光を点滅させる　それらがつがいの片方を探すときに

❺ Anglerfish live in the deep dark sea.//
チョウチンアンコウは深く暗い海にすむ

❻ They flash light / when they look for food.//
彼らはぴかっと光る　それらが食料を探すときに

❼ The light attracts small fish.//
その光は小さな魚を引き寄せる

語句

- □ distract /dɪstrǽkt/ 動 (…の気)をそらす
- □ predator(s) /prédətər(z)/ 名 捕食動物
- □ poem(s) /póʊəm(z)/ 名 詩
- □ mate(s) /méɪt(s)/ 名 つがいの片方
- □ attract(s) /ətrǽkt(s)/ 動 …を引き寄せる

8 In these ways,/ light is used for different purposes.//
こういうふうに　光は様々な目的のために使われている

□ purpose(s) /pə́ːrpəs(ɪz)/ 名 目的

□ for centuries 何世紀もの間

□ turn ... on [off] / turn on [off] ... (光など) を放つ [消す]

□ look for ... …を探す

読解のポイント

1 Firefly squid flash light when they distract predators.
(S: Firefly squid / V: flash / O: light / S': they / V': distract / O': predators)

whenはここでは接続詞で「…するとき」という意味。

2 Fireflies fly near rivers on early summer nights in the Japanese countryside.
(S: Fireflies / V: fly)

near rivers ... countryside が動詞flyを後ろから修飾している。on early summer nightsは「初夏の夜に」という意味。

3 They have appeared in Japanese poems and songs for centuries.
(S: They / V: have appeared)

Theyは**2**のFirefliesを指している。have appearedは現在完了〈have [has]＋過去分詞〉の文で，「現れてきた」という「継続」の意味を表している。for centuriesは「何世紀もの間」という意味で，継続の期間を表している。⇒ Grammar

4 They turn their lights on and off when they look for mates.
(S: They / V: turn / O: their lights / S': they / V': look for / O': mates)

Theyは同じく**2**のFirefliesを指している。turn ... on [off] / turn on [off] ... は「(光など) を放つ [消す]」という意味。on and offは「断続的に」という意味で，「断続的に光を放つ→光を点滅させる」と訳すと自然な表現になる。look for ... は「…を探す」という意味。

5 Anglerfish live in the deep dark sea.
(S: Anglerfish / V: live)

anglerfishは，fishと同じように複数形もanglerfishで，チョウチンアンコウ全体について表している。

6 They flash light when they look for food.
(S: They / V: flash / O: light / S': they / V': look for / O': food)

Theyは**5**のAnglerfishを指している。

7 The light attracts small fish.
S V O

The light は**6**の「チョウチンアンコウが放つ光」を指している。

8 In these ways, light is used for different purposes.
S V

In these ways は「こういうふうに」という意味で，これまでに述べてきたホタルイカ，ホタル，チョウチンアンコウの光の使い方を指している。light is used は受け身〈be動詞＋過去分詞〉の文。different purposes は「様々な目的」という意味。

Grammar

現在完了形　〈have［has］＋過去分詞〉で，過去にあったことが現在まで関わりを持っているという意味を表します。

The firefly **has** just **flashed** light.
「…したところだ」（完了）
（そのホタルはちょうどぴかっと光ったところです。）

I **have seen** fireflies in the countryside several times.
「…したことがある」（経験）
（私は数回，田園地帯でホタルを見たことがあります。）

Fireflies **have appeared** in Japanese poems and songs for centuries.
「…してきた」（継続）
（ホタルは何世紀もの間，日本の詩や歌に現れてきました。）

解説 現在完了形を使うと，過去にあったことが現在につながっていることを表すことができる。その用法は「完了」「経験」「継続」に分類される。「完了」は，行為や出来事が完了していること，そして今（その結果）どういう状況にあるかを表す。just「ちょうど」や already「すでに」（例1）などの語をいっしょに使うことが多い。「経験」は現在に至るまでの経験の有無や回数を表す。... times「…回」や，once「一度」，twice「二度」，never「一度も…ない」（例2）などの語がよくいっしょに使われる。「継続」は過去のある時点から現在まで状態が継続していることを表す。期間を表す for ...「…の間」や since ...「…以来」（例3）がよくいっしょに使われる。
疑問文では have［has］を主語の前に出し，否定文では have［has］の後ろに否定語を置く。

例1 I **have already had** lunch.
（私はすでに昼食を食べました。）

例2 I **have never watched** a soccer game in a stadium.
（私は一度もスタジアムでサッカーの試合を見たことがありません。）

例3 They **have lived** in Tottori **since** 2015.
（彼らは2015年から鳥取に住んでいます。）

Try It!

(　　) 内の語を適切な形にかえて，ペアで対話しましょう。

1. *A* : Have you ever (see) fireflies?

B : Yes. Several times. In a small village in Toyama.

2. *A* : How long have you (live) in Toyama?

B : For about ten years.

ヒント **1.** *A*「あなたはこれまでにホタルを見たことがありますか。」*B*「はい。何回か。富山の小さな村でです。」Haveで始まる疑問文でever「これまでに」とあることに注目して現在完了形の文と考え，seeを過去分詞にかえる。

2. *A*「あなたはどのくらいの期間富山に住んでいますか。」*B*「約10年です。」How longとそれに続くhaveから始まる疑問文に注目し，現在完了形の文と考え，liveを過去分詞にかえる。

練習問題

(　　) 内の語を適切な形にかえなさい。

1. *A* : Are you busy now?

B : No. I have just (finish) my homework.

2. *A* : Have we (meet) before?

B : I don't think so.

3. *A* : How long have you (know) each other?

B : Let me see ... for eight years?

練習問題解答

1. finished　**2.** met　**3.** known

解説 **1.** *A*「あなたは今，忙しいですか。」*B*「いいえ。私はちょうど宿題を終えたところです。」(　　) の前にhave justとあることから，「完了」を表す現在完了形の文を作る。

2. *A*「私たちは以前に会ったことがありますか。」*B*「私はそうは思いません。」Haveで始まる疑問文であること，文末にbefore「以前に」とあることから，「経験」を表す現在完了形の文を作る。

3. *A*「あなたたちはどのくらい互いを知っていますか。」*B*「ええと…8年ですかね？」(　　) の前にHow long have youとあることから，「継続」を表す現在完了形の文を作る。

Part 3 教科書▶pp.34-35

生き物の光は何に応用されているでしょうか。下から1つ選びましょう。

1. food
2. cancer detection
3. a special camera

ヒント 1.「食物」 2.「がんの発見」 3.「特別なカメラ」

本文を読んで，（　　）内に入る語を下から選びましょう。

- Early cancer (①　　　　) is very important, but it is very difficult.
- A (②　　　　) protein in crystal jellyfish has improved methods for cancer detection.
- Because of the protein, doctors can discover cancer (③　　　　) at an early stage.

cells / detection / luminous

ヒント「・がんの早期（①）はとても重要ですが，それはとても難しいです。」「・オワンクラゲにある（②）たんぱく質ががんの発見方法を進歩させてきました。」「・そのたんぱく質のおかげで，医師たちはがん（③）を早い段階で発見することができます。」①は教科書p.35の2～4行目，②は4～7行目，③は7～8行目を参照。

Speak / Write

Have you ever eaten jellyfish? If you have, did you like it?

例 Yes, I have. I liked it because it was soft and sweet.

Plus One

ヒント「あなたはこれまでにクラゲを食べたことがありますか。もし食べたことがあれば，気に入りましたか。」例「はい，あります。それは柔らかくて甘かったので，私はそれを気に入りました。」質問の2文目のIf you haveのあとにはeaten it（＝jellyfish）が省略されている。

本文

1 Light from creatures is useful / in the study of medicine.//
生き物からの光は役に立つ　医学の研究において

2 Doctors spot cancer cells at an early stage / with great difficulty.//
医師たちは早い段階でがん細胞を見つける　とても苦労して

3 However,/ early detection is very important for successful cancer treatment.//
けれども　早期発見はがん治療の成功のためにとても重要である

4 Scientists found a luminous protein in crystal jellyfish.//
科学者たちはオワンクラゲの中に光を発するたんぱく質を見つけた

5 They have been using it / in the development of methods for cancer detection / since then.//
彼らはそれを利用し続けている　がん発見の方法の開発に　そのとき以来

6 When the protein is put into human cells,/ cancer cells glow.//
そのたんぱく質が人間の細胞に注入されると　がん細胞は光を放つ

7 They are spotted with a
それらは特別なカメラを使って

語句

- □ medicine /médəsn/ 名 医学
- □ cell(s) /sél(z)/ 名 細胞
- □ difficulty /dífɪkəlti/ 名 困難
- □ detection /dɪtékʃən/ 名 発見
- □ treatment /trí:tmənt/ 名 治療

special camera.//
見つけられる

8 The study of light from creatures / will certainly improve and
生き物からの光の研究　きっと私たちの生活を改善し

brighten our lives.//
明るくするだろう

□ luminous /lú:mənəs/
形 光を発する
□ protein /próuti:n/
名 たんぱく質
□ brighten /bráitn/
動 …を輝かせる

□ the study of ...
…の研究
□ with (great) difficulty
（とても）苦労して
□ put ... into ～
…を～に注入する

読解のポイント

1 **Light from creatures is useful in the study of medicine.**
S V C

from creatures がLight を後ろから修飾している。the study of ... は「…の研究」という意味。

2 **Doctors spot cancer cells at an early stage with great difficulty.**
S V O

spot は動詞で「…を見つける」という意味。at an early stage とwith great difficulty「とても苦労して」はcancer cells を後ろから修飾している。

3 **However, early detection is very important for successful cancer treatment.**
S V C

However は「けれども」という意味で，**2**の文とは反対の内容がくることを示す。successful は形容詞で「成功した」という意味。for successful cancer treatment はimportant を後ろから修飾している。

4 **Scientists found a luminous protein in crystal jellyfish.**
S V O

found は動詞find の過去形。luminous は形容詞で「光を発する」という意味。

5 **They have been using it in the development of methods for cancer detection since then.**
S V O

They は**4**の文のScientists を，it は同じく**4**の文のa luminous protein を指している。have been using は現在完了進行形で，過去のある時点から今まで継続している動作を表す。ここでは「過去のある時点」は文末のthen「そのとき」である。then は**4**の「科学者たちが光を放つたんぱく質を発見したとき」を指している。in the development ... detection はhave been using を後ろから修飾し

ている。developmentは「開発」，methodsは「方法」という意味。⇒ Grammar

6 When the protein is put into human cells, cancer cells glow.
S' V' S V

When節の中ではput ... into ～「…を～に注入する」が受け身で使われている。

7 They are spotted with a special camera.
S V

Theyは**6**の文のcancer cellsを指している。are spottedは〈be動詞＋過去分詞〉で，受け身の文。withは「…を使って」という意味。

8 The study of light from creatures will certainly improve and brighten our lives.
S V V O

〈will＋動詞の原形〉は「…するだろう」という意味。willがかかる動詞はimproveとbrightenの2つ。certainlyは「きっと」という意味で，2つの動詞を修飾している。improveのあとにはour livesが省略されている。

Grammar

現在完了進行形　〈have [has]＋been＋動詞の-ing形〉で，過去のある時点から現在まで続いている動作を表します。

The scientists **have been using** a luminous protein since then.
「使い続けている」
（科学者たちはそのとき以来，光を発するたんぱく質を使い続けています。）

The doctors **have been looking for** better treatments for the disease.
「探し続けている」
（医師たちはその病気のより良い治療法を探し続けています。）

解説 現在完了進行形は動作の継続を表し，動作を表す動詞（useやlookなど）とともに用いる。状態を表す動詞（be，know，like，wantなど）の「継続」は現在完了形で表す。

例 They **have been developing** new methods for cancer detection.
（彼らはがん発見の新しい方法を開発し続けています。）

Try It!

（　）内の語を並べかえて，ペアで対話しましょう。

1. *A* : I heard your father is a scientist. Is that true?
   B : Yes. He studies fireflies. (been / he's / studying / them) for about 20 years.
2. *A* : (been / I've / watching) a video about jellyfish for two hours.
   B : Two hours! You really like jellyfish, don't you?

ヒント **1.** *A*「私はあなたのお父さんが科学者だと聞きました。それは本当ですか。」*B*「はい。彼はホタルを研究しています。彼は約20年間，それらを研究し続けています。」be動詞の過去分詞beenとstudyingがあるので，he'sはhe hasの短縮形であると考え，現在完了進行形の文を作る。

2. *A*「私はクラゲについての動画を2時間見続けています。」*B*「2時間！　あなたは本当にクラゲが好きなんですね？」I'veはI haveの短縮形。

練習問題

(　　) 内の語を並べかえなさい。

1. *A* : I'm looking for Ms. Brown.

B : She's over there.　She (with / been / has / talking) her student for about an hour.

2. *A* : My eyes hurt. (playing / been / I've) this video game for two hours.

B : You should stop playing right now.

練習問題解答

1. has been talking with　**2.** I've been playing

解説 **1.** *A*「私はブラウン先生を探しています。」*B*「彼女は向こう側にいます。彼女は約1時間，彼女の生徒と話し続けています。」(　　) 内にhas, been, talkingがあるので，現在完了進行形の文を作る。

2. *A*「私の両目が痛みます。私は2時間このテレビゲームをプレーし続けています。」*B*「あなたは今すぐにプレーをやめるべきです。」(　　) 内にI've, been playingがあるので，現在完了進行形の文を作る。I'veはI haveの短縮形。

Summary 1 本文の内容に合うように，空所を埋めましょう。

Part1

- ① ＿＿＿ の小さな青い光は富山湾で見られます。
- ① ＿＿＿ の体内には特別な ② ＿＿＿ があり，様々なパターンで光ります。

Part2

- ホタルイカは，③ ＿＿＿ を惑(まど)わすときに光ります。
- ホタルは，④ ＿＿＿ を求めるときに光を点滅させます。
- チョウチンアンコウは，⑤ ＿＿＿ を探すときに光を放ちます。

Part3

- 生き物の光は，⑥ ＿＿＿ の研究に役立っています。
- 科学者たちは，オワンクラゲの中に ⑦ ＿＿＿ たんぱく質を発見し，がんの早期発見方法の開発に利用し続けています。

ヒント それぞれの教科書参照ページを示す。①p.31の1~5行目　②p.31の6～7行目　③p.33の1行目　④p.33の2～5行目　⑤p.33の6～7行目　⑥p.35の1～2行目　⑦p.35の4～7行目。

Summary 2 (　　) 内に入る語を ＿＿＿ の中から選び，要約を完成しましょう。

Firefly squid have special organs in their bodies.// They flash light in (①　　　　) patterns.// Fireflies, anglerfish, and crystal jellyfish also (②　　　　) light.//
ホタルイカは体内に特別な器官がある　それらは（①）パターンでぴかっと光る　ホタルやチョウチンアンコウやオワンクラゲもまた光を（②）

Firefly squid flash light / when they (③　　　　) predators.// Fireflies use their lights / when they look for (④　　　　).// Anglerfish do so / when they look for (⑤　　　　).//
ホタルイカはぴかっと光る　それらが捕食動物（③）ときに　ホタルは光を使う　それらが（④）を探すときに　チョウチンアンコウもそうする　それらが（⑤）を探すときに

Scientists found a (⑥　　　　) protein in crystal jellyfish.// They have been using it / in the development of methods for early cancer detection.//
科学者たちはオワンクラゲの中に（⑥）たんぱく質を見つけた　彼らはそれを利用し続けている　がんの早期発見方法の開発に

Our (⑦　　　　) will certainly become better / because of the study of light from creatures.//
私たちの（⑦）はきっとより良くなるだろう　生き物からの光の研究のおかげで

distract / food / produce / lives / luminous / mates / various

ヒント それぞれの教科書参照ページを示す。①p.31の7行目　②p.31の9～10行目　③p.33の1行目　④p.33の2～5行目　⑤p.33の6～7行目　⑥p.35の4～5行目　⑦p.35の10～11行目。この文の目的語（our lives）が，要約文では主語になっている。

Vocabulary イラストをヒントに，本文に出てきた単語を書きましょう。

1. g□□□
2. m□□e
3. me□□□□ne

ヒント 教科書p.37では，**1.** クラゲが光っている。**2.** メスのカモがオスのカモのことを考えている。**3.** 医師たちと薬や注射器が描かれている。

Key Expressions 日本語と同じ意味になるように，（　　）内に適切な語を入れて文を言いましょう。

1. Cherry blossoms are (　　　) (　　　) (　　　) spring in Japan.
   サクラの花は日本の春のしるしです。
2. The scientist has been (　　　) (　　　) a new type of firefly.
   その科学者は新種のホタルを探しています。
3. The fireflies (　　　) their lights (　　　) and (　　　).
   ホタルは光を点滅させました。
4. I keep jellyfish at home (　　　) (　　　) (　　　).
   私はとても苦労してクラゲを自宅で飼育しています。

ヒント **1.**「…のしるし」に相当する語句を入れる。**2.**「…を探しています」に相当する語句を入れる。現在完了進行形の文。**3.**「…を点滅させました」に相当する語句を入れる。「点滅」は「つけたり，消したり」と考える。**4.**「とても苦労して」に相当する語句を入れる。

Grammar for Communication 例を参考に，行ったことがある場所について，ペアで話しましょう。

例1

A: Have you ever been to Toyama?

B: Yes, I have. I have been there once. How about you?

A: My family has been planning a trip since last March.

例2

A: Have you ever been to Hakodate?

B: No, I haven't. What food is it famous for?

A: Squid is often eaten there.

ヒント 例1 *A*「あなたはこれまでに富山に行ったことがありますか。」*B*「はい，あります。私はそこに一度行ったことがあります。あなたはどうですか。」*A*「私の家族はこの前の3月から旅行を計画し続けています。」例2 *A*「あなたはこれまでに函館に行ったことがありますか。」*B*「いいえ，ありません。そこはどんな食べ物で有名ですか。」*A*「そこではイカがよく食べられています。」

教科書 ▶ pp.38-39, 181

Scene 1 マキガイに関する解説を聞きましょう。

There are special small sea snails in Oceania.// They are mainly
オセアニアには特別な小さなマキガイがいる　それらはおもに
seen in South Australia and New Zealand.// They stay together /
南オーストラリアとニュージーランドで見られる　それらは1か所にかたまる
between the rocks by the sea.// They turn on their lights /
海辺の岩の間に　それらは光を放つ
like firefly squid and anglerfish.// Their lights are blue-green. //
ホタルイカやチョウチンアンコウのように　それらの光は青緑だ
They are used / when the sea snails distract their predators.//
それらは使われる　マキガイが捕食動物の気をそらすときに

語句

- □ sea snail(s) /síː snèɪl(z)/ 名 マキガイ
- □ Oceania /òʊʃiǽniə/ 名 オセアニア
- □ mainly /méɪnli/ 副 おもに
- □ South Australia /sáʊθ ɔːstréɪljə/ 名 南オーストラリア
- □ blue-green /blúːgrìːn/ 名形 青緑（の）

Listen and Answer　問いの答えを選びましょう。

1. Where are the special sea snails seen?

a. In South Australia and New Zealand.

b. In Australia and South New Zealand.

c. In North Australia and New Zealand.

2. Where do the special sea snails stay together?

a. Behind the rocks near the sea.

  b. On the rocks in the sea.
  c. Between the rocks by the sea.

3. When do the special sea snails flash light?
  a. When they distract their predators.
  b. When they communicate with other members.
  c. When they find their mates.

ヒント **1.**「その特別なマキガイはどこで見られますか。**a.** 南オーストラリアとニュージーランドで。**b.** オーストラリアと南ニュージーランドで。**c.** 北オーストラリアとニュージーランドで。」スクリプト2文目を参照。**2.**「その特別なマキガイはどこで1か所にかたまっていますか。**a.** 海の近くの岩の後ろに。**b.** 海の中の岩の上に。**c.** 海辺の岩の間に。」スクリプト3文目を参照。**3.**「その特別なマキガイはいつぴかっと光るのですか。**a.** 捕食動物の気をそらすとき。**b.** ほかの仲間とコミュニケーションをとるとき。**c.** つがいの片方を見つけるとき。」スクリプト6文目を参照。

Scene 2 マキガイについて説明するポスターの原稿を作りましょう。

1. ①の空所に，**Part 1**の本文を参考に適切な語（句）を入れましょう。
2. ②と③の空所に，**Part 2**の本文を参考に適切な語（句）を入れましょう。
3. ④の空所に，**Part 3**の本文を参考に適切な語（句）を入れましょう。

Small Sea Snails
小さなマキガイ

You ①＿＿＿＿ small sea snails / in South Australia and New Zealand.//
あなたは小さなマキガイを ① 南オーストラリアとニュージーランドで

②＿＿＿＿ in groups / between the rocks by the sea.// They flash their blue-green lights / when
群れで ② 海辺の岩の間に それらは青緑の光をぴかっと放つ

③＿＿＿＿ their predators.// Their lights ④＿＿＿＿ / in self-defense.//
捕食動物 ③ とき それらの光は ④ 自己防衛で

ヒント **1.** ①教科書p.31の1～2行目を参照。**2.** ②p.33の6行目を参照。③p.33の1行目を参照。
3. ④p.35の5～7行目を参照。

定期テスト対策② (Lesson 2)

解答⇒p.211

1 日本語の意味を表すように，____に適切な語を入れなさい。

(1) この花は甘いにおいを放ちます。

This flower ____________ ____________ a sweet smell.

(2) その甘いにおいはハチを引き寄せます。

The sweet smell ____________ bees.

(3) あなたのネコが隠れるとき，それは恐れのしるしです。

When your cat hides, it is ____________ ____________ ____________ fear.

(4) 明かりを消してくれませんか。

Can you ____________ ____________ the light?

2 次の各組の英文がほぼ同じ内容になるように，____に適切な語を入れなさい。

(1) President Obama gave a speech at Hiroshima Peace Memorial Park in 2016.

A speech ____________ ____________ ____________ President Obama at Hiroshima Peace Memorial Park in 2016.

(2) I moved to Shimane three years ago. I still live there.

I ____________ ____________ in Shimane ____________ three years now.

(3) My cat often distracts me when I'm doing my homework.

____________ ____________ ____________ by my cat when I'm doing my homework.

(4) They started running at three. They are still running.

They ____________ ____________ ____________ since three.

3 日本語に合うように，[　　] 内の語（句）を並べかえなさい。

(1) 私たちは何時間もイヌを探しています。

[been / we've / for / looking] our dog for hours.

____________________________________ our dog for hours.

(2) 私は今までに一度もホタルを見たことがありません。

[never / a firefly / I've / seen].

____.

(3) 今回，がん細胞は発見されませんでした。

[not / were / cancer cells / found] this time.

____ this time.

4 次の日本語を英語にしなさい。

(1) あなたはこれまでにハワイ（Hawaii）に行ったことはありますか。

____

(2) この絵はピカソ（Picasso）によって描かれました。

____

5 次の英語を日本語にしなさい。

(1) That country has been producing good wine for centuries.

____

(2) Jellyfish are often spotted in this area during summer.

____

(3) I haven't heard the purpose of this trip yet.

____

6 次の英文を読んで，質問に答えなさい。

Light from creatures is useful in the study of medicine. Doctors spot cancer cells at an early stage (①) great difficulty. However, early detection is very important for successful cancer treatment. Scientists ②(find) a luminous protein in crystal jellyfish. ③They have been using it in the development of methods for cancer detection (④) then. When the protein ⑤(put) into human cells, cancer cells glow. They ⑥(spot) with a special camera.

The study of light from creatures will certainly improve and brighten our lives.

(1) ①・④の（　）内に適する語を書きなさい。

①__________ ④__________

(2) ②・⑤・⑥の（　）内の語を適切な形にしなさい。1語とは限りません。

②__________ ⑤__________ ⑥__________

(3) 下線部③をThey・itの内容を具体的にして日本語にしなさい。

____

(4) 本文の内容と合っているものには○を，そうでないものには×を書きなさい。

(a) The early detection of cancer cells is very difficult. (　　)

(b) A luminous protein was found in cancer cells. (　　)

Lesson 3 Routes to the Top

Get Started! 教科書 ▶ p.43

写真を見て話し合ってみましょう。

What is the woman in this picture doing?

Do you want to try it?

ヒント「この写真の中の女性は何をしていますか。あなたはそれをやってみたいですか。」

語句

☐ route(s) /rú:t(s)/
名 ルート，道筋

Part 1 教科書 ▶ pp.44-45

イラストを見て，語（句）の意味を推測しましょう。

1. farm

2. sport climbing

3. cowshed

ヒント 教科書 p.44では，**1.** 草地にウシやニワトリがおり，その背後に小屋がある。**2.** 女性が様々な色の突起物につかまって壁を登っている。**3.** 中にウシがいる建物が草地に建っている。

時を表す表現と野口選手に関する出来事を表すイラストを線で結びましょう。

in 1989

when she was little

when she was twelve

ヒント 教科書 p.44のイラストでは，左「女性たちが表彰台におり，1位の人が優勝カップを持っている。」真ん中「女の子が木登りをしている。」右「赤ちゃんが描かれている。」「1989年に」は教科書 p.45の2行目，「彼女が小さかったとき」は3～4行目，「彼女が12歳のとき」は7～9行目を参照。

Who is your favorite athlete?

例 My favorite athlete is Otani Shohei.

ヒント「あなたのいちばん好きなスポーツ選手は誰ですか。」例「私のいちばん好きなスポーツ選手は大谷翔平です。」

本文

1 *Interviewer*: How did you start sport climbing?//
インタビュアー： あなたはどのようにスポーツクライミングを始めたか

2 *Noguchi*: I was born in Ryugasaki, Ibaraki, in 1989.// **3** My
野口選手： 私は1989年に茨城県龍ヶ崎市で生まれた　私の両親

語句

☐ interviewer
/íntərvjù:ər/
名 インタビュアー

parents had a farm / there.// **4** I liked climbing trees / when I was a
は農場をもっていた　そこに　私は木に登ることが好きだった　私が小さい

little child.// **5** When I was eleven,/ our family took a trip to Guam.//
子供だったとき　私が11歳のとき　私たちの家族はグアムへ旅行した

6 There / I experienced sport climbing / for the first time.// **7** It
そこで　私はスポーツクライミングを体験した　初めて　それは

was fun.// **8** After I came back,/ I started going to a local climbing
おもしろかった　私は帰ってきたあと　私は地元のクライミングジムに行き

gym.// **9** When I was twelve,/ I unexpectedly won the All-Japan
始めた　私が12歳のとき　私は思いがけなく全日本ユース選手権で

Youth Championship.// **10** Then / my father built a climbing wall /
優勝した　そのあとで　父がクライミング用の壁を作った

in an old cowshed.// **11** I was able to practice / not only at the gym
古い牛小屋の中に　私は練習することができた　ジムでだけではなく

but also at home.//
家でも

- □ farm /fá:rm/
  名 農場
- □ Guam /gwá:m/
  名 グアム
- □ unexpectedly /ʌ̀nɪkspéktɪdli/
  副 思いがけなく
- □ youth /jú:θ/
  名（10代の）若い人
- □ cowshed /káuʃèd/
  名 牛小屋
- □ able /éɪbl/
  形 …することができる

- □ *be* born
  生まれる
- □ take a trip to ...
  …へ旅行する
- □ for the first time
  初めて
- □ the All-Japan Youth Championship
  全日本ユース選手権
- □ *be* able to *do*
  …することができる

読解のポイント

1 ***Interviewer*: How did you start sport climbing?**

Interviewerは「インタビュアー（インタビューをする人）」という意味。語の末尾に-erがつくと，「…する人」という意味になることがある。**1**の文は疑問詞How「どのように」を用いて，スポーツクライミングを始めた経緯を尋ねている。

2 ***Noguchi*: I was born in Ryugasaki, Ibaraki, in 1989.**
（I = S，was born = V，in Ryugasaki, Ibaraki = 場所，in 1989 = 時）

be bornで「生まれる」という意味。前置詞inとともに「場所」や「時」を表す語句を伴うことが多い。

3 **My parents had a farm there.**

thereは**2**の文のin Ryugasaki, Ibarakiを指している。

4 I liked **climbing** trees when I was a little child.
S V O〈動名詞＋目的語〉 S' V' C'
動詞likedの目的語は，動名詞とその目的語からなるclimbing trees「木を登ること」である。
⇒ Grammar

5 When I was eleven, our family took a trip **to Guam**.
S' V' C' S V O
When節が文頭にくるとき，節の区切り目にコンマをつける。take a trip to ... で「…へ旅行する」という意味。

6 There I experienced sport climbing **for the first time**.
S V O
There は**5**の文のGuamを指している。for the first timeで「初めて」という意味。

7 It was fun.
It は**6**の文のsport climbingを指している。

8 After I came back, I started **going** to a local climbing gym.
S' V' S V O〈動名詞＋副詞句〉
startedの目的語は，動名詞goingとその修飾語句からできたgoing to a local climbing gymである。

9 When I was twelve, I **unexpectedly** won the All-Japan Youth Championship.
S' V' C' S V O
unexpectedlyは「思いがけなく」という意味で，動詞wonを修飾している。wonはwin「…に勝つ」の過去形。

10 Then my father built a climbing wall **in an old cowshed**.
S V O
builtはbuild「…を建てる，作る」の過去形。in an old cowshedが動詞builtを修飾している。

11 I was able **to practice not only at the gym but also at home**.
S V C
be able to *do* で「…することができる」という意味。not only ... but also ～は「…だけではなく～も」という意味で，「～」を強調した表現。

Grammar

動名詞〈動詞の-ing 形〉が「…すること」という意味を表し，S，O，C として働きます。

●主語（S）の働き

Climbing a wall is exciting.
「壁を登ること」
（壁を登ることはわくわくします。）

●目的語（O）の働き

I liked climbing trees when I was a little child.
「木に登ること」
（私は小さい子供のとき，木に登ることが好きでした。）

●補語（C）の働き

My dream was winning the championship.
「選手権で優勝すること」
（私の夢は選手権で優勝することでした。）

解説 動名詞（*doing*）は，動詞の性質を持ちながら名詞の働きをし，「…すること」という意味を表す。名詞と同じように主語，動詞の目的語，前置詞の目的語，補語になることができる。また，動名詞は動詞の性質を持っているので，目的語や副詞句などの修飾語句を伴うことができる（例）。

例 I started going to a local climbing gym.
（私は地元のクライミングジムに行き始めました。）

Try It!

（　　）内の語（句）を並べかえて，ペアで対話しましょう。

1. *A* : When (did / practicing / start / you) at the gym?
B : In 2020, when I was fifteen years old.

2. *A* : How about (tomorrow / Mt. Fuji / climbing) ?
B : But it's the middle of winter!

ヒント **1.** *A*「あなたはいつそのジムで練習し始めましたか。」*B*「2020年で，私が15歳のときでした。」動名詞は動詞の目的語になることに注目。
2. *A*「明日，富士山に登るのはどうでしょうか。」*B*「でも，真冬ですよ！」動名詞は前置詞の目的語になることに注目。

練習問題

（　　）内の語（句）を並べかえなさい。

1. *A* : Did you have a good time in Okinawa?
B : Yes. (fish / swimming / with) was fun.

2. *A* : My grandmother's hobby is (at home / keeping / jellyfish).
B : Really? That's really great.

練習問題解答

1. Swimming with fish　**2.** keeping jellyfish at home

解説 **1.** *A*「あなたは沖縄で良い時間を過ごしましたか。」*B*「はい。魚と泳ぐことは楽しかったです。」動名詞Swimmingを文頭に置き，主語を作る。
2. *A*「私の祖母の趣味は自宅でクラゲを飼育することです。」*B*「本当に？　それは本当にすばらしいですね。」動詞isのあとにkeepingを続け，補語を作る。

イラストを見て，語の意味を推測しましょう。

1. bouldering

2. oppose

3. sponsor

ヒント 教科書p.46では，**1.**男性が突起物につかまって壁を登っている。**2.**左側の男性が「私の案」と書かれたボードを持ち，右側の男性2人が「だめ!! 良くない！」と言っている。**3.**サッカーボールが描かれ，ユニフォームを着た男性の胸に書かれた文字を矢印が示している。

本文を読んで，（　　）内に適切な語を入れましょう。

- Noguchi wanted to quit university, but her (① 　　　　) opposed her plan.
- Finding (② 　　　　) was difficult.
- Noguchi went overseas by (③ 　　　　) to compete in tournaments.

ヒント「・野口選手は大学をやめたいと思っていましたが，彼女の（①）は彼女の計画に反対しました。」「・（②）を見つけることは難しかったです。」「・野口選手はトーナメントに参加するために（③）で海外に行きました。」①は教科書p.47の6〜9行目，②は11〜12行目，③は12〜13行目を参照。③は教科書とは主語が異なることに注意。

Speak / Write

Have you ever watched a sport climbing competition?

例 Yes. I have watched it once in Tokyo.

Plus One

ヒント「あなたは今までにスポーツクライミングの競技を見たことはありますか。」例「はい。私はそれを一度東京で見たことがあります。」

本文

1 *Interviewer*: Did you have any difficulty / in becoming a professional climber?//
インタビュアー：あなたは苦労したか　プロのクライマーになるのに

2 *Noguchi*: Yes, I did.// **3** When I was in university,/ winning a World Cup was a dream / for both my father and me.// **4** I won the Bouldering World Cup / for the first time in 2008.// **5** I was the
野口選手：はい，苦労した　私が大学に在籍していたとき　ワールドカップで優勝することは夢だった　父と私の両方にとって　私はボルダリングワールドカップで優勝した　2008年に初めて　私は最初の

語句

- □ professional /prəféʃənl/ 形 プロの
- □ bouldering /bóuldərɪŋ/ 名 ボルダリング
- □ quit /kwít/ 動 …をやめる

first Japanese winner.// **6** Then,/ I said to my parents,/ "I want to
日本人優勝者だった　それから　私は両親に…と言った　「私は大学

quit university / and become a professional climber."// **7** My father
をやめたい　そしてプロのクライマーになりたい」　父は私の

supported my plan,/ but my mother opposed it.// **8** However,/ she
計画を支持した　しかし母はそれに反対した　けれども　彼女は

agreed in the end.// **9** In those days,/ sport climbing was not so
最後には賛成した　当時　日本ではスポーツクライミングはあまり

popular in Japan.// **10** I had difficulty in finding sponsors / to
人気がなかった　私はスポンサーを見つけるのに苦労した

support me financially.// **11** Even so,/ I went overseas by myself / to
私を金銭的に支援する　たとえそうでも　私は独力で海外へ行った

compete in many tournaments.//
多くのトーナメントに参加するために

- □ oppose(d) /əpóuz(d)/ 動 …に反対する
- □ sponsor(s) /spɑ́:nsər(z)/ 名 スポンサー
- □ financially /faɪnǽnʃəli/ 副 金銭的に
- □ compete /kəmpí:t/ 動（競技などに）参加する

- □ have difficulty (in) *do*ing …するのに苦労する
- □ both ... and ～ …と～の両方
- □ in the end 最後には
- □ in those days 当時
- □ even so たとえそうでも
- □ go overseas 海外へ行く
- □ by *one*self 独力で

読解のポイント

1 ***Interviewer*: Did you have any difficulty in becoming a professional climber?**

have difficulty（in）*do*ingは「…するのに苦労する」という意味。becomingは動名詞で，動名詞句becoming a professional climberが前置詞inの目的語となっている。

3 When I was in university, winning a World Cup was a dream for both my father and me.

(I = S'，was = V'，winning a World Cup = S〈動名詞＋目的語〉，was = V，a dream = C)

winningは動名詞で，動名詞句が主語になっている。both ... and ～は「…と～の両方」という意味。

4 I won the Bouldering World Cup for the first time in 2008.

(I = S，won = V，the Bouldering World Cup = O；for the first time in 2008 → won)

for the first timeは「初めて」という意味。for the first time in 2008が動詞wonを修飾している。

5 I was the first Japanese winner.

winnerは「優勝者」という意味。

6 Then, I said to my parents, "I want to quit university and become a professional climber."

S V O〈to＋動詞の原形〉「…すること」

wantの目的語は，不定詞〈to＋動詞の原形〉「…すること」で，to quitと（to）becomeがandでつながれている。⇒ Grammar

7 My father supported my plan, but my mother opposed it.

S V O S V O

but「けれども」は文の前半とは反対の内容を導く接続詞。itは文の前半のmy planを指している。

8 However, she agreed in the end.

S V

However「けれども」は，前の文と反対の内容を導く副詞。in the endは「最後には」という意味。

9 In those days, sport climbing was not so popular in Japan.

S V C

In those daysは「当時」という意味で，過去の出来事を表す。副詞のsoは否定文では「あまり（…ない）」という意味になる。

10 I had difficulty in finding sponsors to support me financially.

S V O 〈to＋動詞の原形〉「…するための」

findingは動名詞で，動名詞句finding sponsorsが前置詞inの目的語になっている。to support me financiallyは不定詞〈to＋動詞の原形〉を含む句で，「…するための」という形容詞の働きをしており，名詞sponsorsを修飾している。⇒ Grammar

11 Even so, I went overseas by myself to compete in many tournaments.

S V 〈to＋動詞の原形〉「…するために」

Even soは「たとえそうでも」という意味。soは**10**の文の内容「スポンサーを見つけるのに苦労した」を指している。to compete in many tournamentsは不定詞〈to＋動詞の原形〉を含む句で，「…するために」という副詞の働きをしており動詞wentを修飾している。⇒ Grammar

Grammar

不定詞 〈to＋動詞の原形〉が「…すること」「…するために」などの意味を表し，名詞・形容詞・副詞のように働きます。

●名詞の働き

I want to quit university.

「やめること」

（私は大学をやめたいと思っています。）

●形容詞の働き

I found sponsors to support me.

「援助するための」

（私は私を援助してくれるスポンサーを見つけました。）

●副詞の働き

I went overseas by myself to compete in the tournament.

「参加するために」

（私はトーナメントに参加するために独力で海外へ行きました。）

解説「名詞の働き」とは，名詞と同じように文の中で主語や目的語，補語の役割をし，「…すること」という意味を表す。ただし，名詞や動名詞と異なり，前置詞の目的語にはならない。「形容詞の働き」は，名詞を形容詞のように修飾し，名詞のあとに置かれて「…する（ための）」「…すべき」という意味を加える。「副詞の働き」は，動詞が表す行動の目的を説明し，「…するために」という意味を表す。また，感情を表す形容詞の原因を説明するなどの働きもある（例）。

例 I'm very happy to see you again today.
（私は今日，あなたにまた会えてとてもうれしいです。）

Try It!

（　）内の語を並べかえて，ペアで対話しましょう。

1. *A* : What do you want to do after graduating from high school?
B : I (be / to / want) a professional baseball player.

2. *A* : Do you have (anyone / support / to / you) ?
B : Yes. My mother supports me.

ヒント 1. *A*「あなたは高校を卒業したあとに何をしたいですか。」*B*「私はプロ野球の選手になりたいです。」〈want to ＋動詞の原形〉の語順となる。
2. *A*「あなたはあなたを援助してくれる誰かがいますか。」*B*「はい。母が私を援助しています。」haveのあとには目的語anyoneを置くことができる。anyoneを修飾する不定詞の文を作る。

練習問題

（　）内の語を並べかえなさい。

A : Why do you go to the park every morning?
B : I go there (dog / to / walk / my).

練習問題解答

to walk my dog

解説 *A*「あなたはなぜ毎朝その公園に行きますか。」*B*「私は私のイヌを散歩させるためにそこに行きます。」「…するために」という副詞の働きをする不定詞の文。

イラストを見て，語句の意味を推測しましょう。

1. find a route

2. a sense of achievement

3. tackle a task

ヒント 教科書p.48では，**1.** 女性が壁を前にして道筋を考えている。**2.** 女性が壁の突起物につかまりながら，ガッツポーズをしている。突起物のそばにTOPの文字が見える。**3.** 女性が壁の突起物に一生懸命に手を伸ばしている。

本文を読んで，(　　) 内に適切な語を入れましょう。

Interesting points about sport climbing	・You need (①　　　　) to find your route. ・You feel a sense of (②　　　　) when you reach the goal.
Noguchi's message for high school students	・You can (③　　　　) and develop as a person while you are tackling tasks.

ヒント スポーツクライミングについてのおもしろい点「・ルートを見つけるための (①) が必要です。」「・ゴールに到達すると (②) 感を得ます。」高校生への野口選手のメッセージ「・課題に取り組んでいるとき，人として (③) し，発達することができます。」①は教科書p.49の1～2行目，②は2～3行目，③は5～10行目を参照。

What is one message you always remember?

例 I always remember this message: "Effort pays off in the long run."

Plus One

ヒント「あなたがいつも思い出す１つのメッセージは何ですか。」例「私はいつもこのメッセージを思い出します。『努力は長い目で見れば報われる。』」

本文

1 *Interviewer*: What is interesting about sport climbing?//
インタビュアー：スポーツクライミングについて何がおもしろいか

2 *Noguchi*: You need creativity / to find your route.// **3** You will
野口選手：(あなたたちは) 創造力が必要だ　ルートを見つけるためには

feel a sense of achievement / when you reach the goal.// **4** I love
達成感を得るだろう　ゴールに到達すると　私は

overcoming difficulties.//
困難を克服するのが大好きだ

5 *Interviewer*: Do you have a message for high school students?//
インタビュアー：あなたは高校生へのメッセージがあるか

6 *Noguchi*: I think that / through sport climbing / I have improved
野口選手：私は…と思う スポーツクライミングを通して 私は自分自身を向上させてきた

myself / not only physically but also mentally.// **7** You can grow
身体的にだけではなく精神的にも　(あなたたちは) 人として成長し

語句

□ creativity /krìːeɪtívəti/ 名 創造力

□ achievement /ətʃíːvmənt/ 名 達成

□ goal /góʊl/ 名 ゴール，目標

□ overcoming /óʊvərkʌ̀mɪŋ/ (< overcome /òʊvərkʌ́m/) 動 …を克服する

and develop as a person / while you are tackling a lot of tasks.//
発達することができる　多くの課題に取り組んでいる間に

8 Noguchi Akiyo was the first Japanese / to become an
野口啓代は最初の日本人だった　国際的な第一人者になった

international star / in the field of sport climbing.// **9** This brave
スポーツクライミングの分野で　この勇敢な

pioneer has opened up the field / to future generations of young
先駆者はその分野を切り開いた　未来の世代の若者たちへ

people.//

- ☐ physically /fízɪkəli/
  副 身体的に
- ☐ mentally /méntəli/
  副 精神的に
- ☐ tackling /tǽklɪŋ/
  (< tackle /tǽkl/)
  動 …に取り組む
- ☐ pioneer /pàɪəníər/
  名 先駆者

- ☐ a sense of ...
  …感
- ☐ a lot of ...
  たくさんの…
- ☐ in the field of ...
  …の分野で
- ☐ open up ...
  …を切り開く
- ☐ future generations
  未来の世代

読解のポイント

1 ***Interviewer*: What is interesting about sport climbing?**

What is interesting about ...? で「…について何がおもしろいのですか。」という意味。

2 ***Noguchi*: You need creativity to find your route.**

S　V　O　〈to＋動詞の原形〉「…するために」

ここでのYouは「(一般に) 人は」という意味。to find your routeは「…するために」という副詞の働きをしており，needを修飾している。

3 You will feel a sense of achievement when you reach the goal.

S　V　O　S'　V'　O'

助動詞のwillは「…だろう」という意味。a sense of achievementは「達成感」という意味。

4 I love overcoming difficulties.

S　V　O

loveの目的語は動名詞を含むovercoming difficultiesである。

5 ***Interviewer*: Do you have a message for high school students?**

for high school studentsがa messageを後ろから修飾している。forは「…あての，…への」という意味。

6 *Noguchi*: I think [that through sport climbing I have improved myself not only physically but also mentally].

S V O / S' V' O'

thinkの目的語がthat節の文。thatの後ろに続く文は「…すること」という意味で，名詞と同じ働きをする節となる。through sport climbing は「スポーツクライミングを通して」という意味で，have improved を修飾している。improve *one*self は「自分自身を向上させる」という意味。not only ... mentally はhave improvedを後ろから修飾している。⇒ Grammar

7 You can grow and develop as a person while you are tackling a lot of tasks.

S V V / S' V' O'

主節の動詞はgrowとdevelopで，developの前のcanは省略されている。as a personは「人として」という意味で，growとdevelopを修飾している。whileは「…している間に」という意味の接続詞。

8 Noguchi Akiyo was the first Japanese to become an international star in the field of sport climbing.

S V C

to become ... は形容詞の働きをする不定詞句で，the first Japaneseを後ろから修飾して，「…になった最初の日本人」という意味を表している。ここでのstarは「第一人者」という意味。

9 This brave pioneer has opened up the field to future generations of young people.

S V O

This brave pioneerは**8**の文のNoguchi Akiyoを指している。

Grammar

S＋V＋O［that節］ that節がS＋V＋OのOとして働きます。

I think that I have improved myself through sport climbing.

think「…と思う」の目的語

(私はスポーツクライミングを通して自分自身を向上させてきたと思います。)

She said that winning the World Cup was her dream.

said「…と言った」の目的語

(彼女はワールドカップで優勝することが彼女の夢だと言いました。)

解説 thinkやsayなどの動詞は目的語に〈that＋主語＋動詞...〉をとることがある。thatに続く〈主語＋動詞...〉のように，主語と動詞を含んでいる文のまとまりを「節」という。thatで導かれた節をthat節と呼び，名詞の働きをして動詞の目的語になることができる。that節を目的語にとる動詞には，他にはfeel，believe，know，hopeなどがある（例）。なお，このthatは省略することができる。

例 I believe (that) you need creativity to be a good climber.

thatは省略可

(私は良いクライマーになるために創造力が必要だと思います。)

Try It!

(　　) 内の語（句）を並べかえて，ペアで対話しましょう。

1. *A* : (that / know / we all) jogging is good for our health. But ...
B : Most of us don't have enough time for it, right?

2. *A* : (that / hope / I) you win the championship.
B : Thank you. I'll do my best.

ヒント **1.** *A*「私たちはみなジョギングが健康に良いということを知っています。でも…」*B*「私たちのほとんどがそのための十分な時間がない，ですよね？」カッコの後ろは主語と動詞を含む文である。knowの目的語にthat節を続ける。

2. *A*「私はあなたが選手権で優勝することを願っています。」*B*「ありがとう。私は全力を尽くします。」カッコの後ろは主語と動詞を含む文である。hopeの目的語にthat節を続ける。

練習問題

(　　) 内の語を並べかえなさい。

1. *A* : (that / heard / I) you have a dog.
B : Actually, I have two dogs.

2. *A* : (I / that / think / don't) you are interested in sport climbing.
B : Oh, I am. I go to a climbing gym every Saturday.

練習問題解答

1. I heard that　**2.** I don't think that

解説 **1.** *A*「私は，あなたがイヌを飼っていると聞きました。」*B*「実は，私は2匹のイヌを飼っています。」カッコの後ろは主語と動詞を含む文。heard（hearの過去形）の目的語にthat節を続ける。

2. *A*「私は，あなたがスポーツクライミングに興味があるとは思いません。」*B*「おや，私は興味がありますよ。私は毎週土曜日にクライミングジムに行きます。」動詞の目的語にthat節を続けるとき，否定語don'tは動詞の前に置く。Oh, I amのあとにはinterested in sport climbingが省略されている。

Summary 1 本文の内容に合うように，空所を埋めましょう。

Part1

- 野口啓代選手は ① ＿＿＿ 年，茨城県龍ケ崎（りゅうがさき）市で生まれました。
- 11歳のとき旅行先の ② ＿＿＿ で初めてスポーツクライミングを経験しました。
- 全日本ユース選手権で優勝すると，父親が古い ③ ＿＿＿ の中にクライミング用の壁を作ってくれました。

Part2

- 2008年にワールドカップで優勝し，両親に ④ ＿＿＿ になりたいと言いました。
- 最初， ⑤ ＿＿＿ は彼女が大学をやめるという計画に反対しました。
- 当時，スポーツクライミングはそれほど人気がなく， ⑥ ＿＿＿ を見つけるのに苦労しました。

Part3

- スポーツクライミングでゴールに到達すると ⑦ ＿＿＿ を得ます。
- 野口選手は，スポーツクライミングを通して，身体的にも精神的にも ⑧ ＿＿＿ したと考えています。

ヒント それぞれの教科書参照ページを示す。①p.45の2行目　②p.45の4〜6行目　③p.45の7〜10行目　④p.47の4〜8行目　⑤p.47の8〜9行目　⑥p.47の10〜12行目　⑦p.49の2〜3行目　⑧p.49の7〜9行目。

Summary 2 （　）内に入る語を ＿＿＿ の中から選び，要約を完成しましょう。

Noguchi Akiyo was born in Ibaraki in (① 　　　　).// When she was (② 　　　　)
野口啓代選手は（①）に茨城で生まれた　彼女が（②）歳のとき

years old,/ she experienced sport climbing in Guam / for the first time.// When she was
彼女はグアムでスポーツクライミングを経験した　初めて　彼女が（③）歳のとき

(③ 　　　　) years old,/ she won the All-Japan Youth Championship.//
彼女は全日本ユース選手権で優勝した

In (④ 　　　　), / she won the Bouldering World Cup / for the first time.// She wanted
（④）に　彼女はボルダリングワールドカップで優勝した　初めて　彼女は大学を

to (⑤ 　　　　) university/ and become a professional climber.// Her father (⑥ 　　　　)
（⑤）たいと思っていた　そしてプロのクライマーになりたい　彼女の父は彼女の計画を

her plan,/ and her mother agreed in the end.//
（⑥）　そして彼女の母は最後には賛成した

Noguchi thinks sport climbing is interesting / because she can feel a sense of (⑦ 　　　　) /
野口選手はスポーツクライミングがおもしろいと思っている　（⑦）感を得ることができるから

when she reaches the goal.//
彼女がゴールに到達すると

She thinks / high school students can develop as people / while they are tackling
彼女は…と考えている　高校生は人として成長することができる　彼らが（⑧）に取り組んでいる

(⑧ 　　　　　). //
間に

achievement / eleven / tasks / supported / twelve / quit / 1989 / 2008

ヒント それぞれの教科書参照ページを示す。①p.45の2行目　②p.45の4～6行目　③p.45の7～9行目　④p.47の4～6行目　⑤p.47の6～8行目。wanted toに続く動詞の原形が入る。　⑥p.47の8～9 行目　⑦p.49の1～3行目　⑧p.49の9～10行目。

Vocabulary 英語のヒントを読んで，本文に出てきた単語を書きましょう。

1. cow□□□□ ・・・・・cows are kept here
2. g□□□ ・・・・・the last point of the bouldering route
3. q□□□ ・・・・・to give up something

ヒント 1.「ウシがここで飼われている」，2.「ボルダリングルートの最終地点」 3.「何かをやめること」

Key Expressions 日本語と同じ意味になるように，(　　) 内に適切な語を入れて文を言いましょう。

1. Noguchi Akiyo experienced sport climbing in Guam (　　　　) (　　　　) (　　　　) (　　　　).
   野口啓代さんはグアムで初めてスポーツクライミングを経験しました。
2. (　　　　) her father (　　　　) mother supported her when she became a professional climber.
   彼女がプロのクライマーになるとき，父と母の両方が彼女を応援しました。
3. She had (　　　　) (　　　　) competing in tournaments.
   彼女はトーナメントに参加するのに苦労しました。
4. She (　　　　) (　　　　) the field of sport climbing to future generations.
   彼女は未来の世代にスポーツクライミングの分野を切り開きました。

ヒント 1.「初めて」に相当する語句を入れる。　2.「父と母の両方」に相当する語句を入れる。3.「…するのに苦労しました」に相当する語句を入れる。カッコの前のhad，後ろの動名詞を含めた4語で考える。　4.「…を切り開きました」に相当する語句を入れる。

Grammar for Communication 例を参考に，将来の夢について，ペアで話しましょう。

A: What do you want to be in the future?
B: I want to be ❶ an interpreter because I like ❷ talking with people from other countries.
A: I think that ❸ you should study English harder.

Tool Box

❶ a fashion designer / a novelist / a programmer
ファッションデザイナー　小説家　プログラマー

❷ designing clothes / reading books / studying information science
服をデザインすること　本を読むこと　情報科学を勉強すること

ヒント *A*「あなたは将来何になりたいですか。」*B*「私は他の国からの人々と話すのが好きなので，通訳者になりたいと思っています。」*A*「私は，あなたは英語をもっと熱心に勉強すべきだと思います。」

教科書▶pp.52-53, 181

Scene 1 ジョンと華の会話を聞きましょう。

John: Who is your favorite athlete,/ Hana? //
ジョン：あなたのいちばん好きなスポーツ選手は誰か　華

Hana: My favorite athlete is Nagatomo Yuto.//
華：　私のいちばん好きなスポーツ選手は長友佑都だ

John: Oh, I think / he is a great soccer player.//
ジョン：ああ，私は…と思う　彼はすばらしいサッカー選手だ

When did he start playing soccer?//
彼はいつサッカーをし始めたか

Hana: He started / when he was in elementary school.//
華：　彼は始めた　彼が小学生だったとき

John: When did he become a professional player?//
ジョン：　彼はいつプロの選手になったか

Hana: When he was in university.//
華：　彼が大学生だったとき

John: Did he quit university then?//
ジョン：彼はそのとき大学をやめたか

Hana: No, he didn't.// His mother worked hard / to support his
華：いいえ，やめなかった　彼の母は一生懸命働いた　彼の勉強を

studies.//
支援するために

John: Wow! // That's a good story. //
ジョン：わあ　それは良い話だ

Listen and Answer　問いの答えを選びましょう。

1. Who is Hana's favorite athlete?
   a. Kihira Rika.　**b.** Otani Shohei.　**c.** Nagatomo Yuto.
2. When did the athlete start playing his/her sport?
   a. In elementary school.　**b.** In junior high school.　**c.** In university.
3. When did the athlete become a professional player?
   a. After the athlete graduated from high school.　**b.** When the athlete was in university.
   c. After the athlete graduated from university.

ヒント **1.**「だれが華のいちばん好きなスポーツ選手ですか。**a.** 紀平梨花。**b.** 大谷翔平。**c.** 長友佑都。」華の最初の発言を参照。　**2.**「そのスポーツ選手はいつスポーツを始めましたか。**a.** 小学校で。**b.** 中学校で。**c.** 大学で。」華の2番目の発言を参照。　**3.**「そのスポーツ選手はいつプロの選手になりましたか。**a.** そのスポーツ選手が高校を卒業したあと。**b.** そのスポーツ選手が大学生だったとき。**c.** そのスポーツ選手が大学を卒業したあと。」華の3番目の発言を参照。

Write Scene 2　好きなスポーツ選手についてのプレゼンテーションのための原稿を作りましょう。

1. ①の空所に，好きなスポーツ選手の名前を入れましょう。
2. ②の空所に，スポーツの名前を入れましょう。
3. ③の空所に，**Part 1**の本文を参考に適切な語（句）を入れましょう。
4. ④の空所に，**Part 2**の本文を参考に適切な語（句）を入れましょう。
5. ⑤の空所に適切な1文を考えて入れましょう。

My Favorite Athlete
私のいちばん好きなスポーツ選手

My favorite athlete is ①______.// He/She started ②______ / when he/she
私のいちばん好きなスポーツ選手は ① である　彼/彼女は ② を始めた　彼/彼女が

③______.// He/She became a professional player / when he/she ④______.// I like
③ とき　彼/彼女はプロの選手になった　彼/彼女が ④ とき　私は彼/彼女

him/her / because ⑤______.//
が好きだ　⑤ なので

ヒント **3.** は教科書p.45の4〜5行目，7〜9行目を参照。**4.** はp.47の3〜4行目を参照。

定期テスト対策 ❸ (Lesson 3)

解答⇒p.212

1 日本語の意味を表すように，＿＿に適切な語を入れなさい。

(1) 彼女は数学の分野で有名です。
She is famous in ＿＿＿＿＿ ＿＿＿＿＿ of mathematics.

(2) きれいな水を見つけるのに苦労する人もいます。
Some people ＿＿＿＿＿ ＿＿＿＿＿ in finding clean water.

(3) 当時は，少数の人が留学しました。
＿＿＿＿＿ ＿＿＿＿＿ days, a few people studied abroad.

2 次の文の＿＿に，適切な語を入れて英文を完成させなさい。

(1) We visited a traditional rice farm ＿＿＿＿＿ experience rice planting.

(2) They hope ＿＿＿＿＿ they can compete in many tournaments.

(3) I'm sorry for ＿＿＿＿＿ late for class.

3 日本語に合うように，[　] 内の語（句）を並べかえなさい。

(1) 彼女はプロのダンサーになるために大学をやめました。
[she / to / professional / quit / dancer / university / become / a].
＿＿＿＿＿＿＿＿＿＿＿＿＿＿＿＿＿＿＿＿＿＿＿＿.

(2) 私の夢は次のワールドカップで優勝することです。
My [the next World Cup / is / dream / winning].
My ＿＿＿＿＿＿＿＿＿＿＿＿＿＿＿＿＿＿＿＿＿＿＿＿.

(3) 私は彼が私の計画に反対しているのを知りませんでした。
[that / he / know / opposed / my plan / I / didn't].
＿＿＿＿＿＿＿＿＿＿＿＿＿＿＿＿＿＿＿＿＿＿＿＿.

4 次の英語を日本語にしなさい。

(1) Both my sister and I thought that bouldering was exciting.
＿＿＿＿＿＿＿＿＿＿＿＿＿＿＿＿＿＿＿＿＿＿＿＿

(2) They are looking for someone to take care of their dogs this weekend.
＿＿＿＿＿＿＿＿＿＿＿＿＿＿＿＿＿＿＿＿＿＿＿＿

(3) Building a cowshed by yourself may not be easy.
＿＿＿＿＿＿＿＿＿＿＿＿＿＿＿＿＿＿＿＿＿＿＿＿

5 次の英文を読んで，質問に答えなさい。

Interviewer: How did you start sport climbing?

Noguchi: I was born in Ryugasaki, Ibaraki, in 1989. My parents had a farm there. I liked ①(climb) trees when I was a little child. When I was eleven, our family took a trip to Guam. There I experienced sport climbing for the first time. It was fun. After I came back, I started ②(go) to a local climbing gym. When I was twelve, I unexpectedly won the All-Japan Youth Championship. Then my father built a climbing wall in an old cowshed. I ③( )( )( ) practice not only at the gym but also at home.

(1) ①・②の（ ）内の語を1語で適切な形にしなさい。

① ______ ② ______

(2) 野口選手がクライミングジムに通い始めたきっかけは何か。日本語で答えなさい。

______

(3) ③が「…することができた」という意味になるように，（ ）内に適する語を書きなさい。

______ ______ ______

6 次の英文を読んで，質問に答えなさい。

Interviewer: What is interesting about sport climbing?

Noguchi: ①<u>You need creativity to find your route.</u> You will feel a sense (②) achievement when you reach the goal. I love overcoming difficulties.

Interviewer: Do you have a message for high school students?

Noguchi: I think (③) through sport climbing I have improved (④) not only physically but also mentally. ⑤<u>You can grow and develop as a person while you are tackling a lot of tasks.</u>

(1) 下線部①を日本語にしなさい。

______

(2) ②・③・④の（ ）内に適する語を書きなさい。

② ______ ③ ______ ④ ______

(3) 下線部⑤を日本語にしなさい。

______

Lesson 4 Left to Right, Right?

Get Started! 教科書 ▶ p.57

写真を見て話し合ってみましょう。

What languages can we read this comic book in?

ヒント「私たちは何語でこのマンガを読むことができますか。」

Part 1 教科書 ▶ pp.58-59

イラストを見て，語の意味を推測しましょう。

1. panel
2. vertical
3. horizontal

ヒント 教科書 p.58では，**1.** 四角の中にいくつかの枠が描かれている。**2.** 上下双方向を指した矢印が描かれている。**3.** 左右双方向を指した矢印が描かれている。

本文を読んで，(　　) 内に適切な語を入れましょう。

- This page is from a Japanese comic book in (①　　　　).
- The English horizontal (②　　　　) goes from left to right.
- But the panels go from (③　　　　) to (④　　　　).

ヒント「・このページは (①) の日本のマンガからです。」「・英語の横書きの (②) は左から右に流れます。」「・しかし，コマは (③) から (④) へ流れます。」①は教科書 p.59の1～2行目，②は9行目，③④は8行目を参照。

Have you ever read Japanese comic books in English?

例 ・Yes, I have read *Dragon Ball* in English before.

・No, I haven't. I don't read comic books even in Japanese.

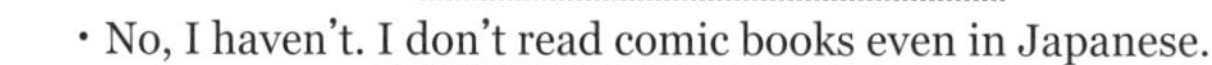

Plus One

ヒント「あなたはこれまでに英語で日本のマンガを読んだことがありますか。」例「・はい，私は以前に『ドラゴンボール』を英語で読んだことがあります。」「・いいえ，ありません。私は日本語ですらマンガを読みません。」

本文

1 Nowadays,/ many people outside Japan enjoy Japanese comic books / in translation.// **2** But they often get confused / when they read them.// **3** Why?//

近頃 / 日本の外の多くの人々は日本のマンガを楽しむ / 翻訳で / しかし彼らはよくとまどう / 彼らがそれらを読むとき / なぜか

語句

- □ confused /kənfjúːzd/ 形 とまどった
- □ panel(s) /pǽnl(z)/ 名 コマ

4 In Japanese comic books,/ pages, panels, and Japanese vertical
日本のマンガでは　ページ，コマ，日本語の縦書きの文は
text are all read / from right to left.// **5** The three have the same flow /
すべて読まれる　右から左に　その3つは同じ流れがある
running from right to left.//
右から左に進む

6 However,/ this flow is broken / in English translation.//
けれども　この流れは壊される　英語の翻訳版では
7 That is,/ while pages and panels go from right to left,/
つまり　ページとコマは右から左に進む一方で
English horizontal text goes from left to right.//
英語の横書きの文は左から右に進む

8 In Japanese traditional art,/ the flow from right to left is quite
日本の伝統美術では　右から左への流れはごく普通である
common.// **9** You can often find it / in old Japanese paintings.//
よくそれを見つけることができる　古い日本の絵画の中に
10 Such a style,/ however,/ is rare in the West.//
そのような形式は　しかしながら　西洋ではまれである

- □ vertical /vɔ́ːrtɪkl/ 形 縦書きの
- □ flow /flóʊ/ 名 流れ
- □ horizontal /hɔ̀ːrəzɑ́ːntl/ 形 横書きの
- □ style /stáɪl/ 名 形式，方式
- □ rare /réər/ 形 まれな

- □ in translation 翻訳で
- □ get confused とまどう
- □ the West 西洋

読解のポイント

1 Nowadays, many people outside Japan enjoy Japanese comic books in translation.
(many people: S / enjoy: V / Japanese comic books: O)

outside Japanがmany peopleを後ろから修飾している。in translationは「翻訳で」という意味。

2 But they often get confused when they read them.
(they: S / get: V / confused: C / they: S' / read: V' / them: O')

2つのtheyは**1**のmany people outside Japanを指している。getはここでは「…になる」という意味。文末のthemは**1**のJapanese comic booksを指している。

4 In Japanese comic books, pages, panels, and Japanese vertical text are all read from right to left.
(pages, panels, and Japanese vertical text: S / are all read: V)

pages, panels, and Japanese vertical text までが主語である。動詞はare readで受け身の文。また，from right to leftがreadを後ろから修飾している。

5 The three have the same flow running from right to left.
(The three: S / have: V / the same flow: O)

The threeは**4**のpages, panels, and Japanese vertical textを指している。running from right to leftがthe same flowを後ろから修飾している。⇒ Grammar

6 However, this flow is broken in English translation.
S V

受け身の文。this flow は**5**の the same flow running from right to left を指している。

7 That is, while pages and panels go from right to left, English horizontal text goes from left to right.
S' V' S V

That is は「つまり」という意味。while は「…である一方で」という意味の接続詞。ここでは「ページ・コマの流れ」と「英語の横書きの文の流れ」が対照であることを示している。

8 In Japanese traditional art, the flow from right to left is quite common.
S V C

from right to left が the flow を後ろから説明している。quite common は「ごく普通の」という意味。

9 You can often find it in old Japanese paintings.
S V O

can を使った可能を表す文。it は**8**の the flow from right to left を指している。

10 Such a style, however, is rare in the West.
S V C

Such a style は「そのような形式」という意味で，**8**の the flow from right to left を指している。however は「しかしながら」という意味で対比を表し，**8**の文では「日本の伝統美術では右から左への流れはごく普通」とあるのに対し，「西洋ではまれ」であることを示している。

Grammar

後置修飾の現在分詞　〈動詞の -ing形〉が「…する［している］」のような意味を表し，名詞を後ろから修飾することがあります。

The three have the same flow running from right to left.
「進む［進んでいる］」

（その3つは右から左へ進む同じ流れがあります。）

People enjoying comic books are not rare.
「楽しむ［楽しんでいる］」

（マンガを楽しむ人はまれではありません。）

解説 〈動詞の -ing形〉は，他の語句を伴って「…する［している］」という意味で名詞を後ろから修飾することができる。この〈動詞の -ing形〉を「現在分詞」という。名詞と現在分詞を含む語句の間には「能動」の関係ができる。なお，現在分詞が語句を伴わず，単語のみを修飾する場合は，名詞を前から修飾する（例）。

例 a sleeping baby

（眠っている赤ちゃん）

Try It!

（　　）内の語を適切な形にかえて，ペアで対話しましょう。

1. *A* : Do you know any classmates (draw) comic books on their own?
   B : Yes. Actually, I often draw them. Are you surprised?
2. *A* : Anyone (read) this comic book will understand the meaning of life.
   B : Will they? I'm sorry to say, but I don't think it's such a good book.

ヒント 1. *A*「あなたは自分自身でマンガを描いているクラスメートを知っていますか。」*B*「はい。実は，私はよくマンガを描いています。あなたは驚いていますか。」drawを-ing形にして，名詞classmatesを修飾する文を作る。
2. *A*「このマンガを読んでいる人は誰でも，人生の意味を理解するでしょう。」*B*「理解するでしょうか。残念ながら，私はそれがそんなに良い本だと思いません。」readを-ing形にして，名詞Anyoneを修飾する文を作る。

練習問題

（　　）内の語を適切な形にかえなさい。

1. *A* : Look! Your cat is trying to catch a butterfly (fly) above her.
   B : Oh, I hope that she doesn't catch it.
2. *A* : Do you know that students (take) Ms. Green's class have to keep a diary in English?
   B : I know. I took her class last year.

練習問題解答

1. flying　2. taking

解説 1. *A*「見て！　あなたのネコは上部を飛んでいるチョウをつかまえようとしています。」*B*「わあ，ネコはそれをつかまえないと良いですが。」flyを-ing形にして，名詞a butterflyを修飾する文を作る。herとsheはYour catを指す。
2. *A*「あなたは，グリーン先生の授業をとっている生徒は英語で日記をつけなければならないということを知っていますか。」*B*「知っています。私は昨年彼女の授業をとりました。」takeを-ing形にして，名詞studentsを修飾する文を作る。keep a diaryは「日記をつける」という意味。

イラストを見て，語の意味を推測しましょう。

1. Arabic

2. Arab

3. surprising

ヒント 教科書 p.60では，**1.** 線と点でできた文字らしきものが描かれている。**2.** ターバンを巻いた人物が描かれている。**3.** 手品師らしき人物が手に鳥を乗せ，右側の人物が驚いている。

本文を読んで，（　　）内にYes かNo を入れましょう。

言語 ＼ 指向性	horizontal	left to right
English	Yes	(①)
Arabic	(②)	(③)

ヒント 言語「英語」「アラビア語」
指向性「横書きの」「左から右へ」
①は教科書 p.61の1～2行目，②と③は2～4行目を参照。

Speak / Write

What comic books should we translate?

例 We should translate the new comic book by Hagio Moto.

Plus One

ヒント「私たちは何のマンガを翻訳すべきですか。」 例 「私たちは萩尾望都による新しいマンガを翻訳すべきです。」

本文

❶ English is written horizontally from left to right,/ like many
英語は左から右へ横方向に書かれる　他の多くの

other languages.// ❷ But some languages are not.// ❸ For
言語のように　しかしそうではない言語もある　たとえば

example,/ Arabic is also written horizontally,/ but it is read from
アラビア語も横方向に書かれる　しかしそれは右から左へ

right to left.// ❹ What happens to Japanese comic books /
読まれる　日本のマンガに何が起きるか

translated into Arabic,/ then?//
アラビア語に翻訳された　それなら

❺ If you know / that the pages in Arabic books also start from right
もしあなたが…を知っているなら　アラビア語の本のページも右から左へ始まると

to left,/ you can guess the rest.// ❻ Yes!// ❼ In Arabic translations,/
いうこと　残りは想像できる　そう！　アラビア語の翻訳版では

語句

- □ horizontally /hɔ̀:rəzɑ́:ntəli/ 副 横（方向）に
- □ Arab /ǽrəb/ 形 アラブの
- □ surprising /sərpráɪzɪŋ/ 形 驚くべき
- □ recall /rɪkɔ́:l/ 動 …を思い出す

- □ for example たとえば
- □ translate ... into ～ …を～に翻訳する

pages, panels, and text all flow from right to left.//
ページ，コマ，文はすべて右から左へ流れる

8 Arab people can enjoy Japanese comic books / just like you.//
アラブの人々は日本のマンガを楽しむことができる　あなたと同様に

9 This is not surprising / if you recall / that most of the Arab world is
これは驚くべきことではない　もしあなたが…を思い出すなら　アラブ世界の大部分が
in the East.//
東洋にあるということ

- □ the rest
  残り
- □ just like ...
  …と同様に
- □ most of the ...
  …の大部分
- □ the East
  東洋

読解のポイント

1 **English is written horizontally from left to right, like many other languages.**
S V
受け身の文。horizontallyとfrom left to rightは過去分詞writtenを後ろから修飾している。likeは「…のように」という意味の前置詞。

2 **But some languages are not.**
受け身の否定文。are notの後ろには**1**の文のwritten horizontally from left to rightが省略されている。

3 **For example, Arabic is also written horizontally, but it is read from right to left.**
S V S V
2のsome languagesの例として，Arabic「アラビア語」を挙げている。horizontallyは過去分詞writtenを修飾している。butの後ろのitはArabicを指している。from right to leftは過去分詞readを修飾している。

4 **What happens to Japanese comic books translated into Arabic, then?**
What happens to ...?は「…に何が起こるのだろうか」という意味。translate ... into ～は「…を～に翻訳する」という意味で，この文では「...」に相当する語句はJapanese comic books。過去分詞translatedを含むtranslated into ArabicがJapanese comic booksを後ろから修飾している。
⇒ Grammar

5 **If you know [that the pages in Arabic books also start from right to left], you can guess the rest.**
S' V' O' S'' V'' S V O
文の前半はIf節で，knowの目的語がthat節となっている。from right to leftはstartを修飾している。the restは「残り」という意味で，**4**の文の「アラビア語の翻訳版の日本のマンガに何が起きるか」についての回答の残り（続き）を示唆している。

7 In Arabic translations, pages, panels, and text all flow from right to left.
S V

from right to leftはflowを修飾している。この文で5のthe restについての回答が明らかになっている。

8 Arab people can enjoy Japanese comic books just like you.
S V O

just like ... は「…と同様に」という意味。youは総称としての「あなた（日本人）」を表す。

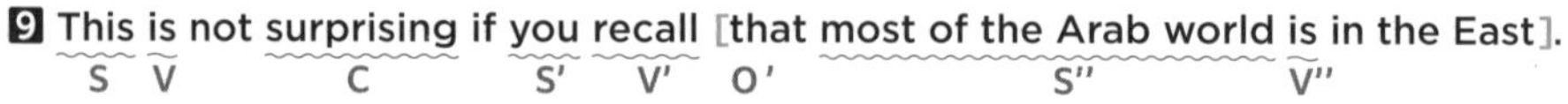

9 This is not surprising if you recall [that most of the Arab world is in the East].
S V C S' V' O' S'' V''

Thisは8の文の内容を指している。surprisingは「驚くべき」という意味の形容詞。if節では，動詞recall「…を思い出す」の目的語がthat節となっている。most of the ... は「…の大部分」という意味。

Grammar

後置修飾の過去分詞　過去分詞が「…された［されている］」のような意味を表し，名詞を後ろから修飾することがあります。

What happens to Japanese comic books translated into Arabic?
「翻訳された［翻訳されている］」

（アラビア語に翻訳された日本のマンガに何が起きますか。）

These are comic books drawn by that Arab writer.
「描かれた［描かれている］」

（これらはあのアラブ人の作家によって描かれたマンガです。）

解説 過去分詞は，他の語句を伴って「…された［されている］」という意味で名詞を後ろから修飾することができる。このとき，名詞と過去分詞を含む語句の間には「受け身」の関係ができる。なお，過去分詞が語句を伴わず，単語のみを修飾する場合は，名詞を前から修飾する（例）。

例 a used car

（使われた車→中古車）

Try It!

（　　）内の語を適切な形にかえて，ペアで対話しましょう。

1. *A* : Are they speaking Arabic? It sounds like a language (speak) in the Arab world.
   B : Probably. I can hear some Arabic words.
2. *A* : Are there any American comic books (translate) into Japanese?
   B : Yes. There are many. Do you want to read some?

ヒント **1.** *A*「彼らはアラビア語を話していますか。それはアラブ世界で話されている言語のように聞こえます。」*B*「おそらく。私はアラビア語の単語がいくつか聞こえます。」a languageとspeakの関係を考える。「話されている言語」という受け身の関係になるように，speakを過去分詞にする。

2. *A*「日本語に翻訳されたアメリカのマンガはありますか。」*B*「はい。たくさんあります。あなたは何冊か読みたいですか。」comic booksとtranslateの関係を考える。「翻訳されたマンガ」という受け身の関係になるようにtranslateを過去分詞にする。

練習問題

（　　）内の語を適切な形にかえなさい。

1. *A* : Have you read any books (write) by Natsume Soseki?
B : Yes, but only *I Am a Cat*.

2. *A* : Look at this photo. Do you know these small blue lights (see) in Toyama Bay?
B : Yes. They come from firefly squid, don't they?

3. *A* : I like the song (play) at the end of this anime very much.
B : I love it, too. Do you know the title?

練習問題解答

1. written　**2.** seen　**3.** played

解説 **1.** *A*「あなたは夏目漱石によって書かれた本を読んだことがありますか。」*B*「はい，でも『吾輩は猫である』だけです。」カッコの後ろの〈by＋動作主〉に注目。

2. *A*「この写真を見てください。あなたは富山湾で見られるこれらの小さな青い光を知っていますか。」*B*「はい。それらはホタルイカに由来しますよね？」lightsとseeの関係を考え，受け身の意味になる過去分詞にする。

3. *A*「私はこのアニメの最後に演奏される歌がとても好きです。」*B*「私もそれが大好きです。あなたはそのタイトルを知っていますか。」songとplayの関係を考え，受け身の意味になる過去分詞にする。

Part 3 教科書 ▶ pp.62-63

イラストを見て，語（句）の意味を推測しましょう。

1. throughout

2. a bit

3. reader

ヒント 教科書p.62では，**1.** 黒い矢印が赤の四角い枠を貫通している。**2.** 親指と人差し指で小さな物を持っている。**3.** 人が本らしきものを手に持っている。

本文を読んで，（　　）内に適切な語を入れましょう。

- In this Japanese comic book, (① 　　　　) Japanese is used.
- The pages and panels go from (② 　　　　) to (③ 　　　　).

ヒント「・この日本のマンガでは，（①）日本語が使われています。」「・ページとコマは（②）から（③）へ流れます。」①は教科書p.63の1～2行目，②と③は2～3行目を参照。

Write

Which is easier for you to read—vertical Japanese or horizontal Japanese?

例 Vertical Japanese is easier for me to read.

Plus One

ヒント「あなたにとって，縦書きの日本語または横書きの日本語のどちらが読みやすいですか。」例「縦書きの日本語が私にとって読みやすいです。」

本文

1 In the 1970s,/ some Japanese comic book artists tried using
1970年代に　日本のマンガ家の中には試しに横書きの日本語を使って

horizontal Japanese / throughout their books.// **2** In these books,/ the
みる人がいた　彼らの本の初めから終わりまで　これらの本では

pages and panels also went from left to right.// **3** The artists hoped /
ページとコマも左から右へ流れた　その作家たちは…を望んだ

that people could read their books naturally / in English translation.//
人々が彼らの本を自然に読むことができるということ　英語の翻訳版で

4 These comic books,/ however,/ soon disappeared.//
これらのマンガは　しかしながら　すぐに消えた

5 Probably,/ they were a bit foreign to the Japanese readers.//
おそらく　それらは日本人の読者にとっては少し異質だった

6 After all,/ the history of vertical Japanese is much longer / than that
結局　縦書きの日本語の歴史ははるかに長い　横書きの

of horizontal Japanese.// **7** Vertical Japanese was born / more than
日本語の歴史よりも　縦書きの日本語は生じた　1000年以上

one thousand years ago,/ but horizontal Japanese appeared only
前に　しかし横書きの日本語はつい最近現れた

語句

- □ throughout /θruːáut/ 前 …の初めから終わりまで
- □ naturally /nǽtʃərəli/ 副 自然に
- □ bit /bít/ 名 少し
- □ reader(s) /ríːdər(z)/ 名 読者
- □ recently /ríːsntli/ 副 最近

- □ foreign to ... …にとって異質な
- □ after all 結局

recently / —at around the start of the Meiji era.//
明治時代の始まりあたりに

8 Do you think / Japanese comic book artists should change the
あなたは…と思うか　日本のマンガ家はページ，コマ，文の流れを
flow of pages, panels and text / for English translations?//
変えるべきだ　英語の翻訳版のために

□ more than ...
…以上の

読解のポイント

1 In the 1970s, some Japanese comic book artists tried using horizontal Japanese throughout their books.
S V O

1970sは「1970年代」という意味で，西暦の後ろにsがつくと「…年代」を表す。try ...ingは「試しに…してみる」という意味。

2 In these books, the pages and panels also went from left to right.
S V

these booksは1の文のtheir（= some Japanese comic book artists'）booksを指している。alsoとfrom left to rightはwentを修飾している。

3 The artists hoped [that people could read their books naturally in English translation].
S V O S' V' O'

The artistsは1の文のsome Japanese comic book artistsを指している。hopedの目的語はthat節となっている。過去形の文なので，that節の中の助動詞も過去形のcouldになっている。naturallyとin English translationはcould readを後ろから修飾している。

4 These comic books, however, soon disappeared.
S V

soonはdisappearedを修飾している。

5 Probably, they were a bit foreign to the Japanese readers.
S V C

Probablyは「おそらく，十中八九」という意味。theyは4の文のThese comic booksを指している。a bitは「少し」という意味で，後ろのforeign「異質な」を修飾している。

6 After all, the history of vertical Japanese is much longer than that of horizontal Japanese.
S V C
that = the history

After allは「結局」という意味。muchはlongerを修飾しており，much longer than ...で「…よりはるかに長い」という意味。thatはこの文のthe historyを指しており，同じ語の繰り返しを避けるためにthatが用いられている。⇒ Grammar

7 Vertical Japanese was born more than one thousand years ago,
S V
but horizontal Japanese appeared only recently—at around the start of the Meiji era.
S V

文の前半ではVertical Japaneseについて，後半ではhorizontal Japaneseについて対比して述べている文。more than one thousand years agoはwas bornを後ろから修飾している。appearedはwas bornとほぼ同じ意味で使われている。only recentlyは「つい最近」という意味で，appearedを後ろから修飾している。atの前にある「—（ダッシュ）」は，直前の語句に意味を付け加える際に用いられる。

8 Do you think [Japanese comic book artists should change the flow of pages,
thatの省略 S' V' O'
panels and text for English translations]?

thinkの目的語はthat節で，ここでのthatは省略されている。一般動詞の疑問文の場合，動詞の目的語のthat節では平叙文の語順になる点に注意。for English translationsはshould changeを後ろから修飾している。

Grammar

比較級・最上級 〈比較級＋than ...〉で「…よりも～だ」，〈the＋最上級〉で「最も…だ」のように，比較の意味を表します。

The history of vertical Japanese is much longer than that of horizontal Japanese.
〈比較級＋than〉
（縦書きの日本語の歴史は横書きの日本語のそれよりはるかに長いです。）

This is the most interesting comic book in the world.
〈the＋最上級〉
（これは世界で最もおもしろいマンガです。）

解説 形容詞や副詞を比較級や最上級にすることで，2つ（以上）のものを比較して表現することができる。比較級・最上級は，短い形容詞・副詞には語末に-er，-estをつけ，長い形容詞・副詞にはその前にmore，mostをつけるのが基本。不規則に変化するものもあり，goodとwellの比較級はbetter，最上級はthe best。manyとmuchの比較級はmore，最上級はthe most。
比較級・最上級の前には，比較の差の大小を表す語句として，much「ずっと」，a bit「少し」などを付加することができる（上の1つ目の例文では，longerの前にmuchが用いられている）。
比較級では比較対象はthan ...「…より」を用いて表し，最上級では，in ...やof ...「…の中で」を用いて比較する範囲を表すことが多い（例）。

例 Nana runs the fastest of the three.
（ナナはその3人の中では最も速く走ります。）

Try It!

(　　) 内の語を適切な形にかえて，ペアで対話しましょう。

1. *A* : Could you bring all those comic books here?
B : OK. Oh, they're much (heavy) than I thought.

2. *A* : Have you ever heard of Takemiya Keiko?
B : Yes, I have. She's one of the (cool) comic book artists in Japan.

ヒント **1.** *A*「あれらのマンガをすべてここに持ってきていただけますか。」*B*「わかりました。おや，それらは私が思ったよりもずっと重いです。」カッコの後ろにthanがあることに注目。-yで終わる形容詞の比較級はyをiにかえてerをつける。
2. *A*「あなたは今までに竹宮恵子のことを耳にしたことはありますか。」*B*「はい，あります。彼女は日本で最もかっこいいマンガ家の1人です。」カッコの前にtheがあり，文末に範囲を表すin Japanがあることに注目。

練習問題

(　　) 内の語を適切な形にかえなさい。ただし，1語とは限らない。

1. *A* : Let's leave home at around nine tomorrow morning.
B : I think we should leave a bit (early) than that to catch our train.

2. *A* : What was your (exciting) experience during your trip to Japan last year?
B : Well, I met my future husband in Kyoto then.

3. *A* : Do you know anything about Canada?
B : Yes. It's one of the (large) countries in the world.

練習問題解答

1. earlier　**2.** most exciting　**3.** largest

解説 **1.** *A*「明日の朝9時ごろに家を出ましょう。」*B*「私は，電車に間に合うためにそれより少し早く出発すべきだと思います。」カッコの後ろにthanがあることに注目。thatはat around nine tomorrow morningを指す。
2. *A*「昨年のあなたの日本への旅の間で最も刺激的な経験は何でしたか。」*B*「ええと，私はそのとき京都で未来の夫に会いました。」yourなどの代名詞の後ろの形容詞を最上級にする場合，theは用いない。
3. *A*「あなたはカナダについて何か知っていますか。」*B*「はい。それは世界で最も大きな国の1つです。」one of the + 最上級...は「最も…な～のうちの1つ」という意味。

Review 教科書 ▶pp.64-65

Summary 1 本文の内容に合うように，空所を埋めましょう。

Part1

- 日本のマンガは，ページもコマも縦書きの文も ①＿＿＿＿ から ②＿＿＿＿ へ流れます。
- ③＿＿＿＿ の翻訳版マンガでは，ページとコマは右から左へ流れますが，横書きの文は左から右へ流れます。
- 日本の伝統的な ④＿＿＿＿ では，右から左へという流れはごく普通です。

Part2

- ⑤＿＿＿＿ 語は横書きですが，右から左へ読みます。
- アラビア語の翻訳版マンガでは，ページもコマも文も ⑥＿＿＿＿ から ⑦＿＿＿＿ へ流れます。

Part3

- ⑧＿＿＿＿ 年代，日本のマンガ家の中には，初めから終わりまで横書きの日本語を使う人もいました。
- その理由は英語の翻訳版が ⑨＿＿＿＿ に読めるとよいと思ったからです。

ヒント それぞれの教科書参照ページを示す。①②教科書p.59の4～5行目 ③p.59の7～9行目 ④p.59の10～11行目 ⑤p.61の2～4行目 ⑥⑦p.61の7～9行目 ⑧p.63の1～2行目 ⑨p.63の4～5行目。

Summary 2 （ ）内に入る語（句）を ＿＿＿ の中から選び，要約を完成しましょう。

In Japanese comic books,/ pages, panels, and Japanese vertical text are all (①) /
日本のマンガでは ページ，コマ，日本語の縦書きの文はすべて（①）

from right to left.// (②) ,/ this flow is not used in English translation / because
右から左へ （②） 英語の翻訳版ではこの流れは使われていない なぜなら

English horizontal text goes from left to right.//
英語の横書きの文は左から右へ流れるので

In Arabic translations,/ pages, panels, and text all flow from right to left.// This is because
アラビア語の翻訳版では ページ，コマ，文はすべて右から左へ流れる これは

Arabic is written (③) from right to left.// And Arabic books start from right to left.//
アラビア語は右から左へ（③）書かれるからだ そしてアラビア語の本は右から左へ始まる

(④),/ some Japanese comic book artists tried using horizontal Japanese /
（④） 日本のマンガ家の中には試しに横書きの日本語を使ってみる人がいた

throughout their books.// They hoped / that people could read them (⑤) in English
彼らの本の初めから終わりまで 彼らは…を願った 人々が英語の翻訳版でそれらを（⑤）読むことができること

translation.// However,/ the books soon (⑥).//
しかしながら その本はすぐに（⑥）

disappeared / horizontally / however / naturally / in the 1970s / read

ヒント それぞれの教科書参照ページを示す。①p.59の4〜5行目。カッコの前にbe動詞のareがあるため，過去分詞を入れて受け身の文にする。 ②p.59の7〜9行目 ③p.61の3〜4行目 ④p.63の1〜2行目 ⑤教科書p.63の4〜5行目 ⑥p.63の6行目。この文には動詞がないので，カッコに動詞が入ると考える。

Vocabulary イラストをヒントに，本文に出てきた単語を書きましょう。

1. h□□□□□□tal **2.** a□□□□t **3.** dis□□□□□r

ヒント 教科書p.65では，**1.** 左右双方向を指した矢印が描かれている。**2.** ベレー帽をかぶった人物と筆らしきものが描かれている。**3.** 忍者らしき人物の下半身が消えかけている。

Key Expressions 日本語と同じ意味になるように，(　　) 内に適切な語を入れて文を言いましょう。

1. I want to read these comic books (　　　　) English (　　　　).
私はこれらのマンガを英語の翻訳版で読みたいです。

2. I (　　　　) (　　　　) when I first read Japanese comic books.
日本のマンガを初めて読んだとき，私はとまどいました。

3. This comic book has (　　　　) (　　　　) 200 pages.
このマンガは200ページ以上あります。

4. Could you (　　　　) this Japanese (　　　　) English?
この日本語を英語に翻訳してもらえませんか。

ヒント **1.**「…の翻訳版で」に相当する語を入れる。**2.**「とまどいました」に相当する語句を入れる。過去の文であることに注意する。**3.**「…以上」に相当する語句を入れる。**4.**「…を〜に翻訳する」に相当する語句を入れる。

Grammar for Communication 例を参考に，自分の好きな本や作家について，ペアで話しましょう。

A : I love to read stories ❶written by J.K. Rowling. I have read all of the books in ❷the *Harry Potter* series several times.
B : Me, too. ❸ Hermione is the most attractive character. She [He] is a heroine [hero] ❹giving dreams to us. Which character do you like best?

Tool Box

❶ Fujiko Fujio / Gotouge Koyoharu ❷ Doraemon / Kimetsu no Yaiba
藤子不二雄　吾峠呼世晴　ドラえもん　鬼滅の刃

❸ Shizuka / Tanjiro ❹ taking good care of her friends / attacking evil spirits
しずか　炭治郎　友だちを大切にする　鬼を攻撃する

ヒント A「私はJ・K・ローリングによって書かれた物語を読むのが大好きです。私は『ハリー・ポッター』シリーズのすべての本を数回読んだことがあります。」B「私もです。ハーマイオニーは最も魅力的な登場人物です。彼女［彼］は私たちに夢を与えるヒロイン［ヒーロー］です。あなたはどの登場人物が最も好きですか。」

教科書 ▶ pp.66-67, 182

Scene 1 ジョンと華の会話を聞きましょう。

John: Japanese comic book artists should change their Japanese style. //
ジョン：日本のマンガ家は彼らの日本語の方式を変えるべきだ

Hana: What do you mean by that? //
華：それはどういう意味か

John: I mean,/ they should draw comic books / in the style of English comic books. //
ジョン：つまり　彼らはマンガを描くべきだ　英語のマンガの方式で

Hana: OK,/ but why do you think so?//
華：わかった　でもあなたはなぜそう思うのか

John: Er,/ because that kind of change must be good for English translations. //
ジョン：あー　そのような変更は英語の翻訳版とって良いに違いないからだ

Hana: I see.// But / we should respect the long history of vertical writing in Japanese.// We should also respect the right-to-left flow / in Japanese traditional art.//
華：なるほど　でも　私たちは日本語の縦書きの長い歴史を尊重すべきだ　私たちは右から左への流れも尊重すべきだ　日本の伝統美術における

John: Hmm,/ those are good points.//
ジョン：うーん　それらは良い論点だ

語句

□ writing /ráɪtɪŋ/ 名 書き方

Listen and Answer 問いの答えを選びましょう。

1. According to John, who should change their Japanese style?
a. All the comic book artists. **b.** Japanese comic book artists.
c. Japanese comic book readers.

2. According to John, how should Japanese comic book artists draw?
a. They should draw in their Japanese style.
b. They should draw to respect the long history of vertical writing in Japanese.
c. They should draw in the style of English comic books.

3. According to Hana, what should we respect?
a. The style of English books. **b.** Horizontal writing.
c. The long history of vertical writing in Japanese.

ヒント **1.**「ジョンによれば，誰が日本語の方式を変えるべきですか。**a.** すべてのマンガ家。**b.** 日本のマンガ家。**c.** 日本のマンガ読者。」ジョンの1番目の発言を参照。
2.「ジョンによれば，日本のマンガ家はどのように描くべきですか。**a.** 彼らは自身の日本語の方式で描くべきです。**b.** 彼らは日本語の縦書きの長い歴史を尊重するように描くべきです。**c.** 彼らは英語のマンガの方式で描くべきです。」ジョンの2番目の発言を参照。
3.「華によれば，私たちは何を尊重すべきですか。**a.** 英語の本の方式。**b.** 横書き。**c.** 日本語の縦書きの長い歴史。」華の3番目の発言の2文目を参照。

Scene 2 日本のマンガについて，発表用の原稿を作りましょう。

1. ①の空所に，**Part 1**の本文を参考に適切な語（句）を入れましょう。
2. ②の空所に，発表の内容に合うように，first かsecond を選びましょう。
3. ③の空所に，**Part 3**の本文を参考に適切な語（句）を入れましょう。

Japanese Comic Books and Their Future
日本のマンガとそれらの将来

Some say / that Japanese comic book artists should draw / in the style of English comic
…と言う人がいる　日本のマンガ家は描くべきだ　英語のマンガの方式で
books / for English translations.// Others say / that they should respect the long history of
英語の翻訳版のために　…と言う人もいる　彼らは日本語の縦書きの長い歴史を尊重すべきだ
vertical writing in Japanese / and the flow in ①______.// Both opinions are important,/ but
そして①の流れ　両方の意見とも大切だ　しかし
I agree with the ② first / second opinion.//
私は②の意見に賛成だ

That's because I believe / Japanese comic books are part of Japanese traditional art.//
それは，私は…と思うからだ　日本のマンガは日本の伝統美術の一部だということ
Also,/ Japanese comic books in the style of English comic ones / are still ③______ / to
また　英語のマンガの方式での日本のマンガは　依然として③である
Japanese readers.//
日本の読者にとって

ヒント **1.** 教科書p.59の10～12行目を参照。**2.** ②の空所の次の文にThat's because ...「それは…だからだ」とあることに注目。**3.** 教科書p.63の7行目を参照。

定期テスト対策④ (Lesson 4)

解答⇒p.213

1 日本語の意味を表すように，____に適切な語を入れなさい。

(1) 私はリンゴを2個取るので，あなたは残りを取ってください。

I'll take two apples, so you take ____________ ____________.

(2) この辺りの大部分の店はすでに閉まっています。

____________ ____________ the shops around here are already closed.

(3) ぴかっと光る生き物がいます。たとえば，ホタルです。

Some creatures flash light. ____________ ____________, fireflies do.

(4) テストについて2つの異なることを聞き，私はとまどいました。

I got ____________ when I heard two different things about the test.

2 ____に，（　）内の語を適切な形に変えて入れなさい。

(1) I learned some poems ____________ by Takuboku yesterday. (write)

(2) She is a little ____________ than I remember. (short)

(3) Players ____________ in the tournament come from all over the world. (compete)

(4) This library has one of the ____________ books in the world. (rare)

3 日本語に合うように，［　］内の語（句）を並べかえなさい。

(1) これらの人々によって話されている言語はすぐ消えるかもしれない。

[disappear / the language / by / these people / spoken / may] soon.

____ soon.

(2) アラビア語を学ぶことについて最も難しいことは何ですか。

[what / about / is / studying / thing / the / hardest] Arabic?

____ Arabic?

(3) その病気は女性よりも男性の間でより一般的です。

The disease [among / more / common / than / men / is / women].

The disease ____.

(4) 江ノ電は鎌倉と藤沢の間を走る線です。

[is / the line / and / running / between / Enoden / Kamakura] Fujisawa.

____ Fujisawa.

4 次の各組の英文がほぼ同じ内容になるように，＿＿に適切な語を入れなさい。

(1) She is taller than the other two students.
She is ＿＿＿＿＿＿ ＿＿＿＿＿＿ of the three students.

(2) I received a message. It said Tom couldn't come today.
I received a message ＿＿＿＿＿＿ Tom couldn't come today.

(3) Our host prepared *bento* for us. It was really delicious.
The *bento* ＿＿＿＿＿＿ ＿＿＿＿＿＿ our host was really delicious.

5 次の英語を日本語にしなさい。

(1) Nowadays, people use their smartphones more often than before.

＿＿＿＿＿＿＿＿＿＿＿＿＿＿＿＿＿＿＿＿＿＿＿＿＿＿＿＿＿＿

(2) These are some examples of Japanese comic books translated into English.

＿＿＿＿＿＿＿＿＿＿＿＿＿＿＿＿＿＿＿＿＿＿＿＿＿＿＿＿＿＿

6 次の英文を読んで，質問に答えなさい。

In the 1970s, some Japanese comic book artists tried using horizontal Japanese throughout ①their books. In these books, the pages and panels also went from left to right. The artists hoped that people could read their books naturally in English translation.

These comic books, however, soon disappeared. Probably, they were a bit foreign to the Japanese readers. After all, ②the history of vertical Japanese (that / is / of / much / horizontal Japanese / than / longer). Vertical Japanese ③was born more than one thousand years ago, but horizontal Japanese appeared only recently—at around the start of the Meiji era.

(1) 下線部①のtheir booksの特徴を2つ日本語で答えなさい。

＿＿＿＿＿＿＿＿＿＿＿＿＿＿＿＿＿＿＿＿＿＿＿＿＿＿＿＿＿＿

＿＿＿＿＿＿＿＿＿＿＿＿＿＿＿＿＿＿＿＿＿＿＿＿＿＿＿＿＿＿

(2) (1)の特徴によって，作家は何が可能になることを望んだか。日本語で答えなさい。

＿＿＿＿＿＿＿＿＿＿＿＿＿＿＿＿＿＿＿＿＿＿＿＿＿＿＿＿＿＿

(3) 下線部②が「縦書きの日本語の歴史は横書きの日本語のそれよりはるかに長い」という意味になるように，(　　) 内の語句を並べかえなさい。

＿＿＿＿＿＿＿＿＿＿＿＿＿＿＿＿＿＿＿＿＿＿＿＿＿＿＿＿＿＿

(4) 本文中から，下線部③と同じ意味の語と反対の意味の語を抜き出しなさい。
同じ意味＿＿＿＿＿＿＿＿　反対の意味＿＿＿＿＿＿＿＿

Mama's Bank Account

教科書 ▶pp.69-70

本文

1 I am Katrin.// **2** When I was a child,/ all my family lived in a
私はカトリンだ　私が子供だったとき　私の家族は全員小さな家に

small house / in San Francisco.// **3** My family members were Mama,
住んでいた　サンフランシスコで　私の家族のメンバーはママ，

Papa, my elder brother Nels, my younger sisters Christine and
パパ，兄のネルス，妹のクリスティーンとダグマー，そして私だった

Dagmar, and I.// **4** We were immigrants from Norway.//
私たちはノルウェーからの移民だった

5 I remember that / every Saturday night / Papa brought home a
私は…ということを覚えている　毎週土曜の夜に　パパが小さな封筒を

little envelope / with his pay in it.// **6** Mama would sit down by the
家に持ってきた　それに彼の給料が入った　ママは台所のテーブルのそばに

kitchen table / with a serious look.// **7** She was counting it out.//
座ったものだった　真剣な顔つきをして　彼女はそれを1つずつ数えて取っていた

8 There would be several piles of coins / on the table.//
いくつかの硬貨の山があったものだった　テーブルの上に

9 "These are the rent,"/ Mama would say,/ and set aside a big
「これらは賃貸料だ」ママは言ったものだった　そして大きな硬貨の山を別に

pile of coins.// **10** "For the grocer."// **11** She set aside another pile of
取っておいたものだった　「食料雑貨店主に」　彼女はコインの山をもう1つ別に取っておいた

coins.// **12** "For Katrin's shoes,"/ and Mama counted out the coins.//
「カトリンの靴に」　そしてママは硬貨を1つずつ数えて取った

13 "I'll need a notebook this week."// **14** Nels said,/ and Mama put
「私は今週ノートが必要になるだろう」　ネルスは言った　そしてママは

aside a ten-cent coin.// **15** At last,/ Papa would ask,/ "Is that all?"//
10セント硬貨をわきへ置いた　最後に　パパは尋ねたものだった「それで全部か」

16 Mama would nod and say,/ "That's good.// **17** We don't have to go
ママはうなずいて…と言ったものだった「良かった　私たちは銀行に行く必要がない

to the bank / to withdraw money."//
お金を引き出すために」

語句

- □ mama('s) /mɑ́:mə(z)/ 名 ママ（の）
- □ bank /bǽŋk/ 名 銀行
- □ account /əkáunt/ 名 口座

- □ Katrin /kǽtrɪn/ 名 カトリン
- □ San Francisco /sæ̀n frənsískou/ 名 サンフランシスコ
- □ papa /pɑ́:pə/ 名 パパ
- □ elder /éldər/ 形 年上の
- □ Nels /néls/ 名 ネルス
- □ Christine /krísti:n/ 名 クリスティーン
- □ Dagmar /dǽgmɑ̀:r/ 名 ダグマー
- □ immigrant(s) /ímɪgrənt(s)/ 名 移民
- □ Norway /nɔ́:rweɪ/ 名 ノルウェー
- □ pile(s) /páɪl(z)/ 名 山
- □ rent /rént/ 名 賃貸料
- □ aside /əsáɪd/ 副 わきへ

- □ grocer /gróusər/
  名 食料雑貨店主
- □ cent /sént/
  名 セント
- □ withdraw /wɪðdrɔ́ː/
  動 …を引き出す

- □ sit down
  座る
- □ count ... out / count out ...
  …を1つずつ数えて取る
- □ set ... aside / set aside ...
  …を別に取っておく
- □ at last
  最後に

読解のポイント

1 I am Katrin.
S V C
カトリンは筆者かつ主人公であり，カトリンの視点で物語が進んでいく。

2 When I was a child, all my family lived in a small house in San Francisco.
S' V' C' S V
all my family は，「私の家族全員」という意味。

3 My family members were Mama, Papa, my elder brother Nels, my younger sisters Christine and Dagmar, and I.
S V C
(my elder brother = Nels, my younger sisters = Christine and Dagmar)
family members は「家族の構成員」という意味。my elder brother と Nels，および my younger sisters と Christine and Dagmar はイコールの関係。「他者と私」について述べるとき，I は一番最後に置くことが多い。

4 We were immigrants from Norway.
S V C
immigrant は「(永住を目的とした外国からの) 移民」という意味。

5 I remember [that every Saturday night Papa brought home a little envelope with his pay in it].

S V O S' V' O' 〈with+名詞＋前置詞句〉

動詞rememberの目的語がthat節となっている。every Saturday night はbroughtを修飾している。bring homeは「家に持ち帰る」という意味。with his pay in itはa little envelopeを後ろから修飾している。ここでのpayは「給料」という意味の名詞。〈with+名詞＋前置詞句〉は「…（名詞）が～して」という意味を表し，「名詞」と「前置詞句」はイコールの関係になり，「彼の給料がそれ（＝封筒）に入って」という意味になる。

6 Mama would sit down by the kitchen table with a serious look.

S V

この文の助動詞wouldは「（よく）…したものだった」という意味で，過去の習慣を表している。ここでのwithは「…した状態で」という意味で，lookは「顔つき，目つき」という意味の名詞。with a serious lookで「真剣な顔つきをして」という意味になる。

7 She was counting it out.

S V O

count ... outは「…を1つずつ数えて取る」という意味。itは5の文のhis payを指している。

8 There would be several piles of coins on the table.

〈There is［are］＋主語〉「…がある」の文に，助動詞would「…したものだった」が含まれている。a pile of ...で「…の山」という意味だが，several「いくつかの」があることでpilesと複数形になっている。ママが給料を1つずつ数えて取り，テーブルの上に硬貨の山がいくつかあることを示している。

9 [“These are the rent,”] Mama would say, and set aside a big pile of coins.

O S' V' C' S V V O

andより前の主語はMama，動詞はwould say，目的語は“These are the rent,”である。物語文では，強調したい語句を入れかえて文頭に置くことがある。and以下の主語もMamaで，共通する主語のため省略されている。set aside ...は「…を別に取っておく」という意味。8の文の「いくつかの硬貨の山」のうち，「賃貸料の硬貨の大きな山」を別に取っておいた状況を表している。

11 She set aside another pile of coins.

S V O

anotherは「もう1つの」という意味で，10の文のFor the grocer，つまり「食料雑貨店主のための硬貨の山」を表している。

12 “For Katrin's shoes,” and Mama counted out the coins.

S V O

count out ...は「…を1つずつ数えて取る」という意味で，count ... outと同じ。

13 “I'll need a notebook this week.”

S V O

I'll はI willの短縮形。助動詞willがあるので「…が必要になるだろう」という意味。Iはここでは Nelsを指している。

14 Nels said, and Mama put aside a ten-cent coin.
S V S V O

動詞saidの目的語は13の"I'll need a notebook this week."で，9同様に強調したい語句（文）が入れかえられている。put aside ...は「…をわきへ置く」という意味。ten-centは「10セントの」という意味。

15 At last, Papa would ask, ["Is that all?"]
S V O

At lastは「最後に」という意味。Is that all?のthatは9～14の文で挙げられたことを指しており，「それで全部ですか（＝ほかに出費はないのですか）。」という意味になる。

16 Mama would nod and say, ["That's good.]
S V O S'+V' C'

nodは「うなずく」という意味で，同意を表す動作である。That's good.は15のIs that all?に対する返答を表し，「良かった。」という意味。That's good.はこの後にも何度もママが発する口癖である。

17 We don't have to go to the bank to withdraw money."
S V 〈to＋動詞の原形〉「…するために」

〈don't have to＋動詞の原形〉は「…する必要がない」という意味。to withdraw moneyは「お金を引き出すために」という意味の不定詞を含む句で，副詞の働きをしている。

教科書▶p.71

本文

1 Mama's bank account was a wonderful thing.// 2 We were all so proud of it.// 3 It gave us such a warm, secure feeling.// 4 We didn't know / anyone with money in a bank downtown.//
ママの銀行口座はすばらしいものだった　私たちはみなそれをとても誇りに思っていた　それは私たちにとても温かく，安心できる気持ちを与えた　私たちは知らなかった　中心街の銀行にお金のある人を誰も

5 I remember / our neighbors, the Jensens, had to move away / because they could not pay their rent.// 6 Mrs. Jensen was crying / when they left.// 7 I was filled with concern.// 8 I held Christine's hand.// 9 "We have a bank account," she said calmly, / and I was relieved.//
私は…を覚えている　隣人のジェンザン一家が転居しなければならなかったこと　彼らが賃貸料を払うことができなかったので　ジェンザン夫人は泣いていた　彼らが去るとき　私は心配でいっぱいだった　私はクリスティーンの手をにぎった　「私たちには銀行口座がある」と彼女は冷静に言った　そして私は安心した

語句

- □ secure /sɪkjʊ́ər/ 形 安心できる，心配のない
- □ Jensen(s) /dʒénsən(z)/ 名 ジェンザン
- □ fill(ed) /fíl(d)/ 動 …をいっぱいにする
- □ concern /kənsə́ːrn/ 名 心配
- □ calmly /kɑ́ːmli/ 副 冷静に

- □ move away 転居する，立ち去る

読解のポイント

1 Mama's bank account was a wonderful thing.
S V C

ここから,「ママの銀行口座」に焦点を当てて物語が展開されている。

2 We were all so proud of it.
S = V C

allは「みな」という意味の代名詞で, 主語のWeに意味を補足している。*be* proud of ... は「…を誇りに思う」という意味。itは1の文のMama's bank accountを指している。

3 It gave us such a warm, secure feeling.
S V O_1 O_2

Itは1のMama's bank accountを指している。giveは2つの目的語をとることができる動詞で,「…(人など)に～を与える」という意味を表す。〈such a＋形容詞＋名詞〉で「とても…な～」という意味。

4 We didn't know anyone with money in a bank downtown.
S V O

anyoneは否定文では,「誰も…ない」という意味。with moneyは「お金を持って(いる)」という意味でanyoneを修飾している。in a bankはmoneyを後ろから修飾している。downtownは「中心街で」という意味の副詞で, bankを後ろから修飾している。

5 I remember
S V thatの省略
[our neighbors, the Jensens, had to move away because they could not pay their rent].
O S' = V' S'' V'' O''

動詞rememberの後ろにはthatが省略されており, our neighbors以下がrememberの目的語となっている。our neighborsとthe Jensensはイコールの関係にある。〈the＋固有名詞(人名)の複数形〉は「…一家」という意味。had to ... は〈have to＋動詞の原形〉「…しなければならない」の過去の文。becauseのあとのtheyはthe Jensensを指している。could notは「…することができなかった」という意味で, 助動詞canの過去の否定を表す。

6 Mrs. Jensen was crying when they left.
S V S' V'

was cryingは「泣いていた」という意味の過去進行形を表す。theyは5の文のthe Jensensを指している。leftは動詞leave「去る」の過去形。ここでは自動詞として用いられているため, 後ろに目的語はない。

7 I was filled with concern.
S V C

fill は「…をいっぱいにする」という意味の動詞で, *be* filled with ... で「…でいっぱいである」という意味になる。

8 I held Christine's hand.
S V O

heldは動詞hold「…をにぎる」の過去形。

9 ["We have a bank account,"] she said calmly, and I was relieved.
O S' V' O' S V S V C

andより前の主語はshe，動詞はsaid，目的語は"We have a bank account,"で，目的語を強調するために入れかえられている。sheは8の文のChristineを指している。calmlyは「冷静に」という意味で，saidを修飾している。relievedは「安心した，ほっとした」という意味の形容詞。

教科書▶p.72

本文

1 When Nels graduated from grammar school,/ he wanted to go to high school.// 2 "That's good," Mama said,/ and Papa nodded.// 3 "It will cost a little money,"/ Nels said.// 4 We all gathered around the table.// 5 I put a box in front of Mama / on the table.// 6 We called it the little bank.// 7 The little bank was different from the bank downtown.// 8 It was used for sudden emergencies,/ such as seeing a doctor or going to a drugstore for medicine.//

ネルスはグラマースクールを卒業したら　彼は高校に行きたいと思っていた　「それは良い」とママは言った　そしてパパはうなずいた　「それは少しお金がかかる」　ネルスは言った　私たちは全員テーブルの周りに集まった　私はママの正面に箱を置いた　テーブルの上に　私たちはそれを小さな銀行と呼んだ　その小さな銀行は中心街の銀行とは違った　それは突然の緊急事態のために使われた　医者にかかることや薬のためにドラッグストアに行くことのような

9 Nels wrote down everything,/ for the bus fare,/ for clothes,/ for notebooks,/ and so on.// 10 Mama looked at the figure / for a long time.// 11 Then / she counted out the money from the little bank.// 12 There was not enough.// 13 "We don't want to go to the bank,"/ she said.// 14 "I'll work in Dillon's grocery after school,"/ Nels said.// 15 Papa said,/ "That's not enough."// 16 Then / he took his pipe out of

ネルスは（かかる費用）すべてを書き記した　バス代のため　服代のため　ノート代のため　など　ママはその数字を見た　長い間　それから　彼女は小さな銀行からお金を数えながら取った　十分ではなかった　「私たちは銀行に行きたくはない」　彼女は言った　「私は放課後ディランの食料雑貨店で働く」　ネルスは言った　パパは言った　「それでは足りない」　そして　彼は口からパイプを取り出した

語句

- grammar school /grǽmər skùːl/ 名 グラマースクール
- cost /kɔ́ːst/ 動 …を要する
- sudden /sʌ́dn/ 形 突然の
- drugstore /drʌ́gstɔ̀ːr/ 名 ドラッグストア
- figure /fígjər/ 名 数字
- Dillon('s) /dílən(z)/ 名 ディラン（の）
- grocery /gróusəri/ 名 食料雑貨店
- smoking /smóukiŋ/ 名 喫煙，タバコを吸うこと
- gently /dʒéntli/ 副 穏やかに
- Elvington /élviŋtən/ 名 エルビントン

- in front of ... …の正面に

his mouth,/ and looked at it / for a long time.// **17** "I'm going to give
そしてそれを見た　長い間　「私は喫煙をやめる」

up smoking,"/ he said suddenly.// **18** Mama touched Papa's hand
彼は突然言った　ママはパパの手に優しく触れた

gently,/ but she did not say anything.// **19** She just wrote down
しかし彼女は何も言わなかった　彼女はただ別の数字を

another figure.// **20** "I'll look after the Elvington children every Friday
書き記した　「私は毎週金曜の夜にエルビントンさんの子供たちの世話をする」

night,"/ I said.// **21** "Christine can help me."// **22** "That's good,"/
私は言った　「クリスティーンが私を手伝える」　「それは良い」

Mama said.//
ママは言った

23 We all felt very good.// **24** We didn't have to go to the bank
私たちはみなとても気分が良かった　私たちは中心街の銀行に行く必要がなかった

downtown.// **25** The little bank was enough for now.//
今のところ小さな銀行で十分だった

- □ write ... down/ write down ...
  …を書き記す
- □ look after ...
  …の世話をする
- □ feel (very) good
  （とても）気分が良い

読解のポイント

1 When Nels graduated from grammar school, he wanted to go to high school.
S' V' S V O

graduate from ... は「…を卒業する」という意味。grammar school は，アメリカでは elementary school「小学校」と high school「高校」の中間に位置する初等中学校のことを表す。

2 ["That's good,"] Mama said, and Papa nodded.
O S'+V' C' S V S V

That は**1**の文の「ネルスが高校へ進学したいと思っていること」を指す。nodded は動詞 nod の過去形。

3 ["It will cost a little money,"] Nels said.
O S' V' O' S V

It は**1**の文に関連して「ネルスが高校へ進学すること」を指す。cost は「（金額・費用）がかかる」という意味の動詞。

4 We all gathered around the table.
S = V

all は「みな」という意味の代名詞で，主語 We に意味を補足している。gather は「集まる」という意味。

5 I put a box in front of Mama on the table.
S V O

in front of ... は「…の正面に」という意味。front の前には the などの冠詞はつかない。

6 We called it the little bank.
S V O C
〈call＋O＋C〉で「OをCと呼ぶ」という意味。itは5の文のa boxを指している。

7 The little bank was different from the bank downtown.
S V C
be different from ... は「…と違っている」という意味。

8 It was used for sudden emergencies, such as seeing a doctor or going to a drugstore for medicine.
S V
Itは7の文のThe little bankを指す。〈be動詞＋過去分詞〉の受け身の文。such as ... は「…のような」という意味で，後ろには2つの動名詞句seeing a doctor「医者にかかること」とgoing to a drugstore for medicine「薬のためにドラッグストアに行くこと」が接続詞orで結ばれている。such as以下はsudden emergenciesを後ろから修飾している。

9 Nels wrote down everything, for the bus fare, for clothes, for notebooks, and so on.
S V O
write down ... は「…を書き記す」という意味。everythingは後ろのfor以下を表し，「高校に行くのにかかるすべての費用」を意味する。fareは「(交通機関の) 運賃」という意味。and so onは「…など」という意味。

10 Mama looked at the figure for a long time.
S V O
figureは「数字」という意味で，ここでは9の費用を表す。for a long time「長い間」は動詞lookedを修飾しており，その費用を支払うことは簡単ではないことを示唆している。

11 Then she counted out the money from the little bank.
S V O
sheは10のMamaを指している。

12 There was not enough.
enoughは(代) 名詞で「十分な数 [量]」という意味。11のthe moneyが十分ではないことを示している。

13 ["We don't want to go to the bank,"] she said.
O S' V' O' S V
〈don't want to＋動詞の原形〉は「…したくない，…しないほうが良い」という意味。sheは10のMamaを指す。

14 ["I'll work in Dillon's grocery after school,"] Nels said.
O S' V' S V
I'll ... は「私は…します」という意味で，その場で決定したことを表すときに用いる。

15 Papa said, ["That's not enough."]
S V O
That は**14**の文の「ネルスが放課後にディランの食料雑貨店で働くこと」を指す。

16 Then he took his pipe out of his mouth, and looked at it for a long time.
S V O V O
he は**15**の Papa を指している。take ... out of ～で「～から…を取る」という意味。pipe は「(タバコの) パイプ」という意味。it は his pipe を指している。

17 ["I'm going to give up smoking,"] he said suddenly.
O S' V' O' S V
〈be going to＋動詞の原形〉は「…するつもりだ」という意味。〈give up＋動詞の ing 形〉は「…するのをやめる」という意味で，give up の後ろには to 不定詞はこない。he は**15**の Papa を指す。suddenly は said を修飾している。

18 Mama touched Papa's hand gently, but she did not say anything.
S V O S V O
gently は「穏やかに，優しく」という意味で，動詞 touched を修飾している。she は Mama を指している。「ママはパパの手を優しく触ったが，何も言わなかった」とは，**17**でパパが「喫煙をやめる」と言ったことに対して，ママの感謝の気持ちを表している。

19 She just wrote down another figure.
S V O
She は**18**の文の Mama を指す。another figure は「別の数字」という意味で，パパが喫煙をやめることによって浮いた金額であると推測できる。

20 ["I'll look after the Elvington children every Friday night,"] I said.
O S' V' O' S V
I'll は**14**同様に，その場で決定したことを表している。look after ... は「…の世話をする」という意味。

21 "Christine can help me."
S V O
can は「…することができる」という意味。

22 ["That's good,"] Mama said.
O S'+V' C' S V
That は**20**と**21**の「カトリンとクリスティーンがエルビントンさんの子供たちの世話をすること」を指している。

23 We all felt very good.
S [=] V C
all は代名詞で，We とイコールの関係。〈feel＋形容詞〉は「…の感じを覚える，…の心地がする」という意味。

24 We didn't have to go to the bank downtown.
S V

〈didn't have to＋動詞の原形〉は「…する必要はなかった」という意味。

25 The little bank was enough for now.
S V C

for nowは「今のところ，さしあたり」という意味。nowは，現在の文だけでなく，過去の文で「その時点のこと」を指すときにも用いられる。「その小さな銀行は十分だった」とは，24の文に意味を補足し，「家族の協力により中心街の銀行に行く必要がなくなり，小さな銀行で間に合った」ということを表す。

教科書▶p.73

本文

1 I remember / so many things came out of the little bank / that
私は…を覚えている　とても多くのものがその小さな銀行から出てきたということ
year.// 2 Christine's costume for the school play,/ Dagmar's
あの年に　学校劇のためのクリスティーンの衣装　ダグマーの
operation,/ my Girl Scout uniform,/ etc.// 3 However,/ I always felt
手術　私のガールスカウトの制服　など　しかしながら　私はいつも
comfortable / when I thought of the money in the bank downtown.//
心地よく感じた　中心街の銀行にあるお金のことを思うと

4 Even when Papa's company did not do well / and he could not
パパの会社が順調にいかなかったときでさえ　そして彼が働けなかったときでさえ
work,/ we all worked together.// 5 During that time,/ Mama helped
私たちはみないっしょに働いた　その期間　ママはクルーパーさん
out at Kruper's Bakery / and brought back a big sack of unsold
の製パン所で手を貸した　そして売れ残ったパンの大きな袋を持ち帰った
bread.// 6 Papa washed bottles at Castro's Milk Shop every night.//
パパは毎晩カストロさんの牛乳店でびんを洗った
7 They gave him three liters of fresh milk and all the old milk.//
彼らは3リットルの新鮮な牛乳とすべての古い牛乳を彼に与えた
8 Mama made fine cheese.//
ママは良質のチーズを作った

9 When Papa went back to work,/ Mama looked around at us
パパが仕事に戻ったとき　ママは誇らしげに私たちを見まわした
proudly,/ and said, "That's good."// 10 She smiled.// 11 "See?//
そして「良かった」と言った　彼女はほほえんだ　「ほらね？
12 We didn't have to go to the bank downtown."//
私たちは中心街の銀行に行く必要がなかった」

語句

- □ Girl Scout /gə́:rl skàut/ 名 ガールスカウト
- □ etc. /etsétərə/ …など
- □ comfortable /kʌ́mftəbl/ 形 心地よい
- □ Kruper('s) /krú:pər(z)/ 名 クルーパー（の）
- □ bakery /béikəri/ 名 製パン所
- □ sack /sǽk/ 名 袋
- □ unsold /ʌnsóuld/ 形 売れ残った
- □ Castro('s) /kǽstrou(z)/ 名 カストロ（の）
- □ proudly /práudli/ 副 誇らしげに

- □ feel comfortable 心地よく感じる
- □ do well 順調にいく

- [ ] help out
  手を貸す
- [ ] bring ... back/ bring back ...
  …を持ち帰る
- [ ] go back to ...
  …に戻る

読解のポイント

1 I remember [so many things came out of the little bank that year].
S V O S' V'

動詞rememberの後ろにはthatが省略されており，rememberの目的語がthat節となっている。that節の主語のso many thingsの具体例は**2**で述べられる。come out of ... は「…から出てくる」という意味。「その小さな銀行から出てきた」とは，小さな銀行のお金で多くのことをやりくりしたということを表す。

2 Christine's costume for the school play, Dagmar's operation, my Girl Scout uniform, etc.

1の文のso many thingsの具体例を述べており，名詞だけを並べている。school playは「学校劇」という意味。

3 However, I always felt comfortable when I thought of the money in the bank downtown.
S V C S' V' O'

1と**2**の文から，様々なことに出費があり金銭面での不安要素があったと推測できるが，この文では主人公は「心地よく感じた」と述べており，文頭のHowever「しかしながら」が対比を示している。think of ... は「…のことを考える」という意味。

4 Even when Papa's company did not do well and he could not work, we all worked together.
S' V' S' V' S[=] V

Evenは「…でさえ」という意味で，Even when ... で「…（の）ときでさえ」という意味になる。did not do wellは「順調にいかなかった」という意味。

5 During that time, Mama helped out at Kruper's Bakery and brought back a big sack of unsold bread.
S V V O

that timeは**4**の文の「パパの会社が順調にいかなかったとき」を指す。help outは「手を貸す」，bring ... back / bring back ... は「…を持ち帰る」という意味。a sack of ... は「1袋（分）の…」という意味で，breadが不可算名詞のため，量を表すためにこの表現が使われている。unsoldは「売れ残りの」という意味の形容詞。

6 Papa washed bottles at Castro's Milk Shop every night.
S V O
パパは本業以外の仕事をしていたことを述べている。

7 They gave him three liters of fresh milk and all the old milk.
S V O_1 O_2
Theyは6の文のCastro's Milk Shopを指しており，会社や組織を受ける代名詞はTheyがよく使われる。<give＋O_1＋O_2>は「O_1にO_2を与える」という意味。himは6のPapaを指す。a liter of ... は「1リットルの…」という意味で，ここではthreeを受けてliters（複数形）となっている。milkが不可算名詞のため，量を表すためにこの表現が使われている。

8 Mama made fine cheese.
S V O
この文ではfine cheeseのあとにfrom the milkが省略されている。make ... from ～は「…を～（原料）から作る」という意味。

9 When Papa went back to work, Mama looked around at us proudly, and said, [“That's good.”]
S' V' S V V
O S'+V' C'
went back to workとは「仕事に戻った（＝復職した）」という意味。look aroundは「見まわす」という意味。proudlyは「誇らしげに」という意味の副詞で，動詞lookedを修飾している。

11 “See?
See？は「ほらね？」という意味。seeには「わかる，理解する」という意味があり，話し手が以前言ったことがその通りに起きたときなどに「わかった？」という意味で使われる。

12 We didn't have to go to the bank downtown.”
S V
11の「ほらね？」の内容を示している。

教科書 ▶p.74

本文

1 That was 20 years ago.//
それは20年前だった

2 Last year,/ I made my debut as a novelist / and sold my first story.// 3 When the check came,/ I hurried to Mama's,/ and gave it to her.// 4 “This is for you,” I said.// 5 “Put it in your bank
昨年 私は小説家としてデビューした そして私の最初の小説を売った その小切手がきたとき 私はママのところへ急いで行った そしてそれを彼女にあげた 「これはあなたに」と私は言った 「それをあなたの銀行口座に

語句
- □ debut /deɪbjúː/ 名 デビュー
- □ novelist /nɑ́ːvəlɪst/ 名 小説家
- □ hurried /hɔ́ːrid/ (< hurry /hɔ́ːri/) 動 急いで行く

account."// ❻ All at once,/ I noticed something for the first time.//
入れなさい」 突然に 私はあることに初めて気がついた

❼ Mama and Papa looked old.// ❽ "That's good," she said,/ and her
ママとパパは年老いて見えた 「それは良いわね」と彼女は言った そして彼女の

eyes showed pride.// ❾ "Tomorrow," / I told her, / "you must take it
目は誇りを示していた 「明日」 私は彼女に言った 「ぜひそれを銀行に

to the bank."// ❿ Mama looked at me.// ⓫ "There is no account,"/
持っていって」 ママは私を見た 「口座はない」

she said.// ⓬ "In all my life,/ I've never been to a bank."// ⓭ And
彼女は言った 「私の生涯で 私は一度も銀行に行ったことはない」 そして

when I did not—could not—answer,/ Mama said earnestly,/ "It's not
私が返事をしなかった—できなかったとき ママは真剣に言った 「小さな

good for little children to be afraid.// ⓮ They should feel secure."//
子供たちが恐れることは良くない 彼らは安心しているべきだ」

□ notice(d) /nóutɪs(t)/
動 …に気がつく

□ pride /práɪd/
名 誇り

□ earnestly /ə́ːrnɪstli/
副 真剣に

□ all at once
突然に

□ look old
年老いて見える

読解のポイント

❶ That was 20 years ago.
S V C

Thatはこれまでの物語の内容を指している。

❷ Last year, I made my debut as a novelist and sold my first story.
S V O V O

❶と❷はそれぞれパラグラフ（段落）が分かれており，❷以降は物語が20年前のことから昨年のことに移る。make *one*'s debut (as ...)は「(…として）デビューする」という意味。

❸ When the check came, I hurried to Mama's, and gave it to her.
S' V' S V V O

the checkは「小切手」という意味で，❷の文のmy first storyに対する支払いであることを示す。hurried to ...は「…のところへ急いで行った」，Mama'sはここでは「ママのところ」という意味。itはthe check，herはMamaを指している。

❹ ["This is for you,"] I said.
O S' V' S V

Thisは❸の文のthe checkを指す。This is for you.「これはあなたに。」は人に贈り物を手渡すときによく使われる表現。

❺ "Put it in your bank account."

put ... in ～は「…を～に入れる」という意味。itは❸の文のthe checkを指す。

❻ All at once, I noticed something for the first time.
S V O

All at onceは「突然に」という意味。somethingの内容は❼の文で具体的に述べられている。

7 Mama and Papa looked old.
S V C
〈look＋形容詞〉は「(様子・外観が）…に見える」という意味。

8 ["That's good,"] she said, and her eyes showed pride.
O S'+V' C' S V S V O
Thatは5の文の「銀行の預金口座に小切手のお金を預けること」を指す。ここのshowは「…（感情など）を表に出す」という意味。

9 "Tomorrow," I told her, ["you must take it to the bank."]
S V O O S' V' O'
Tomorrowはyou must take it to the bankと同様に主人公の発言内容だが，「明日」の意味を強調するために文頭に置かれている。you mustはここでは「ぜひ…してください」という意味。itは3の文のthe checkを指す。

11 ["There is no account,"] she said.
O S V
accountの前に否定語のnoを置くことで，There is not any account. と同じ意味になる。

12 "In all my life, I've never been to a bank."
S＋V
have been to ...は「…へ行ったことがある」という経験を表す現在完了の用法。never「一度も…ない」は過去分詞（ここではbeen）の前に置かれる。

13 And when I did not—could not—answer, Mama said earnestly,
S' V' S V
["It's not good for little children to be afraid].
O It=形式主語 意味上の主語 真主語
did not—could not—answerは，返事を「しなかった」のではなく「できなかった」と言い直している表現。earnestlyは動詞saidを修飾している。
〈It is ... (for S') to＋動詞の原形〉は「(S'にとって）～することは…である」という意味。Itは形式主語と呼ばれ，「それ」とは訳さない。for S'は意味上の主語と呼ばれ，「…にとって」という意味を表す（省略されることもある）。この文の真主語は，to不定詞句である。
little childrenは，この物語の4人の子供たちを指す。

14 They should feel secure."
S V C
Theyは13の文のlittle childrenを指す。ママは子供たちにお金がないことで不安を感じさせないよう，銀行にお金があるふりをしていたことがわかる。

Reading Comprehension

A. 次の問いに英語で答えましょう。

1. How many people are there in this family?
2. What did the Jensens have to do when they could not pay their rent?
3. What did Nels want to do after graduating from grammar school?
4. What did Papa say he would do to help Nels?
5. What did Katrin say she would do to help Nels?
6. Where did Mama work when Papa's company did not do well?
7. Did Mama have her bank account 20 years ago?

ヒント それぞれの英文の意味と教科書参照ページを示す。

1. 「この家族には何人いますか。」p.70の2～4行目
2. 「ジェンザン一家は賃貸料を払うことができなかったとき，何をしなければなりませんでしたか。」p.71の3～5行目
3. 「ネルスはグラマースクールを卒業したあと，何をしたいと思っていましたか。」p.72の1～2行目
4. 「パパはネルスを助けるために何をすると言いましたか。」p.72の16～17行目
5. 「カトリンはネルスを助けるために何をすると言いましたか。」p.72の19～20行目
6. 「パパの会社が順調にいかなかったとき，ママはどこで働きましたか。」p.73の6～9行目
7. 「ママは20年前に銀行口座を持っていましたか。」p.74の8～10行目

B. この物語を読んであなた自身が感じたことを書きましょう。

例 When I finished reading this story, I thought ❶ this was an ideal family. For one thing, ❷ the whole family helped one another when they were in need. For another, ❸ they considered how the other members felt. Therefore, ❹ I was really impressed with this story.

Hints!

❶ this family was wonderful /
この家族はすばらしかった

this family was different from mine
この家族は私の家族とは違った

❷ all the family members offered to do something to help others /
家族のメンバー全員が他者を助けるために何かしようと申し出た

my family members are too busy to spend time together
私の家族のメンバーはとても忙しくていっしょに時間を過ごすことができない

❸ they spent a lot of time together /
彼らは多くの時間をいっしょに過ごした

I have never talked about my family circumstances with my parents
私は一度も両親と家計について話したことはない

❹ I want to enjoy my family's company /
私は家族といっしょにいることを楽しみたい

I felt a little uneasy with this story
私はこの物語に少し違和感を抱いた

ヒント 例 の意味「私はこの物語を読み終えたとき，これは理想的な家族だと思いました。一つには，家族全体が困っていたとき，互いに助け合いました。もう一つには，彼らは他の家族のメンバーがどのように感じているかをよく考えました。それゆえに，私はこの物語に本当に感動しました。」

Lesson 5　Banana Paper

Get Started!　教科書 ▶p.77

写真を見て話し合ってみましょう。

List as many facts about bananas as you can.

ヒント「バナナについての事実をできるだけ多くリストにしなさい。」

Part 1　教科書 ▶pp.78-79

バナナという名前の由来は何でしょうか。下から1つ選びましょう。

1. finger

2. foot

3. head

ヒント それぞれの意味　**1.**「指」　**2.**「足」　**3.**「頭」

本文を読んで，(　　) 内に適切な語を入れましょう。

Facts about bananas	・Their color is (①　　　　). ・They have a (②　　　　) shape. ・The name comes from an (③　　　　) word that means finger. ・Bananas grow on huge (④　　　　).

ヒント「バナナについての事実」
「・それらの色は(　①　)です。」
「・それらは(　②　)形をしています。」
「・その名前は指を意味する(　③　)単語に由来します。」
「・バナナは巨大な(　④　)になります。」
①と②は教科書p.79の2～4行目，③は7～8行目，④は8～9行目を参照。

What is your favorite fruit?　What do you know about the fruit?

例 Oranges are my favorite fruit.　They are rich in vitamin C.

Plus One

ヒント「あなたのいちばん好きな果物は何ですか。あなたはその果物について何を知っていますか。」 例「オレンジが私のいちばん好きな果物です。それらはビタミンCが豊富です。」

本文

1 Bananas are one of the most popular fruits / not only in Japan
バナナは最も人気のある果物の中の1つだ　日本だけでなく
but also all over the world.// **2** Their yellow color, their sweet taste,
世界中でも　それらの黄色い色，甘い味，
and their unique shape / are familiar to everyone.// **3** What else do
そして独特な形　みなによく知られている　あなたはそれらについて
you know about them?//
ほかに何を知っているか

4 Here are some facts about bananas.// **5** Almost all the bananas /
バナナについてこういったいくつかの事実がある　ほとんどすべてのバナナ
that are eaten in Japan / come from foreign countries.// **6** The name
日本で食べられている　外国産である　その名前は
comes from the Arabic word *banan* for finger.// **7** Bananas do not
指を意味するアラビア語bananに由来する　バナナは木に実が
grow on trees, / but on huge herbs.//
なるのではなく　巨大な草に実がなる

語句

- □ familiar /fəmíljər/ 形 よく知られた
- □ herb(s) /ə́ːrb(z)/ 名 草，草木

- □ one of ... …の中の1つ
- □ *be* familiar to ... …によく知られている
- □ know about ... …について知っている
- □ come from ... …に由来する，…から生じる

読解のポイント

1 Bananas are one of the most popular fruits not only in Japan but also all over the world.
（S: Bananas　V: are　C: one of the most popular fruits）

〈one of＋形容詞の最上級＋名詞の複数形〉で「最も…な～の1つ」という意味。not only ... but also ～「…だけでなく～も」を含む句がpopular fruitsを後ろから修飾している。

2 Their yellow color, their sweet taste, and their unique shape are familiar to everyone.
（S: Their yellow color, their sweet taste, and their unique shape　V: are　C: familiar）

主語は少し長く，〈A, B, and C〉「AとB，そしてC」の形。Theirはそれぞれ**1**のBananasを指す。主語が複数のため，be動詞はareとなっている。*be* familiar to ...は「…によく知られている」という意味。

3 What else do you know about them?

elseは「そのほかに」という意味の副詞で，Whatを後ろから修飾している。themは**1**のBananasを指す。

4 Here are some facts about bananas.

Here is [are] ...は相手の注意を引いて，「ほら，これが…です。」というように使うときがある。

5 Almost all the bananas that are eaten in Japan come from foreign countries.

S 関係代名詞that（主格） V

Almost allは「ほとんどすべての」という意味。that are eaten in Japanは，主格の関係代名詞thatが導く節で，Almost all the bananasを修飾している。are eatenは〈be動詞＋過去分詞〉の受け身。come from ... は「…に由来する，…から生じる」という意味だが，ここでは「…産である」としたほうが自然。⇒ Grammar

6 The name comes from the Arabic word *banan* for finger.

S V O =

The nameは「バナナの名前」を指す。ここのcomes from ... は「…に由来する」という意味で使われている。the Arabic wordと*banan*はイコールの関係。ここでのforは「…を表して」という意味で，word for ... で「…を意味する語」を表す。

7 Bananas do not grow on trees, but on huge herbs.

S V

not ... but ～は「…ではなく～」という意味で，on treesとon huge herbsが対比され，on huge herbsの内容が強調されている。grow on ... は「…に（実が）なる」という意味。

Grammar

関係代名詞（主格） 主格の関係代名詞 who［which，that］に導かれる節が，人や物を表す先行詞を修飾します。

Almost all the bananas that [which] are eaten in Japan come from foreign countries.

先行詞 関係代名詞（主格）が導く節

（日本で食べられているほとんどすべてのバナナは外国産です。）

Do you know the Arabic word that means finger?

先行詞 関係代名詞（主格）が導く節

（あなたは指を意味するアラビア語の単語を知っていますか。）

解説 主語と動詞を含む「節」が，「先行詞」（直前にある名詞や代名詞）を修飾するとき，関係代名詞who[which, that]を用いる。導く節の中で関係代名詞が主語の働きをするとき，「主格」の用法という。先行詞が「人」の場合はwhoまたはthatを使うが，whoのほうがよく使われる。先行詞が「物・動物」のときはthatまたはwhichを使う（例）。

例 I know someone who can speak Arabic.
（私はアラビア語を話せる人を知っています。）

The number of the pandas that were born in this zoo is now twelve.
（この動物園で生まれたパンダの数は今や12頭です。）

Try It!

(　　) 内の語（句）を並べかえて，ペアで対話しましょう。

1. *A* : What did you do this summer?

B : I went to Okinawa, and met (bananas / who / some people / grow) there.

2. *A* : Are there any fruits (are / not / sweet / that) ?

B : Yes, lemons.

ヒント **1.** *A*「あなたはこの夏に何をしましたか。」

B「私は沖縄に行き，そこでバナナを栽培している何人かの人に会いました。」

動詞metの目的語になる語句はsome peopleで，「人」を表す先行詞を修飾する関係代名詞whoが導く節を続ける。

2. *A*「甘くないフルーツはありますか。」

B「はい，レモンです。」

any fruitsを先行詞と考え，「物」を表す先行詞を修飾する関係代名詞thatが導く節を続ける。

練習問題

(　　) 内の語（句）を並べかえなさい。

1. *A* : Do you know any creatures (light / produce / that) ?

B : Yes. Creatures such as fireflies and firefly squid do.

2. *A* : I saw (your favorite movie / was / the actor / in / who) at the airport.

B : Oh, really? I want to see him.

3. *A* : I can't find (that / a box / for / large enough / is) this doll. Do you have any?

B : I may have one. Just wait a second.

練習問題解答

1. that produce light　**2.** the actor who was in your favorite movie　**3.** a box that is large enough for

解説 **1.** *A*「あなたは光を発する生き物を知っていますか。」

B「はい。ホタルやホタルイカのような生き物が光を発します。」

any creatursを先行詞と考え，「物」を修飾する関係代名詞thatが導く節を続ける。

2. *A*「私は空港で，あなたがいちばん好きな映画に出演していた俳優を見ました。」

B「おお，本当に？　私は彼を見たいです。」

動詞sawのあとには目的語the actorを続けることができる。the actorを先行詞と考え，「人」を修飾する関係代名詞whoが導く節を続ける。was in your favorite movieとは，「あなたがいちばん好きな映画に出演していた」という意味。

3. *A*「私はこの人形のために十分な大きさである箱を見つけられません。あなたはいくつか持っていますか。」

B「私は1つ持っているかもしれません。ほんの少しお待ちください。」

動詞findのあとには目的語a boxを続けることができる。a boxを先行詞と考え，「物」を修飾する関係代名詞thatが導く節を続ける。

バナナペーパーは何から作られているのでしょうか。下から1つ選びましょう。

1. bananas
2. banana leaves
3. banana stems

ヒント それぞれの意味　1.「バナナ」2.は「バナナの葉」3.「バナナの茎」

バナナの茎(くき)が製品になるまでの工程になるように，下のイラストを並べかえましょう。

d. →（　　　）→（　　　）→（　　　）→（　　　）

ヒント 教科書p.80では，a.紙をすいている。b.何かを切っている。c.リング式のノートが示されている。d.刈り取られたバナナの茎を持っている。e.Fibersと書かれた箱に何かが入っている。教科書p.81の9～14行目を参照。

What kind of banana paper products do you want to make?

例 I want to make paper cups.

Plus One

ヒント「あなたはどのようなバナナペーパー製品を作りたいですか。」例「私は紙コップを作りたいです。」

本文

1 There is another interesting and important fact about bananas.//
バナナについてもう1つのおもしろくて大切な事実がある

2 You can make paper from them.// **3** However,/ it is not made from the part of bananas that you eat,/ but from banana stems.//
それらから紙を作ることができる　けれども　それは　バナナの食べる部分から作られるのではなく　バナナの茎から作られる

4 Bananas grow on stems just once.// **5** Usually,/ banana stems are thrown away / after the bananas are harvested.// **6** However,/ Japanese techniques have changed banana stems / from waste into a sustainable resource.//
バナナは茎に一度だけ実る　ふつう　バナナの茎は　捨てられる　そのバナナの実が収穫されたあと　けれども　日本の技術がバナナの茎を変えた　廃棄物から　持続可能な資源に

7 After bananas are harvested,/ the stems are cut down,/ turned into fibers,/ and sent to Japan.// **8** They are processed with techniques for making *washi* / and made into beautiful paper.//
バナナの実が収穫されたあと　その茎は切り倒され　繊維に変えられ　そして日本に送られる　それらは　和紙を作る技術で加工され　美しい紙にされる

語句

- □ stem(s) /stém(z)/ 名 茎
- □ harvest(ed) /há:rvɪst(ɪd)/ 動 …を収穫する
- □ technique(s) /tekní:k(s)/ 名 技術
- □ fiber(s) /fáɪbər(z)/ 名 繊維
- □ process(ed) /prá:ses(t)/ 動 …を加工する
- □ business card(s) /bíznəs kà:rd(z)/ 名 名刺
- □ origami /ɔ̀:rəgá:mi/ 名 折り紙

- □ make ... from ～ ～から…を作る

9 Now, / several Japanese companies sell banana paper products /
現在　いくつかの日本の会社がバナナペーパー製品を販売している
such as business cards, origami paper, and notebooks.//
名刺，折り紙用の紙，ノートのような

- □ throw ... away / throw away ...
  …を（投げ）捨てる
- □ cut ... down / cut down ...
  …を切り倒す
- □ turn ... into ～
  …を～に変える

読解のポイント

1 There is another interesting and important fact about bananas.

教科書p.79の5行目 Here are some facts about bananas. を受けて，もう1つの事実を述べている。

2 You can make paper from them.
S V O

Youは総称としての「あなたたち」を表し，訳さないほうが自然。themは**1**のbananasを指している。

3 However, it is not made from the part of bananas that you eat, but from banana stems.
S V　関係代名詞that（目的格）

itは**2**のpaperを指しており，itが主語である受け身の文。not ... but ～は「…ではなく～」という意味。that you eatは，目的格の関係代名詞thatが導く節で，the part of bananasを修飾している。ここでのyouも**2**同様，訳さないほうが自然。⇒ Grammar

4 Bananas grow on stems just once.
S V

このBananasは「バナナの実」を意味する。

5 Usually, banana stems are thrown away after the bananas are harvested.
S V S' V'

are thrown awayは，throw away ...「…を（投げ）捨てる」がbe thrown away「（投げ）捨てられる」の形になった受け身の文。afterはここでは接続詞「…したあとに」という意味で，後ろに主語と動詞が続く。are harvestedはharvest「…を収穫する」がbe harvestedの形になった受け身の文。手順や工程などの説明をするときは，受け身の文が使われることが多い。

6 However, Japanese techniques have changed banana stems from waste into a sustainable resource.
S V O

However「けれども」から，**5**の文との対比内容が述べられるとわかる。change ... from ～ into ―は「…を～から―に変える」という意味。

7 After bananas are harvested, the stems are cut down, turned into fibers, and sent to Japan.

S′ (bananas) V′ (are harvested) S (the stems) V (are cut) V (turned) V (sent)

After は5同様に接続詞で，受け身の文。the stems以降は動詞が3つあり，主語は共通してthe stemsのため，(are) turned into fibers，(are) sent to Japanのareが省略されている。

8 They are processed with techniques for making *washi* and made into beautiful paper.

S (They) V (are processed) V (made)

Theyは7の文のthe stemsを指している。動詞は2つあり，and (are) madeのareが省略されている受け身の文。techniques for making *washi*「和紙を作るための技術」という意味で，forのあとには動名詞句が続いている。make ... into ～は「…を～にする」という意味。

9 Now, several Japanese companies sell banana paper products such as business cards, origami paper, and notebooks.

S (several Japanese companies) V (sell) O (banana paper products)

such as ... は「たとえば…のような」という意味で，直前のbanana paper productsの具体例を示している。

Grammar

関係代名詞（目的格） 目的格の関係代名詞who(m)［which，that］に導かれる節が，人や物を表す先行詞を修飾します。

Banana paper is not made from the part of bananas that you eat.

先行詞（the part of bananas）　関係代名詞（目的格）が導く節（that you eat）

（バナナペーパーはバナナの食べる部分から作られていません。）

The man who(m) I met in Okinawa started the banana paper project.

先行詞（The man）　関係代名詞（目的格）が導く節（who(m) I met in Okinawa）

（私が沖縄で出会った男性はバナナペーパープロジェクトを始めました。）

解説 導く節の中で関係代名詞が目的語の働きをするとき，これを「目的格」の用法という。先行詞が「物・動物」のとき，関係代名詞はwhichまたはthatを用いる。先行詞が「人」のときはwho，whom，もしくはthatを用いる。whomは書きことばなどのかたい文で用いられることが多い。

なお，上記の2番目の例文は，以下のように表すこともできる。

The man I met in Okinawa started the banana paper project.

先行詞（The man）　〈主語＋動詞〉を含む節（I met in Okinawa）

この文は，2つの観点から考えることができる。まず，関係代名詞を用いずに，The man（名詞）をI met in Okinawa（<主語＋動詞>を含む「接触節」）が後ろから修飾している形。もしくは，目的格の関係代名詞who(m)が省略された形とも考えることができる（教科書p.89参照）。

Try It!

(　　) 内の語を並べかえて，ペアで対話しましょう。

1. *A* : Do you know anything about banana paper?

B : Yes, it is made from banana stems (away / that / throw / people).

2. *A* : What do you want to do in the future?

B : I want to help children (I / met / who) through volunteer work in Africa.

ヒント **1.** *A*「あなたはバナナペーパーについて何か知っていますか。」

B「はい，それは人々が捨てるバナナの茎から作られています。」

banana stemsを先行詞と考え，「物」を修飾する関係代名詞thatが導く節を続ける。

2. *A*「あなたは将来何をしたいですか。」

B「私は，アフリカでのボランティアの仕事を通して出会った子供たちを助けたいです。」

childrenを先行詞と考え，「人」を修飾する関係代名詞whoが導く節を続ける。

練習問題

(　　) 内の語 (句) を並べかえなさい。

1. *A* : Where did they keep their money?

B : They kept it in a box (the little bank / they / called / which).

2. *A* : I read most of (we / that / eat / the bananas) come from foreign countries.

B : Yes, that's right.

3. *A* : The climber (have been / I / whom / supporting) just won the World Cup.

B : I'm glad to hear that.

練習問題解答

1. which they called the little bank　**2.** the bananas that we eat　**3.** whom I have been supporting

解説 **1.** *A*「彼らはどこにお金を置きましたか。」

B「彼らは，彼らが小さな銀行と呼ぶ箱の中にそれを置きました。」

a boxを先行詞と考え，「物」を修飾する関係代名詞whichが導く節を続ける。

2. *A*「私は，私たちが食べるバナナのほとんどは外国産であると読んで知りました。」

B「はい，その通りです。」

readは「…を読んで知る」という意味の他動詞で，後ろにはthat節（readの目的語となる節）のthatが省略されている。most of の後ろには名詞がくる。the bananasが名詞であり，先行詞と考え，「物」を修飾する関係代名詞thatが導く節を続ける。

3. *A*「私が支援し続けてきたクライマーがちょうどワールドカップで優勝しました。」

B「私はそれを聞いてうれしいです。」

The climberを先行詞と考え，「人」を修飾する関係代名詞whomが導く節を続ける。I have been supportingは現在完了進行形。

イラストを見て，語（句）の意味を推測しましょう。

1. wild animal　**2.** education　**3.** hunting

ヒント 教科書p.82では，**1.** 緑色の背景の中に動物たちが描かれている。**2.** 子供たちがノートをとったり本を読んだりしている。**3.** 男性が銃をかまえている。

本文を読んで，バナナペーパープロジェクトが開始される前後のエンフエ村の様子をまとめましょう。

Before the project started	The villagers had various problems: (① 　　　), a lack of (② 　　　), and the illegal (③ 　　　) of wild animals.
After the project started	The villagers have gotten (④ 　　　) from the project. Their children can go to (⑤ 　　　). They don't have to (⑥ 　　　) wild animals for money.

ヒント プロジェクトが始まる前「村民たちは様々な問題を抱えていました：(①), (②)の欠如，違法な野生動物の(③)。」
プロジェクトが始まったあと「村民たちはプロジェクトから(④)を得ています。彼らの子供たちは(⑤)に行くことができます。彼らはお金のために野生動物を(⑥)する必要はありません。」①～③は教科書p.83の4～6行目，④～⑥は9～11行目を参照。

Speak / Write

What do you think about the banana paper project?

例 I think it is wonderful because it has improved the villagers' lives.

Plus One

ヒント「あなたはバナナペーパープロジェクトについてどう思いますか。」例「私はそれが村民の生活を改善させてきたので，すばらしいと思います。」

本文

1 The fibers for Japanese banana paper / come from Mfuwe Village in a national park in Zambia.//
日本のバナナペーパーのための繊維　ザンビアの国立公園のエンフエ村からきている

2 Elephants, giraffes, and other wild animals live in the park.//
ゾウ，キリン，そしてほかの野生動物がその公園にすんでいる

3 Until a few years earlier,/ the villagers had few jobs,/ and they faced various problems:/ poverty, a lack of education, and the illegal hunting of wild animals.//
数年前までは　村民たちはほとんど仕事がなかった　そして彼らは様々な問題に直面した　貧困，教育の欠如，そして野生動物の違法な狩猟

4 In 2011,/ a Japanese company started a banana paper project /
2011年に　ある日本の会社がバナナペーパープロジェクトを始めた

語句

□ Mfuwe /mfú:weɪ/ 名 エンフエ
□ Zambia /zǽmbiə/ 名 ザンビア
□ giraffe(s) /dʒəræ̃f(s)/ 名 キリン
□ villager(s) /vílidʒər(z)/ 名 村民
□ lack /lǽk/ 名 欠如

in Mfuwe Village.// **5** The project has helped the villagers with their
エンフエ村で　そのプロジェクトは村民たちの問題を助けた

problems.// **6** They have gotten jobs from the project,/ and now their
彼らはそのプロジェクトから仕事を得た　そして今では彼らの

children can go to school.// **7** Also,/ they do not have to hunt wild
子供たちは学校に行くことができる　また　彼らはお金のために野生動物を

animals for money.// **8** In this way,/ the project has improved the
狩猟する必要がない　このようにして　そのプロジェクトは村民の生活を

villagers' lives.// **9** It is also playing an important part / in protecting
改善させた　それはまた重要な役割を果たしている　野生動物を

wild animals.// **10** Thanks to the banana paper created through
保護することにおいて　日本の技術を通して作られたバナナペーパーの

Japanese techniques,/ life in the village seems to be better.//
おかげで　村の生活はより良くなっているように思える

□ education
/èdʒəkéɪʃən/
名 教育

□ Mfuwe Village
エンフエ村

□ play a part in ...
…において役割を果たす

□ thanks to ...
…のおかげで

読解のポイント

1 The fibers for Japanese banana paper come from Mfuwe Village in a national park in Zambia.

(S: The fibers, V: come)

The fibersは教科書p.81の9行目以降の「日本に送られてくるバナナの繊維」を指している。

2 Elephants, giraffes, and other wild animals live in the park.

(S: Elephants, giraffes, and other wild animals, V: live)

Elephantsからanimalsが少し長い主語になっている。wild animalは「野生動物」という意味。

3 Until a few years earlier, the villagers had few jobs, and they faced various problems: poverty, a lack of education, and the illegal hunting of wild animals.

(S: the villagers, V: had, O: few jobs / S: they, V: faced, O: various problems)

Until a few years earlierは「数年前までは」という意味。a few ...は「少しの…」を表すが，few ...は「ほとんど…ない」を表し，否定の意味が含まれる。したがって，the villagers had few jobsは「村民たちはほとんど仕事がなかった」という意味。faceはここでは動詞で，「…に直面する」という意味。コロン（：）は，「つまり」という意味を表し，直前のproblemsの具体例が後ろに続いている。

4 In 2011, a Japanese company started a banana paper project in Mfuwe Village.

(S: a Japanese company, V: started, O: a banana paper project)

ここから段落が変わり，「バナナペーパープロジェクト」について述べられる。〈固有名詞＋Village〉は「…村」という意味で，Vは大文字になる。

5 The project has helped the villagers with their problems.
S V O

The project は4のa banana paper project を指している。help ... with 〜で「…の〜を手伝う」という意味。

6 They have gotten jobs from the project, and now their children can go to school.
S V O S V

主語のThey は5のthe villagers を，their children はthe villagers' children を指している。3の文で挙げられたpoverty「貧困」やa lack of education「教育の欠如」がこのプロジェクトによって改善されたことがわかる。

7 Also, they do not have to hunt wild animals for money.
S V O

〈do not have to＋動詞の原形〉は「…しなくてよい」という意味。3の文で挙げられたthe illegal hunting of wild animals「野生動物の違法な狩猟」がこのプロジェクトによって改善されたことがわかる。

8 In this way, the project has improved the villagers' lives.
S V O

In this way は「このようにして」という意味。lives は「生活」という意味。

9 It is also playing an important part in protecting wild animals.
S V O

It は8のthe project を指している。play a part in ... は「…において役割を果たす」という意味。この文ではinの目的語に動名詞句protecting wild animalsがきている。

10 Thanks to the banana paper created through Japanese techniques, life in the village seems to be better.
S V C

Thanks to ... は「…のおかげで」という意味。created ... techniques は過去分詞を含む句で，the banana paper を修飾している。〈seem to＋動詞の原形〉は「…のように見える」という意味。

⇒ Grammar

Grammar

S＋seem＋to 不定詞　〈seem [appear] ＋ to 不定詞〉で，「…のように見える［思える］」という意味を表します。

Life in the village **seems to be** better.

「…のように見える」〈seem to ＋動詞の原形〉

（村での生活はより良くなっているように思えます。）

The villagers **appeared to understand** the problems.

「…のように見えた」〈appear to ＋動詞の原形〉

（村民たちは問題を理解しているように見えました。）

解説 人や物について「…するようだ」「…であるように思われる」などを表す言い方である。seemは話しことばや書きことばでもよく使われ，appearはかたい文などの書きことばで使われることが多い。

なお，前出の例文は以下のように書きかえることができる。

It seems that life in the village is better.

It appeared that the villagers understood the problems.

2番目の例文は過去の文なので，that節の中の動詞も過去形にすることに注意する。

Try It!

(　　) 内の語を並べかえて，ペアで対話しましょう。

1. *A* : Where are these bananas grown?

B : I don't know, but they (come / to / seem) from foreign countries.

2. *A* : How old is Emma's father?

B : He (be / to / seems) in his late forties.

ヒント **1.** *A*「これらのバナナはどこで栽培されていますか。」*B*「私は知りませんが，それらは外国産であるように見えます。」〈seem to+動詞の原形〉の語順にする。

2. *A*「エマのお父さんは何歳ですか。」*B*「彼は40代後半に見えます。」
主語が三人称単数のため，seemsとなっている点に注意。

練習問題

(　　) 内の語を並べかえなさい。

A : Does John read Japanese?

B : He (seem / to / doesn't / have) any difficulty reading comic books in Japanese.

練習問題解答

doesn't seem to have

解説 *A*「ジョンは日本語を読みますか。」

B「彼は日本語のマンガを読むことに苦労しているようには見えません。」

〈seem to+動詞の原形〉の否定文は，一般動詞の否定文同様にdoesn't seem to ... とする。

Summary 1 本文の内容に合うように，空所を埋めましょう。

Part1

- バナナという名前は，指を意味する ① ______ 語に由来します。
- バナナは，木ではなく巨大な ② ______ に実がなります。

Part2

- バナナペーパーは，バナナの ③ ______ から作ります。
- 日本の和紙づくりの技術が，バナナの茎を ④ ______ から持続可能な資源へと変化させました。

Part3

- 2011年，日本の企業が ⑤ ______ のエンフエ村でバナナペーパープロジェクトを始めました。
- そのプロジェクトのおかげで，村人は ⑥ ______ ことができ，子供たちは ⑦ ______ ことができるようになりました。また，⑧ ______ を保護するのに重要な役割を果たしています。

ヒント それぞれの教科書参照ページを示す。①p.79の7～8行目　②p.79の8～9行目　③p.81の2～4行目　④p.81の7～8行目および10～12行目　⑤p.83の1～2行目および7～8行目　⑥・⑦p.83の9～10行目　⑧p.83の12～13行目。

Summary 2 (　) 内に入る語を ______ の中から選び，要約を完成しましょう。

Bananas are one of the most (① ______) fruits / not only in Japan but also all over the world.// You can make paper from banana (② ______).// Japanese (③ ______) have changed banana stems / from waste into a sustainable resource.//

バナナは最も（ ① ）果物の1つだ　日本だけでなく世界中でも　バナナの（ ② ）から紙を作ることができる　日本の（ ③ ）がバナナの茎を変えた　廃棄物から持続可能な資源に

In 2011,/ a Japanese company started a banana paper (④ ______) / in Mfuwe Village.// The project has involved local people / in the process of producing banana paper.// Thanks to the banana paper,/ life in the village seems to be (⑤ ______).//

2011年に　ある日本の会社がバナナペーパー（ ④ ）を始めた　エンフエ村で　そのプロジェクトは地元の人々を関わらせた　バナナペーパーを生産する過程に　バナナペーパーのおかげで　村の生活は（ ⑤ ）いるように思える

better / popular / project / stems / techniques

ヒント それぞれの教科書参照ページを示す。①p.79の1～2行目　②p.81の2～4行目　③p.81の7～8行目　④p.83の7～8行目　⑤p.83の14～15行目。

Vocabulary 英語のヒントを読んで，本文に出てきた単語を書きましょう。

1. f□□□□□□r ············ well known to you
2. f□□t ······························ a piece of information that is known to be true
3. c□□□□□y ················ a business organization that makes money by producing and selling goods or services

ヒント 1.「あなたによく知られている」2.「真実だと知られている1つの情報」3.「商品やサービスを生み出したり売ったりすることで，お金をもうける企業組織」

Key Expressions 日本語と同じ意味になるように，(　　) 内に適切な語を入れて文を言いましょう。

1. Do you (　　　) (　　　) Mfuwe Village in Zambia?
ザンビアにあるエンフエ村について知っていますか。
2. It is easy to (　　　) (　　　) garbage on a street, but hard to clean it up.
ゴミを道に投げ捨てるのは簡単ですが，そうじするのは大変です。
3. Because forests are (　　　) (　　　), many wild animals are in danger.
森林が伐採されるので，たくさんの野生動物が危機にさらされています。
4. Japanese techniques (　　　) an important (　　　) (　　　) improving local people's lives.
日本の技術は地元の人々の生活を改善するのに重要な役割を果たしました。

ヒント 1.「…について知っている」に相当する語句を入れる。2.「…を投げ捨てる」に相当する語句を入れる。3.「伐採される」を「切り倒される」に読みかえて，相当する語句を入れる。カッコの直前にareがあるので，受け身の文を作る。4.「…するのに（重要な）役割を果たしました」に相当する語句を入れる。時制は過去であることに注意。動名詞improvingの前には前置詞がくる。

Grammar for Communication 例を参考に，環境に配慮した商品について，ペアで話しましょう。

A : Are there any eco-friendly products that we can buy?
B : Yes, I know of a type of ink that is made from soy.
A : That seems to be good for the environment.

ヒント *A*「私たちが買うことのできる環境にやさしい製品は何かありますか。」
B「はい，私は大豆から作られているインクの種類について知っています。」
A「それは環境に良さそうに思えます。」

教科書 ▶pp.86-87, 182

Listen Scene 1　賢とエマの会話を聞きましょう。

Ken: We are preparing for the sports day / and we need paper for the certificates.// Do you know where we can buy the paper?//
賢：私たちは体育祭の準備をしている　そして私たちは賞状のために紙が必要だ　あなたは私たちがどこでその紙を買うことができるかを知っているか

Emma: At a stationery shop.// But you can also buy banana paper / on the Internet.//
エマ：文房具店で　でもあなたはバナナペーパーを買うこともできる　インターネットで

Ken: Banana paper?// What's that?//
賢：バナナペーパー？　それは何か

Emma: It is paper made from banana stems.// The stems come from Zambia.//
エマ：それはバナナの茎から作られる紙だ　その茎はザンビアからくる

Ken: How much are ten sheets of banana paper?//
賢：バナナペーパー10枚はいくらか

Emma: They are 1,500 yen.// On the other hand,/ ten sheets of *washi* paper are only 500 yen.// I think we can help poor children in Zambia / by buying banana paper.//
エマ：それらは1500円だ　一方で　和紙10枚はたったの500円だ　私たちはザンビアの貧しい子供たちを助けることができると思う　バナナペーパーを買うことによって

Ken: I will talk with committee members tomorrow.//
賢：私は明日，委員会のメンバーたちと話すつもりだ

語句
- □ certificate(s) /sərtífɪkət(-kɪts)/ 名 賞状
- □ sheet(s) /ʃiːt(s)/ 名 1枚

Listen and Answer　問いの答えを選びましょう。

1. What does Ken need?
a. A notebook.　**b.** Origami.　**c.** Paper for certificates.

2. How much are ten sheets of banana paper?
a. 500 yen.　**b.** 1,000 yen.　**c.** 1,500 yen.

3. How much are ten sheets of *washi* paper?
a. 500 yen.　**b.** 1,000 yen.　**c.** 1,500 yen.

ヒント **1.**「賢は何が必要ですか。　**a.**ノート。**b.**折り紙。**c.**賞状のための紙。」
賢の最初の発言を参照。

2.「バナナペーパー10枚はいくらですか。　**a.**500円。**b.**1,000円。**c.**1,500円。」
エマの最後の発言の1文目を参照。

3.「和紙10枚はいくらですか。　**a.**500円。**b.**1,000円。**c.**1,500円。」
エマの最後の発言の2文目を参照。

Scene 2　バナナペーパーの販売を，購買部で促進するチラシを作りましょう。

1. ①の空所に，**Part 2**の本文を参考に適切な語（句）を入れましょう。
2. ②の空所に，**Scene 1**の会話で聞き取った値段を入れましょう。
3. ③の空所に，**Part 3**の本文を参考に1文を作って入れましょう。

Buy Banana Paper!
バナナペーパーを買おう

The banana paper comes in business cards, ①＿＿＿＿ .//
バナナペーパーは名刺，①で手に入る

The paper is sold at the stationery shop.//
その紙は文房具店で売られている

Ten sheets of banana paper are ②＿＿＿＿ yen.//
バナナペーパー10枚は②円だ

If you buy them, ③＿＿＿＿ .//
もしあなたがそれらを買えば，③

ヒント **1.** 教科書p.81の12～14行目を参照。
2. Scene 1のエマの最後の発言を参照。
3. 教科書p.83の7～15行目を参照。ザンビアの人々と野生動物のそれぞれについて書く。

定期テスト対策 5 (Lesson 5)

解答⇒p.214

1 日本語の意味を表すように，____に適切な語を入れなさい。

(1) これらのアニメのキャラクターは子供たちによく知られています。
These anime characters ____________ ____________ ____________ children.

(2) 彼女はこのプロジェクトにおいて大きな役割を果たしました。
She ____________ a big ____________ ____________ this project.

(3) 市松模様という模様の名前は歌舞伎役者の名前に由来しています。
The name of the pattern, *Ichimatsu moyo*, ____________ ____________ the name of a *Kabuki* actor.

(4) 彼のおじのおかげで，彼は研究を続けることができました。
____________ ____________ his uncle, he was able to continue his studies.

2 次の各組の英文がほぼ同じ内容になるように，____に適切な語を入れなさい。

(1) The novelist looks younger than my father.
The novelist ____________ ____________ ____________ younger than my father.

(2) At the shop, my cousin chose a shirt. It was made from banana fibers.
At the shop, my cousin chose a shirt ____________ ____________ ____________ from banana fibers.

(3) I met a girl yesterday. She designs clothes.
The girl ____________ ____________ ____________ yesterday designs clothes.

3 日本語に合うように，[　　] 内の語（句）を並べかえなさい。

(1) あなたはヨーロッパで読まれている日本のマンガを何か知っていますか。
Do you know any Japanese comic books [Europe / are / that / read / in]?
Do you know any Japanese comic books ________________________________?

(2) 彼らが直面している最大の問題の中の1つは貧困です。
One [the biggest problems / facing / are / that / they / of] is poverty.
One ____ is poverty.

(3) 彼は私を覚えていないように見えました。
[seemed / remember / he / it / that / me / didn't].
____.

4 次の日本語を英語にしなさい。ただし，(1)は関係代名詞を用いること。

(1) 彼女は私が探していた人です。

____

(2) 彼らは野生動物が好きなように思えます。

____

5 次の英語を日本語にしなさい。

(1) Niseko is a town which is famous for powder snow.

____

(2) The town seems to have more visitors from abroad.

____

(3) The man who I met there enjoyed the snow very much.

____

6 次の英文を読んで，質問に答えなさい。

There is another interesting and important fact about bananas. You can make paper from them. However, ①<u>it is not made from the part of bananas that you eat, but from banana stems</u>.

Bananas grow (②) stems just once. Usually, banana stems are thrown (③) after the bananas are harvested. However, Japanese techniques have changed banana stems from waste into a sustainable resource.

After bananas are harvested, the stems are cut (④), turned (⑤) fibers, and sent to Japan. They are processed with techniques for making *washi* and made into beautiful paper. Now, several Japanese companies sell banana paper products such as business cards, origami paper, and notebooks.

(1) 下線部①を日本語にしなさい。

____

(2) ②・③・④・⑤の（　）内に適する語を書きなさい。

② ________ ③ ________ ④ ________ ⑤ ________

(3) 本文の内容と合っているものには○を，そうでないものには×を書きなさい。

(a) Banana paper is made from a sustainable resource that you eat. (　　)

(b) Japanese techniques for making *washi* are used to make banana stems into fibers. (　　)

Lesson 6 Patterns in Human Behavior

Get Started! 教科書 ▶ p.91

写真を見て話し合ってみましょう。
Do you make a plan before going shopping?

ヒント「あなたは買い物に行く前に計画を立てますか。」

Part 1 教科書 ▶ pp.92-93

イラストを見て，語の意味を推測しましょう。
1. wallet **2.** researcher **3.** drop

ヒント 教科書 p.92では，**1.** 財布が描かれている。 **2.** 白衣を着た男性が描かれている。 **3.** 人の手からボールが落下している。

本文を読んで，(　　) 内に適切な語を入れましょう。

Introduction	Many people are interested in the human (①) and (②).
Question	What should we do if we want to get our lost (③) back?
Answer	We should put a picture of a (④) in our wallet.

ヒント 導入「多くの人々は人間の(①)や(②)に興味持っています。」
質問「もしなくした(③)を取り戻したいなら，私たちは何をすべきですか。」
答え「私たちは財布に(④)の写真を入れるべきです。」
①・②は教科書 p.93の1～2行目，③は6～7行目，④は6～14行目を参照。

Have you ever lost anything important?
例 ・Yes, I have. I lost my favorite umbrella on my way home.
・No, I haven't.

Plus One

ヒント「あなたは今までに何か大切なものをなくしたことがありますか。」例「・はい，あります。私は家に帰る途中でいちばん好きな傘をなくしました。」「・いいえ，ありません。」

本文

1 Many people are interested in the human mind and behavior.//
多くの人々は人間の心と行動に興味を持っている

2 It is quite natural / that we want to understand more about them.//
まったく自然なことだ　私たちがそれらについてもっと理解したいということ

3 The following three experiments show us interesting findings about human behavior.//
下記の3つの実験は私たちに人間の行動について興味深い発見を示す

語句
□ following /fá:louɪŋ/ 形 下記の

4 **Question〉** Which of the following items should be in your lost
質問　下記の品目の中のどれがあなたのなくした財布に入って
wallet / in order to get it back?//
いるべきか　それを取り戻すために

5 A photo of ________.
…の写真

A a baby　B a puppy　C a family　D an elderly couple
赤ちゃん　子イヌ　家族　年配のカップル

6 **Answer〉** A group of researchers dropped 240 wallets /
答え　研究者の1グループが240個の財布を落とした
around the city of Edinburgh, Scotland.// **7** One of the four items
スコットランドのエジンバラ市のあちこちで　上の4つの品物の中の1つが
above / was put into each wallet / to find out its return percentage.//
それぞれの財布に入れられた　それの戻ってくる割合を知るために

8 The rates for A, B, C, and D were 88%, 53%, 48%, and 28%.//
A，B，C，Dの割合は88%，53%，48%，そして28%だった

9 It seems / that people are naturally attracted by babies / and want
…のように思われる　人々は自然に赤ちゃんに魅了される　そして
to protect them like their parents.//
彼らの親たちのように彼らを守りたいと思う

- □ experiment(s) /ɪkspérəmənt(s)/ 名 実験
- □ finding(s) /fáɪndɪŋ(z)/ 名 発見
- □ item(s) /áɪtəm(z)/ 名 品目
- □ order /ɔ́ːrdər/ 名 順序，順番
- □ Edinburgh /édnbə̀ːrə/ 名 エジンバラ
- □ Scotland /skɑ́ːtlənd/ 名 スコットランド
- □ percentage /pərséntɪdʒ/ 名 割合，パーセンテージ
- □ rate(s) /réɪt(s)/ 名 割合

- □ *be* interested in ... …に興味を持っている
- □ the following ... 下記の…
- □ in order to *do* …するために
- □ get ... back / get back ... …を取り戻す
- □ find out ... …を知る

読解のポイント

2 It is quite natural that we want to understand more about them.
仮の主語　真主語

〈It＋be動詞＋形容詞＋that節〉では，仮の主語Itは「それ」とは訳さない。that節以下が真主語で，themは**1**の文のthe human mind and behaviorを指している。⇒ Grammar

3 The following three experiments show us interesting findings about human behavior.

S V O O

The following three experiments「下記の3つの実験」は，Part 1～3で紹介される3つの実験を指している。〈show＋（人）＋（物）〉は「（人）に（物）を示す」という意味。この1文は，話の構成を最初に明らかにし，読者の理解を助けている。

4 Question〉 Which of the following items should be in your lost wallet in order to get it back?

3の文のThe following three experimentsの1つ目の説明がこのQuestionから始まる。in order to get it backは「それを取り戻すために」という意味で，代名詞itは直前のyour lost walletを指している。

6 Answer〉 A group of researchers dropped 240 wallets around the city of Edinburgh, Scotland.

S V O 同格のof

4の質問に対する実証実験の方法を説明する文。A of Bは「BというA」という意味で，このofは「同格のof」と呼ばれる。

7 One of the four items above was put into each wallet to find out its return percentage.

S V 不定詞〈to＋動詞の原形〉

One of ...は「…の中の1つ」という意味で，the four items aboveは**5**の文で挙げられている4枚の写真を指す。was put into ...は「…に入れられた」という意味の受け身の文。to find out 以下は不定詞句で，「…のために」という副詞の働き。itsは直前のwalletを指す。

8 The rates for A, B, C, and D were 88%, 53%, 48%, and 28%.

S V C

The rates for A, B, C, and Dは「A, B, C, Dの（戻ってきた）割合」という意味。**7**の文のpercentageは「（百分率の）割合」を表し，rateは「（広義の）割合」を意味する。

9 It seems [that people are naturally attracted by babies and want to protect them like their parents].

S V O S' V' V' O'

〈It seems that＋S'＋V'〉で「S'はV'するようだ」という意味。このItは「それ」とは訳さない。are attractedは受け身の文で，「魅了される」という意味。themとtheirは直前のbabiesを指している。

Grammar

It＋be動詞＋形容詞＋that節　that節が仮の主語Itの内容を表します。

It is natural that we want to understand the human mind and behavior.

「当然だ」

（私たちが人間の心と行動を理解したいと思うのは当然です。）

It is certain that you will find your lost wallet.
「確実だ」
(あなたがなくした財布を見つけるのは確実です。)

解説 一般的に，英語では主語が長い文は好まれない。そのため，この文法項目ではItを仮の主語として文頭に置き，that節の長い内容を真主語として後ろに置いている。仮の主語Itは「それ」とは訳さない。be動詞の後ろの形容詞には，naturalやcertain，possible（ありうる），strange（奇妙な），true（本当の）などが続く。また，下の 例 のように名詞が続くこともある。

例 It was a great surprise that they won the championship.
(彼らが選手権で優勝したのは大変な驚きでした。)

Try It!

(　　) 内の語を並べかえて，ペアで対話しましょう。

1. *A* : Did you read the story about the study on lost wallets?
B : Yes. (that / surprising / is / it) the researchers dropped so many wallets.

2. *A* : (it / natural / that / is) people love babies?
B : Oh, yes. Everybody thinks they are cute.

ヒント **1.** *A*「あなたはなくした財布の研究についての話を読みましたか。」
B「はい。研究者たちがそんなに多くの財布を落としたのは驚くべきことです。」
surprisingは形容詞で「驚かせるような」という意味。〈It + be動詞 + 形容詞 + that節〉の語順にする。

2. *A*「人々が赤ちゃんを愛するのは当然ですか。」
B「ええ，そうです。誰もが彼らはかわいいと思っています。」
疑問文のため，be動詞を文頭に置き，〈be動詞 + it + 形容詞 + that節〉の語順にする。

練習問題

(　　) 内の語を並べかえなさい。

A : (sad / it / that / is) people hunt these wild animals for money.
B : Are there any good ways to protect them?

練習問題解答

It is sad that

解説 *A*「人々がお金のためにこれらの野生動物を狩るのは悲しいです。」
B「それらを守るために良い方法がありますか。」
〈It + be動詞 + 形容詞 + that節〉の語順とする。

個包装された24個のクッキーを食べ終わる平均日数は何日でしょうか。下から1つ選びましょう。

1. six days
2. twelve days
3. 24 days

ヒント 1.「6日」 2.「12日」 3.「24日」

本文を読んで，(　　) 内に適切な語や数字を入れましょう。②と③は正しいものを囲みましょう。

	Box A	Box B
Number of cookies	24	(①　　　)
Is each cookie wrapped?	(② Yes / No)	(③ Yes / No)
Days to eat all the cookies	(④　　　) days on average	six days on average

ヒント

	「箱A」	「箱B」
「クッキーの数」	24	(①)
「それぞれのクッキーは包装されていますか。」	(②はい / いいえ)	(③はい / いいえ)
「すべてのクッキーを食べるための日数」	平均(④)日	平均6日

①は教科書p.95の1～2行目，②は5行目，③は6行目，④は8～10行目を参照。

Speak / Write

What kind of food is good when you are on a diet?

例 I think *natto* is good when I am on a diet. I eat it every morning.

Plus One

ヒント「あなたがダイエットをしているとき，どんな種類の食べ物が良いですか。」 例「私はダイエットをしているとき納豆が良いと思います。私は毎朝それを食べます。」

本文

❶ **Question〉** There are two boxes of 24 cookies just in front of you.//
質問　ちょうどあなたの正面に24個入りのクッキー2箱がある

❷ The cookies look so delicious.//
そのクッキーはとてもおいしそうに見える

❸ But you should not eat too many / because you are on a diet.//
しかしあなたはあまり多く食べるべきではない　あなたはダイエットをしているから

❹ In this situation,/ which is better for you?//
この状況で　どちらがあなたにとってより良いか

❺ **Box A:** Each cookie is wrapped.//
箱A：　それぞれのクッキーが包まれている

❻ **Box B:** No cookies are wrapped.//
箱B：　どのクッキーも包まれていない

語句

□ diet /dáiət/
名 規定食，ダイエット食

□ situation /sìtʃuéiʃən/
名 状況

7 Answer〉 Box A is better.// **8** According to one study,/ the
答え 箱Aのほうがより良い ある研究によれば
participants needed 24 days on average / to eat all the cookies in Box
その参加者たちは平均で24日必要とした 箱Aのクッキーをすべて食べる
A.// **9** However,/ the cookies in Box B were eaten in six days on
ために けれども 箱Bのクッキーは平均6日で食べられた
average.// **10** This was because the participants had to open the
これは参加者たちが包みを開けなければならなったからだ
wrapping.// **11** At that time,/ they wondered whether they should
そのとき 彼らは食べ続けるべきかなと思った
continue eating.//

□ participant(s) /pɑːrtísəpənt(s)/ 名 参加者
□ average /ǽvərɪdʒ/ 名 平均
□ wrapping /rǽpɪŋ/ 名 包み
□ whether /wéðər/ 接 …かどうか

□ *be* on a diet ダイエットをしている
□ according to ... …によれば
□ on average 平均して
□ wonder whether ... …かなと思う

読解のポイント

1 Question〉 There are two boxes of 24 cookies just in front of you.

2番目の実験についての説明が始まる。just in front of youは「ちょうどあなたの正面に」という意味。

2 The cookies look so delicious.
(The cookies = S, look = V, delicious = C)

The cookiesは**1**の文のtwo boxes of 24 cookiesのcookiesを指している。lookは「…に見える」という意味で，後ろには形容詞などの補語（C）となる語がくる。⇒ Grammar

3 But you should not eat too many because you are on a diet.
(you = S, should not eat = V, too many = O, you = S', are = V', on a diet = C')

too manyは「あまりにも多数」という意味で，manyはここでは**2**のcookiesを受けて代名詞として使われている。*be* on a diet「ダイエットをしている」という意味。

4 In this situation, which is better for you?

In this situationは**3**の文の「ダイエットをしているのであまり多く食べるべきでない」という内容を指している。which「どちら」の選択肢は**5**と**6**の文に明記されている。

5 Box A: Each cookie is wrapped.
(Each cookie = S, is wrapped = V)

「それぞれのクッキーが包まれている」とは，クッキーが個別に包装されていることを示している。

6 Box B: No cookies are wrapped.
S V

〈No＋名詞〉は「…がない」という意味。

7 Answer〉Box A is better.
S V C

4の文の質問に対する答え。better「より良い」は形容詞goodの比較級で，後ろにはthan Box B「箱Bよりも」が省略されている。8～11でその理由を説明している。

8 According to one study, the participants needed 24 days on average to eat all the cookies in Box A.
S V O

According to one studyは「ある研究によると」という意味で，the participantsは「研究の参加者」を表す。on averageは「平均して」という意味。to eat以下は「…するために」という意味のto不定詞句で，副詞の働きをしている。

9 However, the cookies in Box B were eaten in six days on average.
S V

However「けれども」とあり，8の文と異なる内容がくることを示している。in six daysのinは，「…(の間)で」という意味で，期間の終点を示している。

10 This was [because the participants had to open the wrapping].
S V C S' V' O'

This was because ...は「これは…だからだった」という意味で，Thisは8と9で述べられた内容の「箱Aのクッキーを食べ切るのには，箱Bよりも時間がかかる」ということを表す。

11 At that time, they wondered whether they should continue eating.
S V O

At that timeは10の文の「箱Aのクッキーの個包装を開けなければならなかったとき」を表す。wonder whether ...は「…かなと思う」という意味。whether以下は，wonderの目的語となっている。

Grammar

S＋V[be動詞以外]＋C　look，feel などが「…に見える」「…の感じがする」などの意味を表し，S＋V＋C のV として働きます。

S	V［be 動詞以外］	C
The cookies	look	delicious.
（そのクッキーはおいしそうに見えます。）		
We	felt	tired.
（私たちは疲れた感じがしました。）		

解説 〈S + V + C〉の文は，主語がどのような状態であるかを表す。be動詞以外では例文のlook「…に見える」や，feel「…の感じがする」のほか，例1のgetやbecomeのように「…になる」と変化を表すもの，例2のseemやappearのように「…に見える，思われる」など話者の判断を表すものがある。

例1 It **is getting** late. Let's go home.
（遅くなってきています。家に帰りましょう。）

例2 The puppy **seemed** confused when he saw himself in a mirror for the first time.
（その子イヌは初めて鏡の中の自分自身を見たとき，とまどったように見えました。）

Try It!

(　　) 内の語を並べかえて，ペアで対話しましょう。

1. *A* : (hungry / look / you). Do you want to eat these cookies?
B : Yes, please. I haven't eaten anything since this morning.

2. *A* : Hey, are you OK?
B : No, (feel / I / sick). I think I ate too much.

ヒント **1.** *A*「あなたはおなかがすいているように見えます。あなたはこれらのクッキーを食べたいですか。」
B「はい，お願いします。私は今朝からずっと何も食べていません。」
文頭を大文字とし，〈S + V + C〉の語順にする。
2. *A*「ちょっと，あなたは大丈夫ですか。」
B「いいえ，私は気分が悪いです。私は食べ過ぎたと思います。」
〈S + V + C〉の語順にする。

練習問題

(　　) 内の語（句）を並べかえなさい。

1. *A* : Have you talked to John yesterday?
B : Yes, (seemed / he / very disappointed) about the test results.

2. *A* : Hi, Sandy. (you / sleepy / look) this morning.
B : Yes. I got a new video game yesterday and played it until eleven.

3. *A* : Hey, Joe. Is this the dog which I saw five years ago? How old is he now?
B : He is fourteen. It is sad that (old / grow / dogs) much faster than us.

練習問題解答

1. he seemed very disappointed　**2.** You look sleepy　**3.** dogs grow old

解説 **1.** *A*「あなたは昨日，ジョンに話しかけましたか。」
B「はい，彼はテストの結果についてとてもがっかりしているように見えました。」
2. *A*「こんにちは，サンディー。あなたは今朝眠そうに見えます。」
B「はい。私は昨日新しいテレビゲームを買い，（午後）11時までプレーしました。」
3. *A*「ちょっと，ジョー。これは5年前に私が見たイヌですか。彼は今いくつですか。」
B「14歳です。イヌが私たちよりもずっと早く年をとることは悲しいです。」
それぞれ〈S + V + C〉の語順にする。

Part 3 教科書 ▶ pp.96-97

イラストを見て，語の意味を推測しましょう。

1. unnecessary

2. muffin

3. enter

ヒント 教科書p.96では，**1.** 座っている女性の左右に「×」と書かれた容器，「○」と書かれた箱があり，女性が「×」の中に紙くずを入れている。 **2.** 皿の上にカップに入ったケーキが置かれている。 **3.** 男性がドアを開けている。

本文を読んで，（　　）内に適切な語を入れましょう。

Question	What should you do to stop buying (① 　　　　) food?
Answer	One study found (② 　　　　) before shopping useful. If you are (③ 　　　　), you tend to buy more unnecessary food.

ヒント 質問「(①)食べ物を買うのをやめるために，あなたは何をすべきですか。」
答え「ある研究により，買い物をする前に(②)が有用だとわかった。もし(③)なら，人はより多くの不必要な食べ物を買う傾向がある。」
①は教科書p.97の1～3行目，②は5行目，③は9～10行目を参照。

Speak / Write

What are some unnecessary things you have bought before?

例 I bought monthly textbooks for Chinese language lessons on the radio, but I have never used them.

ヒント「あなたが以前に買った不必要なものは何ですか。」 例「私はラジオの中国語講座のための月刊テキストを買いましたが，それらを一度も使ったことがありません。」

本文

1 **Question〉** You tend to buy unnecessary food / when you go to a supermarket.// **2** What should you do / to stop this behavior?//

質問 人は不必要な食べ物を買う傾向がある スーパーマーケットに行くとき あなたは何をすべきか この行動をやめるために

3 **Answer〉** One study found eating before shopping useful.// **4** In the study,/ the first group of people ate a muffin before shopping,/ while the second group ate nothing.// **5** The result showed / that the first group bought less unnecessary food than the second group.//

答え ある研究により買い物の前に食べることが有用だとわかった その研究では 1番目のグループの人々は買い物の前にマフィンを1つ食べた だが一方，2番目のグループは何も食べなかった 結果は…を示した 1番目のグループは2番目のグループより不必要な食べ物をより少なく買ったということ

語句

- □ tend /ténd/ 動 (…する) 傾向がある
- □ unnecessary /ʌnnésəsèri/ 形 不必要な
- □ muffin /mʌ́fɪn/ 名 マフィン

6 That is,/ if you are hungry,/ you tend to buy more unnecessary
つまり　もし空腹なら　人は不必要な食べ物をより多く買う傾向が

food.// **7** So / the next time you go shopping,/ eat something / before
ある　だから　今度買い物に行くときに　何か食べなさい

you enter the supermarket / to save money!//
スーパーマーケットに入る前に　お金を節約するために

□ enter /éntər/
動 …に入る

□ tend to *do*
…する傾向がある

□ the next time ...
今度…するときに

読解のポイント

1 Question〉 You tend to buy unnecessary food when you go to a supermarket.
(You: S / tend to buy: V / unnecessary food: O / you: S' / go: V')

Youは話者・聞き手を含めた総称としての「人」を表している。tend to *do*は「…する傾向がある」という意味。

2 What should you do **to stop this behavior**?

to stop this behaviorは「この行動をやめるために」という意味で，副詞の働きをしている。this behaviorは**1**の文の「スーパーマーケットに行くときに不必要な食べ物を買う」ことを指している。

3 Answer〉 One study found eating before shopping useful.
(One study: S / found: V / eating before shopping: O / useful: C, O = C)

〈find＋O＋C〉は「OがCであるとわかる」という意味で，OとCはイコールの関係を表す。eating before shoppingは動名詞句で，「買い物の前に食べること」という意味。⇒ Grammar

4 In the study, the first group of people ate a muffin **before shopping**, while the second group ate nothing.
(the first group of people: S / ate: V / a muffin: O / while: 対比「だが一方」 / the second group: S' / ate: V' / nothing: O')

the studyは**3**の文のOne studyを指す。whileは「だが一方」という意味の接続詞で，the first groupとthe second groupの対比を明確にしている。the second groupの後ろにはof people，nothingの後ろにはbefore shoppingがそれぞれ省略されている。

5 The result showed [that the first group bought **less** unnecessary food **than the second group**].
(The result: S / showed: V / [that ...]: O / the first group: S' / bought: V' / unnecessary food: O')

The result「その結果」は**3**と**4**の文の「研究」の結果を表す。lessは形容詞littleの比較級で，数えられない名詞の前に置いて「より少ない（量の）」という意味を表す。

6 That is, if you are hungry, you tend to buy more unnecessary food.
S' V' C' S V O

That isは「つまり」という意味で，5の内容を言いかえて，「人はどういう状態だと，より多くの不必要な食べ物を買うか」を明らかにしている。

7 So the next time you go shopping, eat something before you enter the supermarket to save money!
S' V' S V S' V' O'

Soは「だから」という意味で，6の文までの結論を導いている。〈the next time＋S＋V〉は「今度…が～するときに」という意味で，the next timeは接続詞に近い意味を表す。to save moneyは「お金を節約するために」という意味で，副詞の働きをしている。

Grammar

S＋V＋O＋C［形容詞］ 「OがCだ」などの意味を表します。

S	V	O	C
One study	found	eating	useful.
（ある研究で食べることが有用だとわかりました。）			
Buying unnecessary food	will make	you	unhappy.
（不必要な食べ物を買うことはあなたを不幸せにするでしょう。）			

解説〈S＋V＋O＋C［形容詞］〉では，「SはOがCであるとわかる」や「SはOをCにする」などの意味を表す。「OがCであるとわかる」を表す動詞は，findのほかにconsider（OがCであると思う）などがあり，「OをCにする」を表す動詞はkeep（OをCに保つ）やleave（OをCのままにしておく）などがある。

例1 We considered ourselves very lucky.
（私たちは自分たちがとても運がいいと思いました。）

例2 She wants to keep her plan secret.
（彼女は自分の計画を秘密にしておきたいと思っています。）

Try It!

（　）内の語（句）を並べかえて，ペアで対話しましょう。

1. *A* : How did you find the book about human behavior?
   B : I (it / found / very interesting).
2. *A* : What (made / so angry / you)?
   B : Someone ate all of my cookies.

ヒント 1. *A*「あなたは人間の行動についての本をどう思いましたか。」
B「私はそれをとても興味深いと思いました。」
〈S＋V＋O＋C［形容詞］〉の語順にする。

2. *A*「何があなたをそんなに怒らせたのですか［あなたはどうしてそんなに怒ったのですか］。」
B「誰かが私のクッキーをすべて食べました。」
〈S + V + O + C［形容詞］〉の語順にする。この文ではSはWhat。

練習問題

(　　) 内の語（句）を並べかえなさい。

1. *A* : Why is Cindy crying?
B : Oh, you should just (alone / her / leave) now. Her favorite anime character has just died.

2. *A* : I met the new tennis coach today. I (him / found / very cool).
B : Oh, really? Can I watch your tennis lesson tomorrow?

3. *A* : Look at those cakes. They look really delicious.
B : Yes, just looking at them (makes / hungry / me).

練習問題解答

1. leave her alone　**2.** found him very cool　**3.** makes me hungry

解説 **1.** *A*「なぜシンディーは泣いているのですか。」
B「ああ，あなたは今はただ彼女をひとりにしておくべきです。彼女のいちばん好きなアニメのキャラクターがちょうど死んでしまったのです。」

2. *A*「私は今日，その新しいテニスのコーチに会いました。私は彼がとてもかっこいいとわかりました。」
B「おお，本当ですか？　私は明日，あなたのテニスのレッスンを見てもいいですか。」

3. *A*「あれらのケーキを見なさい。それらは本当にとてもおいしそうに見えます。」
B「はい，ただそれらを見ていることは私を空腹にさせます［ただそれらを見ているだけで私はおなかがすきます］。」
すべて〈S + V + O + C［形容詞］〉の語順にする。〈leave + O + C［形容詞］〉で「OをCのままにしておく」という意味。

Summary 1 本文の内容に合うように，空所を埋めましょう。

Part1

- 多くの人は人間の心や ① に興味があります。
- スコットランドでの実験では，財布に ② の写真を入れておくと，財布が戻ってくる確率が高いという結果が出ました。

Part2

- ある研究では，箱の中のひとつひとつのクッキーが ③ されていると，すべてのクッキーを食べ終わるまでの時間が長くなるという結果が出ました。
- 包装を開く前に，④ べきか考える時間がとれるのです。

Part3

- ある研究では，買い物の前に ⑤ ことが買い過ぎの防止に有効なことがわかりました。
- 買い物の前にマフィンを ⑥ グループのほうが，食べなかったグループよりも不要なものを買うことが ⑦ という結果が出ました。

ヒント それぞれの教科書の参照ページを示す。①p.93の1～2行目　②p.93の6～14行目　③p.95の5～11行目　④p.95の11～13行目　⑤p.97の1～5行目　⑥・⑦p.97の6～9行目。

Summary 2 (　) 内に入る語を □ の中から選び，要約を完成しましょう。

Some experiments show us interesting (①　　　) about human behavior.// One of them is about lost (②　　　).// According to a study in Scotland,/ the return percentage becomes high / if we put a picture of a (③　　　) in our wallets.//

いくつかの実験が私たちに人間の行動について興味深い（ ① ）を示している　それらの中の1つはなくした（ ② ）についてだ　スコットランドでの研究によれば　戻ってくる確率は　高くなる　もし私たちが財布に（ ③ ）の写真を入れれば

Let's look at another example.// What is a good way / to stop eating too many cookies in a box?// One study has shown / that it takes us longer to finish eating cookies / if each cookie in the box is (④　　　).//

もう1つの例を見てみよう　良い方法は何か　箱の中のあまりにも多くのクッキーを食べるのをやめる　ある研究は…を示した　クッキーを食べ終わるためにより長く時間がかかること　もし箱のそれぞれのクッキーが（ ④ ）なら

Here is one more example.// We tend to buy (⑤　　　) food / when we go shopping at a supermarket.// The study found / that (⑥　　　) before shopping works well.// In the study,/ the group that ate muffins bought (⑦　　　) unnecessary food / than the

もう1つ例がある　私たちは（ ⑤ ）食べ物を買う傾向がある　私たちがスーパーマーケットに買い物に行くとき　研究によって…がわかった　買い物前に（ ⑥ ）がうまく機能すること　その研究では　マフィンを食べたグループは（ ⑦ ）不必要な食べ物を買った　何も

one that ate nothing.//
食べなかったグループよりも

eating / unnecessary / baby / findings / wallets / wrapped / less

ヒント それぞれの教科書参照ページを示す。①p.93の3～4行目　②p.93の6～7行目　③p.93の8～14行目　④p.95の5～11行目　⑤教科書p.97の1～2行目　⑥p.97の5行目。ここでは，found that ...「…ということがわかった」という意味のthat節が使われている。　⑦p.97の6～9行目。

Vocabulary 英語のヒントを読んで，本文に出てきた単語を書きましょう。

1. p□□□□□□pant ………… a person who is taking part in an activity or event
2. un□□□□□□□ry ……… not needed
3. e□□□□ ………… to go into a place

ヒント 1.「活動または行事に参加している人」 2.「必要とされていない」 3.「ある場所に入ること」

Key Expressions 日本語と同じ意味になるように，(　　) 内に適切な語を入れて文を言いましょう。

1. I want to go to university (　　　　) (　　　　) (　　　　) study the human mind and behavior.
私は人間の心や行動を学ぶために大学に行きたいです。
2. I will do anything to (　　　　) my lost wallet (　　　　).
なくした財布を取り戻すためなら何でもやりますよ。
3. (　　　　) (　　　　) a study, there is a good way to control our eating behavior.
ある研究によると，我々の食べる行動をコントロールするよい方法があります。
4. They (　　　　) (　　　　) buy more unnecessary things at the end of the month.
彼らは月末に不要なものをより多く買う傾向があります。

ヒント 1.「…するために」に相当する3語を入れる。　2.「…を取り戻す」に相当する語句を入れる。1つ目のカッコの前にto「…するために」があるため，ここには動詞の原形が入る。　3.「…によると」に相当する語句を文頭を大文字にして入れる。　4.「…する傾向がある」に相当する語句を入れる。

Grammar for Communication 例を参考に，あなたや友達の気分や様子について，ペアで話しましょう。

> *A* : You always look cheerful. What makes you so happy?
> *B* : I feel good when I am playing with my dog. It is important that we relieve our stress. How about you?

ヒント *A*「あなたはいつも機嫌がよく見えます。何があなたをそんなに幸せにさせるのですか。」
B「私は自分のイヌと遊んでいるとき気分が良いです。私たちは自分たちのストレスを和らげることが大切です。あなたはどうですか。」

教科書 ▶ pp.100-101, 182

Scene 1 グリーン先生の話を聞きましょう。

In Part 3, / we learned / that the hungry shoppers tended to buy
Part 3では　私たちは…を知った　空腹な買物客は不必要な食べ物を買う
unnecessary food.// Actually,/ there was another story behind this.//
傾向があるということ　実は　この背後にはもう1つの話があった
All the participants made a list of food / to buy at the supermarket.//
参加者全員は食べ物のリストを作った　スーパーマーケットで買うべき
Some of them kept their shopping list,/ and others did not.// So,/
買い物リストを守った人もいた　そして守らなかった人もいた　だから
as this graph shows,/ there were actually four groups.// Interestingly,/
このグラフが示すように　実は4つのグループがあった　おもしろいことに
the shoppers with the shopping lists did not buy that much
買い物リストを持った買物客はそれほど不必要な食べ物を買わなかった
unnecessary food,/ even when they were hungry.//
彼らが空腹であったときでさえ

語句
□ shopper(s) /ʃɑ́ːpər(z)/ 名 買物客
□ interestingly /íntərəstɪŋli/ 副 おもしろいことに

Listen and Answer 問いの答えを選びましょう。

1. What did all the participants write?
   a. The address of the supermarket. b. Food to buy at the supermarket.
   c. The titles of songs at the supermarket.
2. How many groups were there in this study?
   a. Two. b. Three. c. Four.
3. Did the shoppers buy a lot of unnecessary food when they had a shopping list?
   a. Yes, they bought a lot. b. No, they didn't buy a lot.
   c. Ms. Green didn't tell us about that.

ヒント **1.**「参加者全員は何を書きましたか。**a.** スーパーマーケットの住所。**b.** スーパーマーケットで買うべき食べ物。**c.** スーパーマーケットでの曲のタイトル。」グリーン先生の話の3文目を参照。

2.「この研究ではいくつのグループがありましたか。**a.** 2つ。**b.** 3つ。**c.** 4つ。」5文目を参照。

3.「買物客たちは買い物リストを持っているとき，たくさんの不必要な食べ物を買いましたか。**a.** はい，彼らはたくさん買いました。**b.** いいえ，彼らはあまり買いませんでした。**c.** グリーン先生は私たちにそのことについて言いませんでした。」最終文を参照。

Scene 2 買い過ぎを防ぐには，ほかにどのような方法があるかを考え，発表用の原稿を作りましょう。

1. ①の空所に，**Part 3**の本文を参考に適切な語（句）を入れましょう。
2. ②の空所に，**Part 3**の本文を参考に適切な語（句）を入れましょう。
3. ③の空所に，**Scene 1**の話を参考に適切な語（句）を入れましょう。
4. ④の空所に，自分のアイディアを追加し，なぜそれが買い過ぎを防ぐのに効果的なのか，その理由も書きましょう。

How to Stop Buying* ① ______ *Food
（ ① ）食べ物を買うのをやめる方法

We tend to buy ① ______ food / when we go to a supermarket.// What should we do /
私たちは（ ① ）食べ物を買う傾向がある　スーパーマーケットに行くとき　私たちは何をすべきか

to stop this behavior?// One idea is ② ______ before shopping / because hungry shoppers
この行動をやめるために　1つの考えは買い物の前に（ ② ）である　空腹な買物客はたくさん買う

tend to buy a lot.// Another idea is ③ ______ / because the list can clearly tell us /
傾向があるから　もう1つの考えは（ ③ ）である　そのリストは私たちにはっきりと示すことができるから

what to buy.// My idea is like this.// ④ ______ .//
何を買うべきか　私の考えは次のようなものだ（ ④ ）。

ヒント **1.** 教科書p.97の1～2行目を参照。

2. 教科書p.97の5行目を参照。

3. Scene 1の3～6文目を参照。

4.「その理由も書きましょう」と書いてある点に注意。接続詞becauseなどを用いて，「理由」を明確に説明する。

定期テスト対策⑥ (Lesson 6)

解答⇒p.215

1 日本語の意味を表すように，____に適切な語を入れなさい。

(1) もしあなたが何か質問があれば，下記の番号に電話できます。

If you have any questions, you can call ______ ______ number.

(2) 平均して，私たちは宿題を終えるために1時間を必要としました。

______ ______, we needed one hour to finish the homework.

(3) その地図によれば，あの大きな建物は病院です。

______ ______ the map, that big building is a hospital.

(4) サルの心と行動を理解するために，彼らはたくさんの実験をし続けています。

______ ______ ______ understand the monkey's mind and behavior, they have been doing a lot of experiments.

(5) 私はもっと運動をすべきかなと思います。

I ______ ______ I should do more exercise.

2 意味が通る英文になるように，(　　)内の語（句）を並べかえなさい。

(1) My father (clean / likes / keep / to / his desk).

My father ________________________.

(2) (great / it / that / is) we can make paper from banana stems.

________________ we can make paper from banana stems.

(3) (looked / he / happy) when he heard the news.

________________________ when he heard the news.

3 日本語に合うように，［　　］内の語（句）を並べかえなさい。

(1) 彼らはその絵画がエキゾチックだとわかりました。

[found / exotic / they / the paintings].

________________________________.

(2) 私がこのルートを取らなかったのは幸運でした。

[this route / I / lucky / that / was / didn't / take / it].

________________________________.

(3) 状況は私たちにとって良いとは見えませんでした。

[good / the situation / didn't / for / look] us.

________________________________ us.

4 次の英語を指示に従って，近い意味になるように書きかえなさい。

(1) Why were you so angry yesterday?（Whatで始まる文に）

____

(2) Naturally, we are attracted to beautiful things.（Itで始まる文に）

____

5 次の英語を日本語にしなさい。

(1) Nowadays tourists seem more interested in cultural experiences.

____

(2) It is surprising that many people in this country are on a diet.

____

6 次の英文を読んで，質問に答えなさい。

Question〉 You tend to buy unnecessary food when you go to a supermarket. What should you do to stop ①this behavior?

Answer〉 ②One study (before / useful / found / shopping / eating). In the study, the first group of people ate a muffin before shopping, while the second group ate nothing. ③The result showed that the first group bought less unnecessary food than the second group. ④That is, if you are hungry, you tend to buy more unnecessary food. ⑤So (shopping / time / you / the / go / next), eat something before you enter the supermarket to save money!

(1) 下線部①の内容を日本語で具体的に書きなさい。

____

(2) 下線部②の（　　）内の語を文脈に合う英文になるように並べかえなさい。

One study ______________________________ .

(3) 下線部③を日本語にしなさい。

____

(4) 下線部④を日本語にしなさい。

____

(5) 下線部⑤の（　　）内の語を意味が通る英文になるように並べかえなさい。

So ______________________________

Lesson 7 No Plastic or No Future

Get Started! 教科書 ▶p.105

写真を見て話し合ってみましょう。

What is happening to these sea animals?

ヒント「これらの海洋動物に何が起きていますか。」

Part 1 教科書 ▶pp.106-107

クジラの胃の中にあったものは何でしょうか。下から1つ選びましょう。

1. jellyfish
2. black plastic bags
3. white plastic bags

ヒント 1.「クラゲ」 2.「黒いビニール袋」 3.「白いビニール袋」

本文を読んで，(　　) 内に適切な語を入れましょう。

Why did the whale die?	Because it became (① 　　　) by eating nearly nine kilograms of black (② 　　　) bags.
Why are green sea turtles dying?	Because the plastic bags they eat prevent them from (③ 　　　) food. They then slowly die of (④ 　　　).

ヒント なぜそのクジラは死にましたか。「それは9キログラム近くの黒い(② 　　)袋を食べることによって(① 　　)なったからです。」
なぜアオウミガメは死に瀕しているのですか。「それらが食べるビニール袋が，それらが食べ物を(③ 　　)するのを妨げるからです。それらはそして(④ 　　)でゆっくりと死にます。」①と②は教科書p.107の2～3行目，③と④は13～14行目を参照。

What is your favorite sea animal, and why?

例 I like dolphins very much, because they are really friendly.

Plus One

ヒント「あなたのいちばん好きな海洋動物は何ですか，そしてなぜですか。」 例「私は，イルカが本当に人なつこいので大好きです。」

本文

1 In late May, 2018,/ a whale was found on a beach in southern
2018年5月下旬に　クジラがタイ南部の砂浜で発見された

Thailand.// **2** It was very sick / because it had nearly nine kilograms
それはとても具合が悪かった　それの胃の中にほとんど9キログラム

of black plastic bags in its stomach.// **3** Animal doctors worked hard /
の黒いビニールがあったから　獣医師たちは懸命に働いた

☐ nearly /níərli/
副 ほとんど

☐ kilogram(s) /kíləgræ̀m(z)/
名 キログラム

to save the whale's life,/ but it died.// **4** One of them said,/ "Think
そのクジラの命を救うために　しかしそれは死んだ　彼らの1人は言った

about how much plastic is in the ocean.// **5** This will happen more
「どれだけの量のプラスチックが海洋にあるかについて考えなさい　こういうこと

often in the future."//
は将来もっと頻繁に起こるだろう」

6 Sea turtles are also victims of plastic bags.// **7** In fact,/ they
ウミガメもまたビニール袋の犠牲者である　実際には　それらは

are fighting to survive / in the places where we find so much plastic.//
生き延びるために闘っている　私たちがとても多くのビニールを見つける場所で

8 About 75% of all green sea turtles caught for studies / had plastic
調査のためにつかまえられたアオウミガメ全体のうちの約75%　胃に

trash in their stomachs.// **9** They often mistake plastic bags for
ビニールごみがあった　それらはしばしばビニール袋をクラゲと間違

jellyfish,/ a food they like.// **10** These plastic bags often prevent turtles
える　それらの好きな食べ物　これらのビニール袋はしばしばカメが

from digesting food.// **11** They then slowly die of starvation.//
食べ物を消化するのを妨げる　それらはそして飢餓でゆっくりと死ぬ

- □ victim(s) /víktɪm(z)/ 名 犠牲
- □ mistake /məstéɪk/ 動 …を間違える
- □ prevent /prɪvént/ 動 妨げる
- □ digest(ing) /daɪdʒést(ɪŋ)/ 動 …を消化する
- □ starvation /stɑ̀ːrvéɪʃən/ 名 飢餓

- □ in fact 実際には
- □ green sea turtle アオウミガメ
- □ mistake ... for ～ …を～と間違える
- □ prevent ... from *doing* …が～するのを妨げる
- □ die of ... …で死ぬ

読解のポイント

1 **In late May, 2018, a whale was found on a beach in southern Thailand.**

(a whale = S, was found = V)

受け身の文。誰が見つけたかは重要でないので，〈by＋動作主〉が省略されている。

2 **It was very sick because it had nearly nine kilograms of black plastic bags in its stomach.**

(It = S, was = V, sick = C, it = S', had = V', nearly nine kilograms of black plastic bags = O')

It, it, itsは**1**の文のa whaleを指している。nearlyは「ほとんど」という意味で，ここでは「9キログラム近くある」ということ。

3 **Animal doctors worked hard to save the whale's life, but it died.**

(Animal doctors = S, worked = V, it = S, died = V)

itは引き続き**1**のa whaleを指す。

4 One of them said, "Think about how much plastic is in the ocean.

S V 間接疑問 S' V'

them は3の文の Animal doctors を指している。Think about の目的語は疑問詞 how much が節を導いており，「どれだけの量のプラスチックが海洋にあるかを考えなさい」という意味。このような文を間接疑問という。

5 This will happen more often in the future."

S V

This は1～3で述べられた「クジラがビニール袋を食べてしまい，その結果死ぬ」ということ。

6 Sea turtles are also victims of plastic bags.

S V C

also とあり，ウミガメが1～3で述べられたクジラと同様の状況であることを示している。

7 In fact, they are fighting to survive in the places where we find so much plastic.

S V 先行詞 関係副詞 S' V' O'

In fact「実際には」の後ろで，6の文の内容を具体的に説明している。they は Sea turtles を指し，to survive 以下は「…するために」という意味の不定詞句。the places where we find so much plastic は関係副詞 where に導かれる節を含み，先行詞 the places が「どんな場所か」を説明している。

⇒ Grammar

8 About 75% of all green sea turtles caught for studies had plastic trash in their stomachs.

S V O

caught for studies の caught は過去分詞で「つかまえられた」という意味で，過去分詞句が all green sea turtles を後ろから修飾している。their はこの文の green sea turtles を指す。

9 They often mistake plastic bags for jellyfish, a food they like.

S V O =

文頭および後半の They は8の green sea turtles を指す。mistake ... for ～は「…を～と間違える」という意味。jellyfish と a food はイコールの関係となっている。they like は直前の名詞 a food を修飾しており，「それらが好きな食べ物」という意味。

10 These plastic bags often prevent turtles from digesting food.

S V O

These plastic bags は8と9の文の「アオウミガメが誤って食べ，胃に入ったビニール袋」を指す。prevent ... from *doing* は「…が～するのを妨げる」という意味で，from の後ろは動名詞句。

11 They then slowly die of starvation.

S V

They は引き続き8の green sea turtles を指す。die of ... は「(原因) で死ぬ」という意味。

Grammar

関係副詞 where　関係副詞whereに導かれる節が場所を表す先行詞を修飾し，「…する（場所）」のような意味を表します。

Sea turtles are fighting to survive in the places **where** we find so much plastic.
先行詞（the places）　関係副詞whereに導かれる節（where we find so much plastic）

（ウミガメは私たちがとても多くのプラスチックを見つける場所で生き延びるために闘っています。）

We find lots of plastic bags in the ocean **where** many sea animals live.
先行詞（the ocean）　関係副詞whereに導かれる節（where many sea animals live）

（私たちは多くの海洋生物がすむ海洋にたくさんのビニール袋を見つけます。）

解説 関係副詞whereに導かれる節は，名詞（先行詞）のあとに置かれ，「どんな場所なのか」を説明する。先行詞には，the places, the oceanのように「場所」を表す名詞がくることが多い。

Try It!

（　　）内の語（句）を並べかえて，声に出して文を読みましょう。

1. I want to go to an island (can / I / eat / where) delicious fish.
2. Thailand is a country (can / enjoy / spicy dishes / where / you).
3. The hospital (the sea turtle / treated / was / where) has good animal doctors.

ヒント
1. 「私はとてもおいしい魚を食べることができる島に行きたいです。」先行詞an islandを説明する関係副詞に導かれる節を作る。〈where + S + V〉の語順となる。
2. 「タイは香辛料がきいた料理を楽しむことができる国です。」先行詞a countryを説明する関係副詞に導かれる節を作る。ここでのyouは総称としての「人」を表す。
3. 「そのウミガメが治療された病院には優れた獣医師がいます。」主語かつ先行詞であるThe hospitalを説明する関係副詞に導かれる節を作る。〈where + S + V〉の語順となり，Vはここでは受け身。

練習問題

（　　）内の語（句）を並べかえなさい。

1. This is the house (was / a famous musician / where / born).
2. He came from a country (are / where / more sheep / there) than humans.

練習問題解答

1. where a famous musician was born　2. where there are more sheep

解説
1. 「ここは有名な音楽家が生まれた家です。」先行詞the houseを説明する関係副詞が導く節を作る。〈where + S + V〉の語順となり，Vは受け身のwas born。
2. 「彼は，人間よりも多くのヒツジがいる国から来ました。」先行詞a countryを説明する関係副詞whereが導く節を作る。節内は〈there are + 名詞〉がくる。

毎年，何枚のビニール袋が海に行きついているでしょうか。下から1つ選びましょう。

1. 500,000

2. 500,000,000

3. 500,000,000,000

ヒント **1.**「50万枚」 **2.**「5億枚」 **3.**「5,000億枚」

人間がプラスチックの犠牲者となるまでの過程を表す順序になるように，下のイラストを並べかえましょう。

(　　　) → (　　　) → (　　　) → (　　　)

ヒント 教科書p.108では，**a.**海にビニール袋やペットボトルなどのプラスチックごみが浮かんでいる。 **b.**魚が細かい破片を食べている。 **c.**女性が魚を食べている。 **d.**ビニール袋やペットボトルなどのプラスチックごみが砕けて細かい破片になることを示している。それぞれの教科書参照ページを示す。 **a.**はp.109の4～5行目，**b.**は11～12行目，**c.**は12～13行目，**d.**は6～8行目。

Speak / Write

Do you have any plastic goods with you now? What are they?

例 Yes, I do. I have a plastic pencil case and a plastic ballpoint pen.

Plus One

ヒント「あなたは今，何かプラスチック製品を持っていますか。それらは何ですか。」例「はい，持っています。私はプラスチックの筆箱とボールペンを持っています。」

本文

1 According to one study,/ 8.3 billion tons of plastic has been produced / since the 1950s.// **2** Nearly 75% of this has been thrown away.// **3** At present,/ five trillion plastic bags are used each year. // **4** Many scientists believe / that 10% of these bags end up in the ocean.//

ある調査によれば / 83億トンのプラスチックが生産されてきている / 1950年代以来 / これの75%近くが捨てられてきた / 現在は / 毎年5兆枚のビニール袋が使われている / 多くの科学者たちは…を信じている / これらのビニール袋の10%が海洋に最終的に至るということ

5 To make matters worse,/ much of the plastic in the ocean breaks down into microplastics,/ or plastic pieces smaller than five millimeters.// **6** They are difficult to see / because of their size.// **7** Many experts say / that it will take hundreds to millions of years /

その上悪いことに / 海洋プラスチックの多くは砕けてマイクロプラスチックになる / すなわち5ミリメートル未満のプラスチックのかけら / それらは見ることが難しい / それらのサイズのために / 多くの専門家は…を言う / 数百年から数百万年かかるだろうということ

語句

- □ trillion /tríljən/ 名 1兆
- □ worse /wə́:rs/ 形 より悪い
- □ microplastic(s) /màikrouplǽstɪk(s)/ 名 マイクロプラスチック
- □ millimeter(s) /míləmì:tər(z)/ 名 ミリメートル
- □ expert(s) /ékspə:rt(s)/ 名 専門家
- □ decompose /dì:kəmpóuz/ 動 分解する

for this plastic to decompose.// **8** In the meantime,/ sea creatures eat
このプラスチックが分解することは　その間に　海洋生物がこれらの
these small pieces of plastic.// **9** Humans, / in turn, / consume the
小さなプラスチックのかけらを食べる　人間が　今度は　その海洋生物を摂取
sea creatures.// **10** The day when humans appear on the list of plastic
する　人間がプラスチックの犠牲者名簿に載る日
victims / will soon come.//
すぐに来るだろう

- □ meantime /míːntàɪm/ 名 その間
- □ consume /kənsjúːm/ 動 …を摂取する，食べる

- □ end up in ... （場所など）に最終的に至る
- □ to make matters worse その上悪いことに
- □ in the meantime その間（に）
- □ in turn 今度は

読解のポイント

1 According to one study, 8.3 billion tons of plastic has been produced since the 1950s.
（S: 8.3 billion tons of plastic　V: has been produced）

8.3 billionは「83億」という意味で，billionは「10億」を表す。動詞has been producedは現在完了（継続）の受け身で「生産されてきている」という意味。the 1950sは「1950年代」という意味。

2 Nearly 75% of this has been thrown away.
（S: Nearly 75% of this　V: has been thrown away）

thisは**1**の文の8.3 billion tons of plasticを指している。has been thrown awayは現在完了（完了）の受け身で，「（投げ）捨てられてきた」という意味。

3 At present, five trillion plastic bags are used each year.
（S: five trillion plastic bags　V: are used）

At presentは「現在は，目下のところ」という意味。five trillionは「5兆」という意味で，trillionは「1兆」を表す。

4 Many scientists believe [that 10% of these bags end up in the ocean].
（S: Many scientists　V: believe　O: [that ...]　S': 10% of these bags　V': end up）

these bagsは**3**の「毎年使われる5兆枚のビニール袋」を指す。

5 To make matters worse, much of the plastic in the ocean breaks down into microplastics, or plastic pieces smaller than five millimeters.

S (much of the plastic ← in the ocean)　V (breaks down into)
microplastics = or plastic pieces smaller than five millimeters「すなわち」（言いかえ）

To make matters worseは「その上悪いことに」という意味。break down into ... は「砕けて…になる」という意味。microplasticsの後ろの〈, ＋or ...〉は「すなわち…」という意味で，microplasticsの具体的な説明(言いかえ)をしている。

6 They are difficult to see because of their size.

S (They)　V (are)　C (difficult ← to see)

They, theirは**5**のmicroplasticsを指している。difficult to seeは「見ることが難しい」という意味で，to seeは副詞の働きをして形容詞を修飾している。because of their sizeは「それらのサイズのために」という意味で，「5ミリメートル未満のせいで」ということを示している。

7 Many experts say [that it will take hundreds to millions of years for this plastic to decompose].

S (Many experts)　V (say)　O ([that ...])　it＝形式主語　for this plastic：意味上の主語　to decompose：真主語

sayの目的語はthat節。〈it will ... (for S') to ＋動詞の原形〉は「(S'が）～することは…だろう」という意味。itは形式主語で，「それ」とは訳さない。for S'は意味上の主語で，「…が」という意味を表す。この文の真主語は，to不定詞句である。

8 In the meantime, sea creatures eat these small pieces of plastic.

S (sea creatures)　V (eat)　O (these small pieces of plastic)

In the meantime「その間に」は，**7**の「プラスチックが分解するのに数百年から数百万年かかる間」を指す。

9 Humans, in turn, consume the sea creatures.

S (Humans)　V (consume)　O (the sea creatures)

in turnは「今度は」という意味で，the sea creaturesは**8**の「プラスチックを食べた海洋生物」を指す。

10 The day when humans appear on the list of plastic victims will soon come.

S先行詞 (The day) ← 関係副詞 (when)　S' (humans)　V' (appear)　V (will soon come)

The day when humans appear on the list of plastic victimsは関係副詞whenに導かれる節を含み，先行詞The dayが「どんな時か」を説明している。ここでは「人間がプラスチックの犠牲者名簿に載る日」という意味。⇒ Grammar

Grammar

関係副詞when　関係副詞whenに導かれる節が時を表す先行詞を修飾し，「…する（時)」のような意味を表します。

The day when humans appear on the list of plastic victims will soon come.

先行詞 (The day) ← 関係副詞whenに導かれる節 (when humans appear on the list of plastic victims)

（人間がプラスチックの犠牲者名簿に載る日はすぐに来るでしょう。）

I clearly remember the moment **when** I saw whales in Ogasawara for the first time.

先行詞　関係副詞whenに導かれる節

（私は初めて小笠原でクジラを見た瞬間をはっきりと覚えています。）

解説 関係副詞whenに導かれる節は，名詞（先行詞）のあとに置かれ，「どんな時なのか」を説明する。先行詞には，the day, the momentのように「時」を表す名詞がくることが多い。

Try It!

（　）内の語（句）を並べかえて，ペアで対話しましょう。

1. *A* : Have you finished the homework about plastic in the ocean?
B : Yes. I did it on the day (gave / our teacher / it / when) to us.

2. *A* : Are there times (sad / when / very / feel / you)?
B : Yes, when I hear that so many sea creatures are dying because of plastic.

ヒント **1.** *A*「あなたは海洋プラスチックについての宿題を終えましたか。」
B「はい。私は，私たちの先生が私たちにそれを与えた日にそれをしました。」先行詞the dayを説明する関係副詞に導かれる節を作る。〈give +（物）+ to +（人）〉は「（人）に（物）を与える」という意味。

2. *A*「あなたはとても悲しいと感じるときがありますか。」
B「はい，とても多くの海洋生物がプラスチックのために死につつあるということを聞くときです。」先行詞timesを説明する関係副詞に導かれる節を作る。

練習問題

（　）内の語（句）を並べかえなさい。

1. *A* : When did your family move to New York?
B : My parents say it was in the year (when / born / was / I).

2. *A* : Oh, your cat is so big. How many kilograms is it?
B : It is nearly ninc kilograms. There was a time (one kilogram / it / when / less / was / than).

練習問題解答

1. when I was born　**2.** when it was less than one kilogram

解説 **1.** *A*「あなたの家族はいつニューヨークへ引っ越しましたか。」
B「私の両親は，それは私が生まれた年だったと言っています。」
the yearを説明する関係副詞に導かれる節を作る。

2. *A*「おや，あなたのネコはとても大きいです。それは何キログラムですか。」
B「それは9キログラム近くです。それが1キログラム未満だったときがありました。」
a timeを説明する関係副詞に導かれる節を作る。less than ...は「…未満」という意味。

写真を見て，語（句）の意味を推測しましょう。

1. seafloor

2. iceberg

3. refillable water bottle

ヒント 教科書p.110では，**1.** 海の底が写っている。 **2.** 海の上に白い氷の塊が写っている。**3.** 複数の水筒が写っている。

Read

本文を読んで，（　　）内に適切な語を入れましょう。

What we can do in our everyday lives	What we can do with more effort
・Use common (①　　　　).	・Use your goods for as (③　　　　) as possible.
・Do not (②　　　　).	・(④　　　　) your goods when they cannot be used any longer.
・Try not to use plastic bags.	・Choose clothes made from (⑤　　　　) materials.

ヒント 私たちが毎日の生活でできること「・(①　　)を使いなさい。」「・(②　　)してはいけない。」「・ビニール袋を使わないようにしなさい。」
私たちがもっと努力してできること「・あなたの持ち物をできるだけ(③　　)使いなさい。」「・あなたの持ち物がもはや使えないときは(④　　)。」「・(⑤　　)素材から作られた服を選びなさい。」①は教科書p.111の7行目，②は7～8行目，③は10～11行目，④は11～12行目，⑤は13～14行目を参照。

What action do you take in your everyday life to reduce plastic?

例 I never buy plastic bags when I go to a convenience store.

ヒント「あなたはプラスチックを減らすために毎日の生活で何の行動をとっていますか。」
例「私はコンビニエンスストアに行くと，決してビニール袋を買いません。」

本文

1 Plastic is everywhere in the ocean / from the deepest seafloors
プラスチックは海洋の至る所にある　最も深い海底から

to the Arctic icebergs.// **2** Moreover,/ much of it will likely be there
北極の氷山まで　その上　それの多くがおそらくとても

for a very long time.// **3** Is there any action we can take?//
長い間そこに存在するだろう　何か私たちがとることができる行動はあるか

4 For example,/ Boyan Slat has created a special system / to clean the
たとえば　ボイヤン・スラットは特別な方法を創り出した　プラスチック

ocean of plastic.//
の海をきれいにするための

語句

- □ seafloor(s) /síːflɔ̀ːr(z)/ 名 海底
- □ iceberg(s) /áɪsbəːrg(z)/ 名 氷山
- □ likely /láɪkli/ 副 たぶん，おそらく

5 The following are examples of / what we can do in our everyday
下記は…の例である　私たちが毎日の生活で

lives.// 6 Just use your common sense.// 7 Do not litter.//
できること　ただあなたの常識を使いなさい　ごみを散らかしてはいけない

8 Use refillable water bottles.// 9 Try not to use plastic bags.//
詰め替え可能な水筒を使いなさい　ビニール袋を使わないようにしなさい

10 Other measures need more effort.// 11 Use your goods / for as
ほかの対策はもっと努力を必要とする　あなたの持ち物を使いなさい

long as possible.// 12 Recycle them / when they cannot be used any
できるだけ長く　それらをリサイクルしなさい　それらがもはや使えないとき

longer.// 13 Spend more money on goods / that are not made of
品物により多くのお金を使いなさい　プラスチックで作られていない

plastic.// 14 When you buy clothes,/ choose natural materials.//
あなたが服を買うときは　自然素材を選びなさい

15 Rethink plastic.// 16 Rethink our future / before it is too late.//
プラスチックを考え直しなさい　私たちの未来を考え直しなさい　遅過ぎる前に

- □ Boyan Slat /bɔ́ɪən slǽt/ 名 ボイヤン・スラット
- □ system /sístəm/ 名 方法，方式
- □ everyday /évridèɪ/ 形 毎日の
- □ common sense /kɑ́:mən séns/ 名 常識
- □ litter /lítər/ 動 ごみを散らかす
- □ refillable /rì:fíləbl/ 形 詰め替え可能な
- □ material(s) /mətíəriəl(z)/ 名 素材
- □ rethink /rì:θíŋk/ 動 …を考え直す

- □ for as long as possible できるだけ長く
- □ not ... any longer もはや…でない

読解のポイント

1 Plastic is everywhere in the ocean from the deepest seafloors to the Arctic icebergs.
(Plastic = S, is = V)

everywhereは「至る所に」という意味で，in the ocean以降はeverywhereを修飾している。from ... to ～は「…から～まで」という意味で，everywhereの内容を強調している。

2 Moreover, much of it will likely be there for a very long time.
(much of it = S, will likely be = V)

Moreover「その上」は1の文に新たな情報を加えることを示している。itは1のplasticを指す。likely「たぶん，おそらく」は確実ではないがその可能性が高いことを示している。

3 Is there any action we can take?

〈Is there＋名詞 ?〉「…はありますか」の文。we can takeは名詞any actionを後ろから修飾している。

4 For example, Boyan Slat has created a special system to clean the ocean of plastic.
S V O

For example「たとえば」とあり，**3**の「私たちがとることができる行動」の具体例が述べられている。

5 The following are examples of what we can do in our everyday lives.
S V O (= the things that we can do in our everyday lives)

The following は「下記（のもの）」という意味。what は先行詞を含む関係代名詞で，the thing(s) that と言いかえることができる。ここでは what は do の目的語になっており，what we can do in our everyday lives は「私たちが毎日の生活でできること」という意味。⇒ Grammar

9 Try not to use plastic bags.

Tryの目的語が不定詞の否定形になっている。不定詞の否定形を作るとき，否定語はtoの直前に置く。

11 Use your goods for as long as possible.

goods は「商品，品物」という意味。your goods で「あなたの持ち物」を表す。for as long as possible は「できるだけ長く」という意味。

12 Recycle them when they cannot be used any longer.
S' V'

them は**11**の your goods を指す。not ... any longer は「もはや…でない」という意味。

13 Spend more money on goods that are not made of plastic.

spend ... on 〜は「…（お金など）を〜に使う」という意味。that are not made of plastic は関係代名詞 that が導く節で，名詞 goods を修飾している。

16 Rethink our future before it is too late.
S' V' C'

ここの it は漠然とした状況を表し，「それ」とは訳さない。too late は「遅過ぎる」という意味。

Grammar

関係代名詞what　関係代名詞 what に導かれる節が「…すること［もの］」という意味を表します。

The following are examples of what we can do.
(=The following are examples of the things that we can do.)
（下記は私たちができることの例です。）

What we buy should be used for a long time.
(=The things that we buy should be used for a long time.)
（私たちが買うものは長い間使われるべきです。）

解説 whatは「…すること［もの］」という意味の関係代名詞で用いられることがあり，whatに導かれる節は文の主語，補語，目的語になる。whatは the thing(s) thatに書きかえることができる。

Try It!

（　）内の語を並べかえて，ペアで対話しましょう。

1. *A* : Is this (looking / what / you're / for)?
B : No. I'm looking for a book on plastic in the ocean.

2. *A* : Look at this picture of the whale.
B : Oh, I (see / believe / can't / I / what). Its stomach is full of plastic bags.

ヒント **1.** *A*「これはあなたが探しているものですか。」
B「いいえ。私は海洋プラスチックに関する本を探しています。」
〈what + S + V〉の語順にする。

2. *A*「このクジラの写真を見なさい。」
B「わあ，私は自分が見ているものが信じられません。それの胃はビニール袋でいっぱいです。」カッコ内にはIとwhatがあり，まずwhat Iを組み立てる。文脈より，ほかの動詞は「私が見るものが信じられない」という語順にする。

練習問題

（　）内の語を並べかえなさい。

A : This is the list of (do / want / what / to / I) during the trip.
B : That's a very long list. What is at the top of it?

練習問題解答

what I want to do

解説 *A*「これは旅の間に私がしたいことのリストです。」
B「それはとても長いリストです。それのいちばん上にあるのは何ですか。」
前置詞ofの目的語になる関係代名詞whatに導かれる節を作る。〈what + S + V〉の語順にする。

Summary 1 本文の内容に合うように，空所を埋めましょう。

Part1

- 2018年5月下旬，タイ南部の砂浜で発見された瀕死のクジラの ① ＿＿＿ には約9キログラムの黒いビニール袋が入っていました。
- 多くのウミガメがビニール袋を好物の ② ＿＿＿ と誤認識して食べ，消化が妨げられて餓死します。

Part2

- ある研究によると，1950年代以来83億トンのプラスチックが ③ ＿＿＿ され，その約75%が廃棄されてきました。
- 多くの海洋プラスチックは，砕けて ④ ＿＿＿ へと形を変え，分解されるまで長い年月を要します。
- 海洋生物が ④ ＿＿＿ を食べ，さらに人間がその海洋生物を食べることで，人間は近い将来プラスチックの ⑤ ＿＿＿ 名簿に載(の)ることになるでしょう。

Part3

- プラスチックは海の ⑥ ＿＿＿ に存在し，その多くは非常に長期間とどまることになります。
- プラスチックを考えなおすことは，私たちの ⑦ ＿＿＿ を考えなおすことでもあるのです。

ヒント それぞれの教科書の参照ページを示す。①p.107の2～3行目　②p.107の11～12行目　③p.109の1～2行目　④p.109の6～8行目　⑤p.109の13～14行目　⑥p.111の1～2行目　⑦p.111の15～16行目。

Summary 2 (　　) 内に入る語を ＿＿＿ の中から選び，要約を完成しましょう。

In 2018,/ a very sick whale was found / on a beach in southern Thailand.// Its (①　　　　) was full of black plastic bags.// Sea turtles are also (②　　　　) of plastic bags.// They often (③　　　　) plastic bags for jellyfish.//

2018年，とても具合の悪いクジラが発見された　タイ南部の砂浜で　それの（ ① ）は　黒いビニール袋でいっぱいだった　ウミガメもまたビニール袋の（ ② ）だ　それらは　よくビニール袋をクラゲと（ ③ ）

About 75% of 8.3 billion tons of plastic has been (④　　　　) away.// A lot of the plastic in the ocean / breaks down into (⑤　　　　).// Humans will soon be plastic victims / by eating sea creatures that eat microplastics.//

83億トンのプラスチックの約75%が（ ④ ）されてきた　海洋にある多くのプラスチック　砕けて（ ⑤ ）になる　人間は間もなくプラスチックの犠牲者になるだろう　マイクロプラスチックを食べる海洋生物を食べることで

Plastic is everywhere in the ocean,/ and much of it will likely stay there for a very long

プラスチックは海洋の至る所にある　そしてその多くがおそらくそこにとても長い間とどまるだろう

time.// What can we do / to (⑥) the ocean?// We can do several things in our
私たちは何ができるか 海を（ ⑥ ）ために 私たちの毎日の生活で私たちはいくつか

everyday lives / with our common sense and more (⑦).//
のことができる 私たちの常識とより多くの（ ⑦ ）で

clean / effort / microplastics / mistake / stomach / thrown / victims

ヒント それぞれの教科書参照ページを示す。①p.107の2～3行目 ②p.107の8行目 ③p.107の11～12行目 ④p.109の1～3行目 ⑤p.109の6～8行目 ⑥p.111の4～5行目 ⑦p.111の6～10行目。

Vocabulary イラストをヒントに，本文に出てきた単語を書きましょう。

1. st□□□□h **2.** co□s□□e **3.** re□□□□e

ヒント 教科書p.113では，**1.** 体のシルエットに胃が描かれている。 **2.** 人物がハンバーガーを食べようとしている。 **3.**「ガラス」「紙」「プラスチック」と書かれた分別用ゴミ箱が描かれている。

Key Expressions 日本語と同じ意味になるように，（ ）内に適切な語を入れて文を言いましょう。

1. Bad weather ( ) animal doctors ( ) saving the life of a whale on the beach.
天候が悪く，獣医師たちは砂浜のクジラの命を救うことができませんでした。

2. I ( ) a rock on the seafloor ( ) a green sea turtle.
私は海底の岩をアオウミガメと見間違えました。

3. Microplastics can ( ) ( ) in the stomachs of humans.
マイクロプラスチックは最終的に人間の胃に至る可能性があります。

4. We took care of the sick dolphin for ( ) long ( ) ( ).
私たちはできるだけ長い間，病気のイルカの面倒をみました。

ヒント **1.**「天候が悪く，獣医師たちは…を救うことができませんでした」は「悪天候は獣医師たちが…を救うことを妨げた」と読みかえて，「…が～するのを妨げた」に相当する語句を入れる。 **2.**「…を～と（見）間違えました」に相当する語句を入れる。 **3.**「…に最終的に至る」に相当する語句の一部を入れる。 **4.**「できるだけ長い間」に相当する語句の一部を入れる。

Grammar for Communication 例を参考に，あなたが訪れたい場所や，行きたい時期，そこでやってみたいことについてクラスメイトに紹介する文を書きましょう。

❶ Hahajima is a place where I want to go.
❷ Summer is the season when I want to go there.
❸ Meeting dolphins in the sea is what I want to do there.

Tool Box

❶ Nagano / Kusatsu　❷ Spring / Winter / Autumn　❸ Skiing / Bathing in a hot spring
長野　草津　春　冬　秋　スキー　温泉に入ること

ヒント ❶「母島は私が行きたいと思っている場所です。」❷「夏は私がそこに行きたいと思っている季節です。」❸「海でイルカに会うことは私がそこでしたいことです。」

Action

教科書 ▶ pp.114-115,183

Scene 1 ある公園にすむ動物のニュースを聞きましょう。

Deer in Nara Park are victims of plastic.// Many tourists give food
奈良公園のシカはプラスチックの犠牲者だ　多くの観光客がシカに食べ物を
to deer.// The deer often snatch plastic bags / and eat them.// Why?//
与える　シカはよくビニール袋をさっと取る　そしてそれらを食べる　なぜか
That's because the bags smell of food.// Deer stomachs are becoming
それはその袋が食べ物のにおいがするからだ　シカの胃はゴミ箱のようになり
like garbage cans.// Four kilograms of plastic was found in a dead
つつある　4キログラムのプラスチックが死んだシカの胃の中で
deer's stomach.// Local shops have taken action.// They are selling
発見された　地元の店が行動を起こした　彼らは綿の袋を
cotton bags.// They say / that tourists should buy them before going
売っている　彼らは…を言う　観光客は公園に行く前にそれらを買うべきだということ
to the park.//

語句
- ☐ deer /díər/ 名 シカ
- ☐ snatch /snǽtʃ/ 動 …をさっと取る
- ☐ smell /smél/ 動 においがする

Listen and Answer 問いの答えを選びましょう。

1. Where do the deer in this news story live?
   a. In Ueno Park.　b. In Osaka Castle Park.　c. In Nara Park.
2. Why do the deer eat plastic bags?
   a. Because they don't have enough food.
   b. Because plastic bags are their favorite food.
   c. Because plastic bags smell of food.

3. What are local shops selling to stop the deer from eating plastic bags?
a. Cotton bags. **b.** Paper bags. **c.** Plastic cups.

ヒント **1.**「このニュース記事のシカたちはどこにすんでいますか。 **a.** 上野公園に。 **b.** 大阪城公園に。 **c.** 奈良公園に。」ニュースの1文目を参照。
2.「なぜシカはビニール袋を食べるのですか。 **a.** それらは十分な食べ物がないから。 **b.** ビニール袋はそれらがいちばん好きな食べ物だから。 **c.** ビニール袋は食べ物のにおいがするから。」5文目を参照。
3.「地元の店は，シカがビニール袋を食べるのを妨げるために何を売っていますか。 **a.** 綿の袋。 **b.** 紙袋。 **c.** プラスチックのカップ。」9文目を参照。stop ... from *doing*は「…が～するのを妨げる」という意味。

Write **Scene 2** プラスチックが原因で動物が命を落としている問題について，その対策を紹介する新聞記事を書きましょう。

1. ①の空所に，**Part 1**の本文を参考に適切な語（句）を入れましょう。
2. ②の空所に，**Part 3**の本文を参考に適切な語（句）を入れましょう。
3. 関連する写真のキャプション③～④に入る語を新聞記事の本文から抜き出し，適切な形にして入れましょう。

Deer in Nara Park, ① ＿＿＿＿ of Plastic
奈良公園のシカ，プラスチックの（ ① ）

Deer in Nara Park are ① ＿＿＿＿ of plastic bags.// Many tourists visit the park.//
奈良公園のシカはビニール袋の（ ① ）だ　多くの観光客がその公園を訪れる

They enjoy giving food to the deer.// However,/ this is the cause of death for some of the
彼らはシカに食べ物を与えることを楽しむ　しかしながら　これが何頭かのシカの死の原因である

deer.// The deer often snatch plastic bags from tourists / and eat them,/ because the bags smell
シカはよく観光客からビニール袋をさっと取る　そしてそれらを食べる　その袋が食べ物のにおいが

of food.// Sadly,/ the animals' stomachs are now becoming like garbage cans.// However,/
するため　残念なことに　その動物の胃は今やゴミ箱のようになりつつある　しかしながら

local shops have taken action.// Now,/ they sell bags ② ＿＿＿＿,/ that is, cotton bags.// They
地元の店が行動を起こした　今　彼らは（ ② ）袋を売っている　つまり，綿の袋　彼らは…を言う

say / that tourists should buy them before going to the park.//
観光客はその公園に行く前にそれらを買うべきだということ

deer eating a plastic bag　plastic in a dead deer's ③ ＿＿＿＿　a cotton ④ ＿＿＿＿
ビニール袋を食べているシカ　死んだシカの（ ③ ）にあったプラスチック　綿の（ ④ ）

ヒント **1.** 教科書p.107の8行目を参照。 **2.** 教科書p.111の12～14行目を参照。 **3.** ③は上記の6文目，④は8文目を参照。

定期テスト対策⑦ (Lesson 7)

解答⇒p.216

1 日本語の意味を表すように，____に適切な語を入れなさい。

(1) 実際には，毎年5兆枚のビニール袋が使われています。

__________ __________, five trillion plastic bags are used every year.

(2) この川は海洋に最終的に至るでしょう。

This river will __________ up __________ the ocean.

(3) 人々はよく私を兄と見間違えます。

People often __________ me __________ my brother.

(4) お金がなかったためその男性は手術を受けられませんでした。

Lack of money __________ the man __________ having the operation.

2 (　　) 内から適切な語を選び，○で囲みなさい。

(1) It was the year (when / where / what) we won the World Cup.

(2) Let's go back to the place (when / where / which) you lost your key.

(3) I couldn't catch (where / which / what) our teacher said about the test.

3 日本語に合うように，[　　] 内の語（句）を並べかえなさい。

(1) これが私の姉が働いている店です。

This is [where / my sister / the store / works].

This is ______________________________.

(2) このツアーについて私を引きつけるのはクジラを見られることです。

[this tour / what / attracts / about / me] is that I can see whales.

______________________________ is that I can see whales.

(3) 私にとって，クリスマスは家族全員が集まるときです。

For me, [the whole family / when / Christmas / gathers / the time / is].

For me, ______________________________.

(4) 1日につきどれだけ多くの牛肉が食べられているか想像しなさい。

Imagine [consumed / how much / beef / is] per day.

Imagine ______________________________ per day.

4 次の英語を日本語にしなさい。

(1) This is the place where the whale died of starvation.

____

(2) What she cooked for us yesterday was delicious.

____

5 次の英文を読んで，質問に答えなさい。

①(make / to / worse / matters), much of the plastic in the ocean breaks down into microplastics, (　②　) plastic pieces smaller than five millimeters. ③They are difficult to see because of their size. Many experts say that it will take hundreds (　④　) millions of years for this plastic to decompose. (　⑤　), sea creatures eat these small pieces of plastic. Humans, (　⑥　), consume the sea creatures. The day when humans appear on the list of plastic victims will soon come.

(1) 下線部①の（　）内の語を意味が通る英文になるように並べかえなさい。

____

(2) ②，④，⑤，⑥に入る語（句）を下からそれぞれ選んで書きなさい。

②__________　④__________　⑤__________　⑥__________

[in turn / or / in the meantime / to]

(3) 下線部③を日本語にしなさい。ただし，their sizeの数値を具体的に示すこと。

____

6 次の英文を読んで，質問に答えなさい。

①The following are examples of what we can do in our everyday lives. Just use your ②common sense. Do not litter. Use refillable water bottles. Try not to use plastic bags.

Other measures need more effort. Use your goods for as long as possible. ③Recycle them when they cannot be used any longer. Spend more money on goods that are not made of plastic. When you buy clothes, choose natural materials.

(1) 下線部①を日本語にしなさい。

____

(2) 下線部②について，本文中の具体例を3つ日本語で書きなさい。

____

(3) 下線部③を日本語にしなさい。

____

Lesson 8 Oh My Cod!

Get Started! 教科書▶p.119

写真を見て話し合ってみましょう。

List as many things about the U.K. as you can.

ヒント「イギリスについてできるだけ多くのことをリストにしなさい。」

語句

□ cod /kɑ́:d/ 名 タラ

Part 1 教科書▶pp.120-121

イラストを見て語（句）の意味を推測しましょう。

1. supper **2.** batter **3.** salt and vinegar

ヒント 教科書p.120では，**1.** テーブルの上に食べ物があり，夜空に月と星が見えている。**2.** 魚の切り身に粉をつけている。 **3.** 白い粉状の調味料と茶色がかった調味料が描かれている。

本文を読んで，（ ）内に適切な語を入れましょう。

The fish is coated in (①) and then deep fried.

The chips are usually (②) than fried potatoes in other countries.

A takeout fish and chips used to be wrapped in old (③).

ヒント「魚は(①)で覆われ，そしてそれから油で揚げられます。」「フライドポテトはふつうほかの国々のフライドポテトより(②)です。」「持ち帰り用のフィッシュ・アンド・チップスは古い(③)で包まれていたものでした。」①は教科書p.121の6～7行目，②は8～10行目，③は13～14行目を参照。

What is your favorite traditional Japanese food?

例 My favorite traditional Japanese food is sushi.

Plus One

ヒント「あなたのいちばん好きな伝統的な日本食は何ですか。」例「私のいちばん好きな伝統的な日本食はすしです。」

本文

1 Tempura is a traditional Japanese dish.// **2** In the U.K.,/ we have a similar dish.// **3** What is it?// **4** It is fish and chips.// **5** Many people say / it is the most famous dish in the U.K.// **6** It is also known

てんぷらは伝統的な日本の料理だ　イギリスでは　似ている料理がある　それは何か　それはフィッシュ・アンド・チップスだ　多くの人々が言う　それはイギリスで最も有名な料理だと　それはまた

語句

□ tempura /tempʊ́rə/ 名 てんぷら

□ fish and chips /fìʃ en tʃíps/ 名 フィッシュ・アンド・チップス

as a fish supper / because it is often eaten in the evening.//
魚の夕食として知られている　それがよく夜に食べられるので

7 White-meat fish is used for fish and chips.// **8** It is coated in
白身の魚がフィッシュ・アンド・チップスに使われる　それはころもで
batter / and then deep fried like tempura.// **9** The batter gives the fish
覆われ　そしてそれからてんぷらのように油で揚げられる　ころもは魚にすばらしく
a wonderful, golden, crunchy "coat."// **10** The chips are usually thicker
黄金色でさくさくした「コート」を与える　フライドポテトはふつうほかの国々
than fried potatoes in other countries / such as the U.S. and Canada.//
のフライドポテトより太い　たとえばアメリカやカナダのような
11 Just salt and vinegar are the common seasonings for fish and
塩と酢だけがフィッシュ・アンド・チップスの一般的な調味料だ
chips.//

12 You can eat fish and chips in the shop or take it home.//
フィッシュ・アンド・チップスを店で食べることも家に持ち帰ることもできる
13 Traditionally,/ a takeout fish and chips was always wrapped in old
伝統的には　持ち帰り用のフィッシュ・アンド・チップスはいつも古い新聞紙
newspaper.// **14** People believed / that the newspaper absorbed oil,/
に包まれていた　人々は…を信じた　その新聞紙が油を吸収するということ
making the taste better.// **15** It also kept the food warm.//
その味をより良くして　それはまたその食べ物を温かく保った
16 However,/ this practice stopped / because it was not clean.//
けれども　この慣習は止まった　それが清潔でなかったため

- □ supper /sʌ́pər/
  名 夕食
- □ white-meat /wáɪtmìːt/
  形 白身の
- □ batter /bǽtər/
  名 ころも
- □ fried /fráɪd/ (< fry /fráɪ/)
  動 …を揚げる
- □ crunchy /krʌ́ntʃi/
  形 さくさくした
- □ chip(s) /tʃíp(s)/
  名 フライドポテト
- □ fried /fráɪd/
  形 揚げられた
- □ vinegar /vínəgər/
  名 酢
- □ seasoning(s) /síːzənɪŋ(z)/
  名 調味（料）
- □ traditionally /trədíʃənəli/
  副 伝統的に，慣習的に
- □ takeout /téɪkàʊt/
  形 持ち帰り用の
- □ absorb(ed) /əbzɔ́ːrb(d)/
  動 …を吸収する

読解のポイント

2 In the U.K., we have a similar dish.
(we = S, have = V, a similar dish = O)

weが用いられているのは，発表者がイギリスから来た留学生のエマのためで，「私たち」と訳さないのが自然。a similar dish「似ている料理」は，**1**の文のTempuraに似ているということ。

6 It is also known as a fish supper because it is often eaten in the evening.
(It = S, is also known = V, as a fish supper; it = S', is often eaten = V')

Itとitは**4**のfish and chipsを指す。fish and chips は1つの料理とみなすときは単数として扱う。*be* known as ... は「…として知られている」という意味。

8 It is coated in batter and then deep fried like tempura.
S V V

It は 7 の White-meat fish を指す。coat ... in ～は「…を～で覆う」，deep fry は「…を（たっぷりの）油で揚げる」という意味で，両方とも受け身で用いられている。

10 The chips are usually thicker than fried potatoes in other countries such as the U.S. and Canada.
S V C

比較級を使った文。thick はフライドポテトの形状から「太い」と訳すとよい。such as ... は「たとえば…のような」という意味で，other countries を後ろから修飾している。

11 Just salt and vinegar are the common seasonings for fish and chips.
S V C

Just は salt and vinegar を修飾して「ただ…だけ」という意味。

12 You can eat fish and chips in the shop or take it home.
S V O V O

or の後ろには you can が省略されている。it はこの文の fish and chips を指す。

13 Traditionally, a takeout fish and chips was always wrapped in old newspaper.
S V

Traditionally は「伝統的に」という意味で，文全体を修飾している。wrap ... in ～は「…を～で包む」という意味で，受け身で用いられている。

14 People believed [that the newspaper absorbed oil, making the taste better].
S V O S' V' O' 分詞構文（結果）

believed の目的語は that 節で，それに続く分詞構文が the newspaper absorbed oil の結果を表している。making the taste better は〈make＋O＋C〉「O を C にする」の形。⇒ Grammar

15 It also kept the food warm.
S V O C

It は 14 の the newspaper を指す。the food は「新聞紙に包まれた持ち帰り用のフィッシュ・アンド・チップス」のこと。〈keep＋O＋C〉は「O を C（の状態）に保つ」という意味。

16 However, this practice stopped because it was not clean.
S V S' V' C'

practice はここでは「慣習，習慣」という意味で，this practice は 13 の文の a takeout fish and chips was always wrapped in old newspaper を指している。it はこの文の this practice を指す。

Grammar

現在分詞の分詞構文　動詞の-ing形で始まる句が，時・理由・結果などを表します。

Watching TV, I mixed the flour.　時
テレビを見ながら
(テレビを見ながら，私は小麦粉を混ぜ合わせました。)

Living alone, I have to do all the housework.　理由
ひとりで住んでいるので
(ひとりで住んでいるので，私はすべての家事をしなければなりません。)

The newspaper absorbed oil, making the taste better.　結果
そしてその味をより良くして
(その新聞紙が油を吸収し，その味をより良くしました。)

解説 分詞が副詞的に用いられ，文に「時」や「理由」などの情報を加えるものを分詞構文という。現在分詞の分詞構文は〈接続詞 + S + V ...〉の働きをする。文脈によって，「…しながら」(2つの動作が同時に起きていることを表す)，「…なので」(理由)，「…して (そして)」(結果) などの情報を加えることができる。基本的には分詞構文の主語と文の主語は一致する。また，分詞構文は文の初めにきたり，最後にきたりするほか，文の真ん中にくることもある (例)。

例 The firefly squid, noticing its predator, flashed light.
(そのホタルイカは，捕食動物に気づき，ぴかっと光った。)

Try It!

(　　) 内に適切な語を入れて，声に出して文を読みましょう。

1. Emma and her friends often talk in the shop while they are eating fish and chips.
   = (　　　　) fish and chips, Emma and her friends often talk in the shop.
2. When Emma looked into the shop, she saw her friends.
   = (　　　　) into the shop, Emma saw her friends.

ヒント 1.「エマと彼女の友達はフィッシュ・アンド・チップスを食べている間，よくその店で話します。」while they are eatingの部分の動詞を，現在分詞1語として入れる。
2.「エマがその店の中をのぞいたとき，彼女は友達を見かけました。」When Emma lookedの部分の動詞を，現在分詞1語として入れる。

練習問題

(　　) 内に適切な語を入れなさい。

Because I forgot his name, I asked Emily who he was.
= (　　　　) his name, I asked Emily who he was.

練習問題解答

Forgetting

解説 「彼の名前を忘れたので，私はエミリーに彼が誰であるかを尋ねました。」Because I forgotの部分の動詞を，理由を表す現在分詞の分詞構文になるForgettingとして入れる。

フィッシュ・アンド・チップスは主にどのような人々に食べられていたのでしょうか。下から1つ選びましょう。

1. rich people **2.** workers **3.** elderly people

ヒント **1.**「裕福な人々」 **2.**「労働者」 **3.**「高齢の人々」

本文を読んで，（ ）内に適切な語や数字を入れましょう。

At the beginning of the 19th century	Fried fish and fried potatoes were sold（① ）.
In the middle of the 19th century	Someone came up with the bright idea of putting the fried fish and the potatoes（② ）.
At the beginning of the 20th century	London had about（③ ）fish-and-chip shops.

ヒント 19世紀初頭「揚げた魚とフライドポテトは(①)売られていました。」
19世紀半ば「誰かが揚げた魚とポテトを(②)入れるという気のきいたアイディアを思いつきました。」
20世紀初頭「ロンドンには約(③)のフィッシュ・アンド・チップスの店がありました。」
①は教科書p.123の5～7行目，②は8～10行目，③は14～15行目を参照。

Speak / Write

What is your favorite fast food?

例 My favorite fast food is hamburgers.

Plus One

ヒント「あなたのいちばん好きなファーストフードは何ですか。」 例「私のいちばん好きなファーストフードはハンバーガーです。」

本文

1 People started eating fried fish and fried potatoes / at the beginning of the 19th century.// **2** Around that time,/ during the Industrial Revolution,/ workers had to work long hours with low pay.// **3** They wanted cheap and nutritious food / that could be cooked quickly.// **4** Fried fish and fried potatoes were just what they needed.// **5** However,/ they were sold separately.//

人々は揚げた魚とフライドポテトを食べ始めた 19世紀初頭に ちょうどその頃 産業革命の間に 労働者は低い賃金で長時間働かなければならなかった 彼らは安くて栄養のある食べ物が欲しかった すぐに料理されうる 揚げた魚とフライドポテトはまさに彼らが必要としていたものだった けれども それらは別々に売られていた

語句

- □ Industrial Revolution /ɪndʌ́striəl rèvəlúːʃən/ 名 産業革命
- □ nutritious /njuːtríʃəs/ 形 栄養のある
- □ separately /sépərətli/ 副 別々に
- □ instant /ínstənt/ 形 即時の

6 In the middle of the 19th century,/ someone came up with the bright idea / of putting the fried fish and the potatoes together.//
19世紀半ばに　誰かが気のきいたアイディアを思いついた　揚げた魚とそのポテトをいっしょにするという

7 The idea was an instant hit.// **8** Today / fish and chips seems a natural pair of foods,/ like curry and rice.//
そのアイディアはすぐにヒットした　今日　フィッシュ・アンド・チップスは当然の食べ物の組み合わせのように思われる　カレーライスのように

9 At the beginning of the 20th century,/ every neighborhood in Britain had its fish-and-chip shop,/ which is often called a "chippie."//
20世紀初頭に　英国のあらゆる地域にフィッシュ・アンド・チップスの店があった　そしてそれはよく「チッピー」と呼ばれている

10 London alone had about 1,200 chippies.//
ロンドンだけでも約1,200のフィッシュ・アンド・チップスの店があった

□ neighborhood /néɪbərhʊ̀d/
名 地域，場所

□ Britain /brítn/
名 英国

□ chippie /tʃípi/
名 フィッシュ・アンド・チップスの店

□ at the beginning of ...
…の初めに

□ in the middle of ...
…の半ばに

□ come up with ...
…を思いつく

読解のポイント

1 People started eating fried fish and fried potatoes at the beginning of the 19th century.
(S: People　V: started　O: eating fried fish and fried potatoes)

at the beginning of ... は「…の初めに」という意味。

2 Around that time, during the Industrial Revolution, workers had to work long hours with low pay.
(S: workers　V: had to work　← long hours / with low pay)

that time は**1**の文の the beginning of the 19th century を指している。with low pay は「低い賃金で」という意味で，動詞を修飾している。

3 They wanted cheap and nutritious food that could be cooked quickly.
(S: They　V: wanted　O: food ← cheap and nutritious / 関係代名詞thatが導く節)

They は**2**の文の workers を指している。food は前から cheap and nutritious が，後ろから関係代名詞 that が導く節が修飾している。could be cooked は〈助動詞＋受け身〉の文。

4 Fried fish and fried potatoes were just what they needed.
(S: Fried fish and fried potatoes　V: were　C: what they needed ← just)

what they needed は「彼らが必要としていたもの」という意味で，関係代名詞 what に導かれる節がこの文の補語である。they は**2**の文の workers を指している。just は「まさに，ちょうど」という意味。

5 **However, they were sold separately.**

S V

they は**4**の文のFried fish and fried potatoes を指している。受け身の文で，separately は were sold を修飾している。

6 **In the middle of the 19th century, someone came up with the bright idea of putting the fried fish and the potatoes together.**

S V O =

In the middle of ... は「…の半ばに」，come up with ... は「…を思いつく」，bright idea は「気のきいたアイディア」という意味。bright idea と putting the fried fish and the potatoes together の間にある of は，この**2**つの句をイコールの関係にする働きがあり，「…という」という意味。put ... together は「…をいっしょにする」という意味。

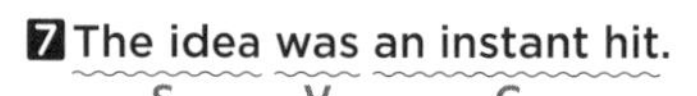

7 **The idea was an instant hit.**

S V C

The idea は**6**の文の the bright idea を指している。instant hit は「すぐにヒットすること」という意味。

8 **Today fish and chips seems a natural pair of foods, like curry and rice.**

S V C

〈seem＋名詞〉は「…のように思われる」という意味。like は前置詞で「…のような」という意味。

9 **At the beginning of the 20th century, every neighborhood in Britain had its fish-and-chip shop, which is often called a "chippie."**

S V O

関係代名詞の非制限用法

its は 直前の every neighborhood を指しているが，「それの」と訳さないほうが自然。コンマの後ろに続く which is often called a "chippie" は，先行詞 its fish-and-chip shop に情報を加えている。

⇒ Grammar

10 **London alone had about 1,200 chippies.**

S V O

alone は直前の London を修飾しており，「ロンドンだけで」という意味になる。

Grammar

関係代名詞の非制限用法　コンマがついた関係代名詞の節が先行詞に様々な情報を加えます。

Every neighborhood in Britain had its fish-and-chip shop, which is often called a "chippie."

先行詞　よく「チッピー」と呼ばれる

（英国のあらゆる地域にはフィッシュ・アンド・チップスの店がありましたが，それはよく「チッピー」と呼ばれています。）

My father, who lives in London, often eats fish and chips.

先行詞　ロンドンに住んでいるが

（私の父は，ロンドンに住んでいるのですが，よくフィッシュ・アンド・チップスを食べます。）

解説 関係代名詞の非制限用法は，先行詞のあとにコンマを置き，先行詞に様々な情報を加える。非制限用法の関係代名詞は〈接続詞（and / but / because）＋代名詞〉で書きかえることができる。非制限用法で用いられる先行詞は，①文脈から特定できるもの（前記のits fish-and-chip shop），②1人［つ］しかないもの（前記のMy father），③固有名詞が主に用いられる。関係代名詞の使い分けは，先行詞のあとにコンマがない（制限用法という）場合と同じである（ただし，thatは非制限用法には使われない）。

Try It!

(　　) 内に適切な語を入れて，声に出して文を読みましょう。

1. Fish and chips is popular in London, (　　　　) is the largest city in the U.K.

2. Fish and chips was introduced to the class by Emma, (　　　　) is a student from the U.K.

ヒント **1.**「フィッシュ・アンド・チップスはロンドンでは人気がありますが，ロンドンはイギリスで最も大きな都市です。」コンマ以下の節が先行詞Londonに情報を加えている。Londonは人以外の「物」を表す。

2.「フィッシュ・アンド・チップスはエマによってクラスに紹介されましたが，彼女はイギリス出身の生徒です。」コンマ以下の節が先行詞Emmaに情報を加えている。Emmaは「人」を表す。

練習問題

(　　) 内に適切な語を入れなさい。

1. My mother works at the city library, (　　　　) is a five-minute walk from here.

2. Tony, (　　　　) is the shortest person in our basketball team, is a really good player.

練習問題解答

1. which　**2.** who

解説 **1.**「私の母は市立図書館で働いていますが，それはここから歩いて5分です。」コンマ以下の節が先行詞libraryに情報を加えている。libraryは「物」なのでwhichを入れる。

2.「トニーは，私たちのバスケットボールチームでいちばん背の低い人ですが，本当に良い選手です。」コンマからteamまでの節が先行詞Tonyに情報を加えている。Tonyは「人」なのでwhoを入れる。

イラストを見て，語（句）の意味を推測しましょう。

1. cod　**2.** early explorer　**3.** fisherman

ヒント 教科書p.124では，**1.** 背部に色があり，腹部は白い魚が描かれている。 **2.** 望遠鏡を持った人物と，背後に帆船が描かれている。 **3.** 船に乗った人物が手に大きな魚を持ち，船には多くの魚が積まれている。

本文を読んで，（　　）内に適切な語や数字を入れましょう。

In the 15th century	Early（①　　　　）said, “You can walk from your ship to the shore on the backs of the fish without getting your feet wet.”
At the beginning of the 20th century	More than（②　　　　）cod a day were caught by one fisherman.
By the（③　　　　）of the 20th century	Almost no cod were caught off the Grand Banks.

ヒント 15世紀「初期の(①　　)は『足をぬらさないで，魚の背中の上を船から岸まで歩くことができる』と言いました。」
20世紀初頭「1日につき(②　　)を超えるタラが1人の漁師によってつかまえられました。」
20世紀の(③　　)までに「タラはグランドバンクス沖でほとんどつかまえられませんでした。」①は教科書p.125の2～6行目，②は8～10行目，③は10～11行目を参照。

What fish is eaten a lot in Japan?

例 Tuna is.

Plus One

ヒント「日本では何の魚が多く食べられていますか。」 例 「マグロです。」

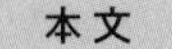

1 The white-meat fish used for fish and chips was cod.// **2** In
フィッシュ・アンド・チップスに使われている白身の魚はタラだった

the 15th century,/ early explorers went to North America / and they
15世紀に　初期の探検家は北アメリカに行った　そして彼らは

saw a great number of cod / off the Grand Banks of Newfoundland.//
非常に多くのタラを見た　ニューファンドランドのグランドバンクス沖で

3 They said,/ “You can walk from your ship to the shore / on the
彼らは言った　「船から岸まで歩くことができる

backs of the fish / without getting your feet wet.”//
魚の背中の上を　足をぬらさないで」

4 Now, / however, / it is a different story.// **5** The cod are no
今は　けれども　話が異なる　タラはもはや

語句

- explorer(s) /ɪksplɔ́ːrər(z)/ 名 探検家
- North America /nɔ́ːrθ əmérɪkə/ 名 北アメリカ
- Grand Banks /grǽnd bǽŋks/ 名 グランドバンクス

longer found in their former numbers.// **6** At the beginning of the
以前の数では見つけられていない　20世紀初頭には

20th century,/ one fisherman caught over 500 cod a day.//
1人の漁師が1日につき500を超えるタラをつかまえた

7 However,/ by the end of the century,/ the cod had almost gone.//
けれども　その世紀の終わりまでには　タラはほとんどいなくなってしまった

8 Everything has a limit.// **9** We should use food resources
何事にも限界がある　私たちは持続できるように食料資源を使うべきだ

sustainably.// **10** Otherwise,/ how much longer can we enjoy our fish
そうでなければ　あとどのくらい長く私たちは魚の夕食を楽しめ

suppers,/ or even sushi?//
るだろうか　もしくはスシでさえも

- □ Newfoundland /nú:fəndlənd/ 名 ニューファンドランド
- □ shore /ʃɔ́:r/ 名 岸
- □ former /fɔ́:rmər/ 形 以前の，かつての
- □ fisherman /fíʃərmən/ 名 漁師
- □ limit /límət/ 名 限界
- □ sustainably /səstéɪnəbli/ 副 持続可能に
- □ otherwise /ʌ́ðərwàɪz/ 副 そうでなければ

- □ a great number of ... 非常に多くの…
- □ without *doing* …しないで
- □ no longer ... もはや…ない
- □ by the end of ... …の終わりまでには

読解のポイント

1 The white-meat fish **used for fish and chips** was cod.
S（The white-meat fish）← 過去分詞の後置修飾（used for fish and chips）　V（was）　C（cod）

過去分詞を含む語句used for fish and chipsはThe white-meat fishを後ろから修飾している。

2 In the 15th century, early explorers went **to North America** and they saw a great number of cod **off the Grand Banks** **of Newfoundland**.
S（early explorers）　V（went）　S（they）　V（saw）　O（a great number of cod）

they は直前のearly explorersを指している。offは「…沖で［に］」という意味の前置詞。

3 They said, ["You can walk from your ship to the shore on the backs of the fish without getting your feet wet]."

S V O S' V'

They は**2**の文の early explorers を指す。the backs の back は「背中」という意味の名詞で，the fish は**2**の文の a great number of cod off the Grand Banks を指している。without getting your feet wet は「足をぬらさずに」という意味で，〈without＋動名詞〉は「…せずに」，〈get＋O＋C（形容詞）〉は「…を～（の状態）にする」という意味を表す。

4 Now, however, it is a different story.

S V C

3の文までは15世紀のことを述べていたのに対し，Now, however とあり，15世紀と現在の対比を明示している。it は漠然とした状況を表し，「それ」とは訳さない。it is a different story は「状況が異なっている」という意味。

5 The cod are no longer found in their former numbers.

S V

受け身の文で，no longer「もはや…ない」が are と found の間に置かれている。in their former numbers「それらの以前の数で」という意味で，their はこの文の The cod を指している。

6 At the beginning of the 20th century, one fisherman caught over 500 cod a day.

S V O

5の their former numbers を説明した文。

7 However, by the end of the century, the cod had almost gone.

S V 〈had＋過去分詞〉

by the end of ... は「…の終わりまでには」という意味。the century は**6**の文の the 20th century を指す。had almost gone は「ほとんどいなくなってしまった」という意味で，過去完了形〈had＋過去分詞〉を用いて「20世紀の終わり」までに起こった出来事を表している。⇒ Grammar

9 We should use food resources sustainably.

S V O

sustainably は「持続可能に」という意味で，動詞を修飾している。この文で，タラの数が減少したのは乱獲が原因だと示唆している。

10 Otherwise, how much longer can we enjoy our fish suppers, or even sushi?

Otherwise は「そうでなければ」という意味で，**9**の文を受けて，「もし私たちが食料資源を持続可能に使わなかったら」という意味を表す。how much longer ...? は「どれだけより長く…か」という意味。主語が we であるのは，イギリスから来た留学生のエマが話者であるため。fish suppers は Part 1からの話題である fish and chips を指す。文末の or even sushi は「すし」の話題を持ち出すことで，日本人の生徒の関心を促している。

Grammar

過去完了形 〈had＋過去分詞〉で，過去のある時点までの完了・経験・継続などを表します。

By the end of the century, the cod had almost gone. 完了
過去のある時点まで　「いなくなってしまった」
(その世紀の終わりまでには，タラはほとんどいなくなってしまいました。)

I had been to North America several times before I met you. 経験
「行ったことがあった」　過去のある時点まで
(私はあなたに会う前に数回北アメリカに行ったことがありました。)

He had cooked fish and chips for about ten years before he married her. 継続
「料理していた」　過去のある時点まで
(彼は彼女と結婚する前に，約10年間フィッシュ・アンド・チップスを料理していました。)

解説 現在完了形〈have [has]＋過去分詞〉が現在の「時」を基準にして，今までに完了したこと，経験したこと，継続していることを述べるのに対し，過去完了形〈had＋過去分詞〉は基準とする「時」が「過去のある時点」となる。

Try It!

日本語と同じ意味になるように，(　　) 内の語（句）を並べかえて，声に出して文を読みましょう。

1. I (eaten / fish and chips / had / never) until then.
私はそのときまで一度もフィッシュ・アンド・チップスを食べたことがありませんでした。

2. *Unagi* (almost / by the end of / gone / had) the 20th century.
20世紀の終わりまでにはウナギはほとんどいなくなってしまいました。

ヒント 1.「そのときまで…食べたことがありませんでした」は過去のある時点まで経験しなかったことを述べているので，〈had＋never＋過去分詞 ...〉の語順にする。
2.「終わりまでには…いなくなってしまいました」は過去のある時点までに完了したことを述べているので，〈had＋過去分詞＋by the end of 〜〉の語順にする。almostは過去分詞の前に置く。

練習問題

日本語と同じ意味になるように，(　　) 内の語を並べかえなさい。

My sister (left / had / for / already) school when I got up.
私の姉は，私が起きたときにはすでに学校に向かって出発していました。

練習問題解答

had already left for

解説 「私が起きたときには…出発していました」は過去のある時点までに完了したことを述べているので，had already left forの語順にする。alreadyは過去分詞の前に置く。

Summary 1 本文の内容に合うように，空所を埋めましょう。

Part1

- フィッシュ・アンド・チップスはイギリスで最も ① ＿＿＿ な食べ物だと言われています。
- 伝統的には，店からフィッシュ・アンド・チップスを持ち帰るときは ② ＿＿＿ に包まれていました。

Part2

- 19世紀初頭に，揚げた魚とポテトが主に ③ ＿＿＿ によって食べられるようになりましたが，2つは別々に売られていました。
- ④ ＿＿＿ 半ばに，揚げた魚とポテトをいっしょにするアイディアが考え出されました。

Part3

- フィッシュ・アンド・チップスに使われた魚は ⑤ ＿＿＿ でした。
- 20世紀初頭には1人の漁師が1日に ⑥ ＿＿＿ 匹以上のタラをつかまえました。
- ⑦ ＿＿＿ の終わりまでにはタラはほとんどいなくなってしまいました。

ヒント それぞれの教科書参照ページを示す。①p.121の3行目　②p.121の13～14行目　③p.123の2～7行目　④p.123の8～10行目　⑤p.125の1行目　⑥p.125の8～10行目　⑦p.125の10～11行目

Summary 2 （　）内に入る語（句）を ＿＿＿ の中から選び，要約を完成しましょう。

Many people say / fish and chips is the most (①　　　　) food in the U.K.//
多くの人々が…を言う　フィッシュ・アンド・チップスはイギリスで最も（ ① ）食べ物だということ

Traditionally,/ a takeout fish and chips was wrapped in old (②　　　　) / because people believed it absorbed oil.//
伝統的には　持ち帰り用のフィッシュ・アンド・チップスは古い（ ② ）に包まれた　人々はそれが油を吸収すると思っていたから

With the Industrial Revolution,/ workers needed fried fish and fried potatoes / because they were cheap and (③　　　　) food / that could be cooked quickly.// However,/ fried fish and fried potatoes were sold (④　　　　).// In the middle of the 19th century,/ someone came up with the idea / of putting the fried fish and the potatoes (⑤　　　　).//
産業革命とともに　労働者は揚げた魚とフライドポテトを必要とした　それらが安くて（ ③ ）食べ物だったから　すぐに調理されうる　けれども　揚げた魚とフライドポテトは（ ④ ）売られていた　19世紀半ばに　誰かがアイディアを思いついた　揚げた魚とポテトを（ ⑤ ）するという

At the beginning of the 20th century,/ London alone had about (⑥　　　　) fish-and-chip shops.//
20世紀初頭に　ロンドンだけでも約（ ⑥ ）のフィッシュ・アンド・チップスの店があった

There were once so many cod off the (⑦　　　　) of Newfoundland.// However,/ the
かつてニューファンドランドの（ ⑦ ）沖にはとても多くのタラがいた　けれども

cod had almost gone / by the (⑧　　　　) of the 20th century.//
タラはほとんどいなくなってしまった　20世紀の（ ⑧ ）までに

end / famous / Grand Banks / newspaper / nutritious / separately / together / 1,200

ヒント それぞれの教科書参照ページを示す。①p.121の3行目　②p.121の13～14行目　③p.123の2～5行目　④p.123の6～7行目　⑤p.123の8～10行目　⑥p.123の14～15行目　⑦p.125の2～4行目　⑧p.125の10～11行目

Vocabulary

イラストをヒントに，本文に出てきた単語を書きましょう。

1. s□□□□□□□g　**2.** e□□□□□er　**3.** f□□□□□man

ヒント 教科書p.127では，**1.** 塩，ケチャップなどの調味料が描かれている。　**2.** 茂みの中にいる男性が双眼鏡をのぞいている。　**3.** 船に乗った人物が手に大きな魚を持ち，船には多くの魚が積まれている。

Key Expressions

日本語と同じ意味になるように，（　）内に適切な語を入れて文を言いましょう。

1. Who (　　　) (　　　) (　　　) the idea of the dish?
誰がその料理のアイディアを思いつきましたか。

2. There were a (　　　) (　　　) (　　　) tuna in the sea near Japan.
日本近海には非常に多くのマグロがいました。

3. Fishermen can (　　　) (　　　) catch many cod.
漁師はもはやたくさんのタラをつかまえることができません。

ヒント **1.**「…を思いつきました」に相当する語句を入れる。過去の文である点に注意。　**2.**「非常に多くの」に相当する語句を入れる。　**3.**「もはや…ない」に相当する語句を入れる。

Grammar for Communication

例を参考に，旅行で体験したことをブログに書きましょう。

I went to ❶ Seoul, which is famous for ❷ its delicious food. ❸ Walking in a restaurant area, I smelled lots of wonderful dishes there. I had a great time because ❹ I had never eaten Korean food before.

Tool Box

❶ Hakodate / Kamakura
函館　鎌倉

❷ its beautiful night view / many temples and shrines
その美しい夜景　多くの寺と神社

❸ Riding on a ropeway, I saw the whole city from the top of the mountain/
ロープウェイに乗って，私は山の頂上から街全体を見ました

Walking along the streets, I found many shops selling Japanese traditional goods
通りに沿って歩いているとき，私は日本の伝統的な品物を売っている多くの店を見つけました

❹ I had never been there before
私は以前一度もそこに行ったことがありませんでした

ヒント「私はソウルに行きましたが，そこはとてもおいしい食べ物で有名です。レストラン街を歩いているとき，私はそこで多くのすばらしい料理のにおいを感じました。私は以前に一度も韓国料理を食べたことがなかったので，すばらしいときを過ごしました。」

教科書 ▶pp.128-129,183

Scene 1　賢，エマ，ジョンの会話を聞きましょう。

Ken: What will we eat for dinner?//
賢：　夕食に何を食べようか

Emma: I'd like sushi.//
エマ：　私はすしが食べたい

Ken: That sounds nice.//
賢：　それは良さそうだ

John: Do you know / the number of tuna in the Pacific Ocean has decreased?//
ジョン：あなたは…を知っているか　太平洋のマグロの数が減ってしまったということ

Emma: Why?//
エマ：　なぜ

John: Because too many tuna were caught before.//
ジョン：以前にあまりにも多くのマグロがつかまえられたからだ

Emma: Do you mean / Japanese people ate too much tuna for sushi?//
エマ：　あなたは…ということか　日本人がすしのためにあまりにも多くのマグロを食べた

John: You are right.// We should stop eating tuna,/ or we won't be able to eat sushi soon.//
ジョン：　その通り　私たちはマグロを食べるのをやめるべきだ　さもなければ　私たちは間もなくすしを食べられなくなるだろう

Ken: Then,/ what about eating *unagi*?//
賢：　それなら　ウナギを食べるのはどうか

語句

☐ Pacific Ocean /pəsífɪk óʊʃən/ 名 太平洋

Emma: Their number has decreased, too!//
エマ：　　　それらの数も減ってしまった

Listen and Answer　問いの答えを選びましょう。

1. What does Emma want to eat for dinner?
a. *Unagi.*　　**b.** Sushi.　　**c.** Tempura.

2. Why has the number of tuna in the Pacific Ocean decreased?
a. Because too many tuna were caught before.
b. Because the number of fishermen is increasing.
c. Because tuna are eaten by whales.

3. According to John, what should Japanese people do to increase the number of tuna?
a. We should import tuna from other countries.
b. We should eat whales.　　**c.** We should stop eating tuna.

ヒント **1.**「エマは夕食に何を食べたいと思っていますか。**a.** ウナギ。**b.** すし。**c.** てんぷら。」最初の賢とエマの発言を参照。**2.**「なぜ太平洋のマグロの数が減ったのですか。**a.** 以前にあまりにも多くのマグロがつかまえられたため。**b.** 漁師の数が増えているため。**c.** マグロがクジラによって食べられているため。」ジョンの2番目の発言を参照。　**3.**「ジョンによれば，マグロの数を増やすために日本人は何をすべきですか。**a.** 私たちはほかの国からマグロを輸入すべきです。**b.** 私たちはクジラを食べるべきです。**c.** 私たちはマグロを食べるのをやめるべきです。」ジョンの3番目の発言の2文目を参照。

Scene 2　太平洋クロマグロについて，発表用の原稿を作りましょう。

1. ①の空所に，**Part 1**の本文を参考に適切な語（句）を入れましょう。
2. ②の空所に，**Part 2**の本文を参考に適切な語（句）を入れましょう。
3. ③の空所に，**Part 3**の本文を参考に適切な語（句）を入れましょう。

Bluefin Tuna in the Pacific Ocean
太平洋のクロマグロ

Many people say / sushi is ①＿＿＿＿ dish in Japan.// Tokyo ②＿＿＿＿ about 3,600
多くの人々が…と言う　すしは日本で（ ① ）料理だ　東京には約3,600のすし店が（ ② ）

sushi shops.// However,/ the number of bluefin tuna has decreased.// In 1960,/ there were
けれども　クロマグロの数は減ってしまった　1960年には

more than 150 thousand tons of bluefin tuna.// However,/ in 2010,/ there were less than 50
15万トン以上のクロマグロがいた　けれども　2010年には　5万トンに

thousand tons.// If we continue to eat sushi as we do now,/ ③＿＿＿＿ can we enjoy it?//
満たなかった　もし私たちが今しているようにすしを食べ続けたら（ ③ ）私たちはそれを楽しめるだろうか

ヒント **1.** 教科書p.121の3行目を参照。　**2.** p.123の14～15行目を参照。直前の文はsushi isと現在の文である点に注目。　**3.** p.125の12～13文目を参照。

定期テスト対策⑧ (Lesson 8)

解答⇒p.217

1 日本語の意味を表すように，＿＿に適切な語を入れなさい。

(1) この町では冬の半ばに大きなお祭りがあります。

We have a big festival ＿＿＿＿＿＿ ＿＿＿＿＿＿ ＿＿＿＿＿＿ ＿＿＿＿＿＿ winter in this town.

(2) 次のバスに乗りなさい。そうでなければ，あなたは3時までに家に着くことができないでしょう。

Take the next bus. ＿＿＿＿＿＿, you won't be able to get home by three.

(3) 彼は一言も言わずに，ただうなずきました。

He just nodded ＿＿＿＿＿＿ ＿＿＿＿＿＿ a word.

(4) 彼女は今月の終わりまでには戻ってくるでしょう。

She will be back ＿＿＿＿＿＿ ＿＿＿＿＿＿ ＿＿＿＿＿＿ ＿＿＿＿＿＿ this month.

(5) 私の父はもはやパイプを1本も持っていません。彼は喫煙をやめました。

My father ＿＿＿＿＿＿ ＿＿＿＿＿＿ has any pipes. He quit smoking.

2 (　　) 内から適切な語を選び，〇で囲みなさい。

(1) I (have / had) never skied until our family moved to Nagano.

(2) There, I watched bouldering (which / , which) I found an interesting sport.

(3) Do you know any girls (who / , who) can run fast?

(4) I did my homework, (listened / listening) to my favorite music.

(5) We (have / had) heard about each other before we actually met.

3 日本語に合うように，[　　] 内の語（句）を並べかえなさい。

(1) 駅へ歩いているときに，彼女は新しいドラッグストアを見つけました。

[the / to / walking / station], she found a new drugstore.

＿＿＿＿＿＿＿＿＿＿＿＿＿＿＿＿＿＿, she found a new drugstore.

(2) 彼には1人の妹がいて，彼女は動物の行動を研究しています。

He has [, / animal behavior / is / who / studying / a sister].

He has ＿＿＿＿＿＿＿＿＿＿＿＿＿＿＿＿＿＿＿＿＿＿＿＿.

(3) 彼女はザンビアで働き始める前に海外に行ったことがありませんでした。

[had / never / she / been / abroad] before she started working in Zambia.

＿＿＿＿＿＿＿＿＿＿＿＿＿＿＿＿＿＿ before she started working in Zambia.

4 次の各組の英文がほぼ同じ内容になるように，____に適切な語を入れなさい。

(1) When we reached the top of the mountain, we felt a sense of achievement.

____________ the top of the mountain, we felt a sense of achievement.

(2) We like the Banana Paper Project. It involves local people.

We like the Banana Paper Project, ____________ involves local people.

5 次の英語を日本語にしなさい。

(1) Being tired, I went to bed early last night.

____

(2) My favorite bakery, which had been open for thirty years, closed last year.

____

6 次の英文を読んで，質問に答えなさい。

People started eating fried fish and fried potatoes (①) the beginning of the 19th century. Around that time, during the Industrial Revolution, workers had to work long hours (②) low pay. They wanted cheap and nutritious food that could be cooked quickly. Fried fish and fried potatoes were just ③what they needed. However, they were sold separately.

In the middle of the 19th century, someone came up with ④the bright idea of putting the fried fish and the potatoes together. The idea was an instant hit. Today fish and chips seems a natural pair of foods, (⑤) curry and rice.

(①) the beginning of the 20th century, every neighborhood in Britain had its fish-and-chip shop, which is often called a "chippie." London alone had about 1,200 chippies.

(1) ①，②，⑤に入る語を右からそれぞれ選んで書きなさい。 [with / at / like]

① __________ ② __________ ⑤ __________

(2) 下線部③の具体的な内容を日本語で書きなさい。

____

(3) 下線部④の具体的な内容を日本語で書きなさい。

____

(4) 次の質問に対する適切な答えを（a）～（c）から選びなさい。

Why did chippies become popular in London?

(a) Because fried fish and potatoes were sold separately.

(b) Because fish and chips seemed to be a natural pair of foods.

(c) Because fried fish and potatoes sold together became a hit. ( )

Lesson 9 Is E-sports a Real Sport?

Get Started! 教科書 ▶ p.133

写真を見て話し合ってみましょう。

What are people in the pictures doing?

ヒント「写真の中の人たちは何をしていますか。」

語句

□ e-sports /íːspɔ̀ːrts/
名 eスポーツ

Part 1 教科書 ▶ pp.134-135

写真を見て，語の意味を推測しましょう。

1. spectator **2.** stare **3.** venue

ヒント 教科書p.134では，**1.** 多くの人が手を上げ，声援を送っている。 **2.** 女性がパソコンの画面をじっと見つめている。 **3.** 広い屋内で多くの観客が何かの催しに参加している。

本文を読んで，リポーターの実況中継をまとめましょう。

Where is the reporter reporting from?	・From the venue for the (①) national high school (②) tournament.
Why is she there today?	・Because today is the (③) match of the tournament.
What is happening?	・(④) are staring at a big screen and cheering for the players. ・Two teams are (⑤) hard to win the championship.

ヒント リポーターはどこからリポートしていますか。

「・(①)全国高校(②)選手権の会場から。」

なぜ彼女は今日そこにいるのですか。

「・今日は選手権の(③)戦だからです。」

何が起きていますか。

「・(④)は大きな画面をじっと見ていて，選手を応援しています。

・2つのチームが選手権で優勝するために激しく(⑤)しています。」

①と②は教科書p.135の5～6行目，③は6～8行目，④は3～5行目，⑤は13～14行目を参照。

Do you want to watch e-sports? Why or why not?

Plus One

ヒント「あなたはeスポーツを見たいですか。どうして見たいのですか，またはどうして見たくないのですか。」

本文

1 *Newscaster (John Smith)*: Have you ever watched e-sports?//
ニュースキャスター（ジョン・スミス）：あなたは今までにeスポーツを見たことがあるか

2 Here's Meg Brown, / reporting from Chiba.//
こちらはメグ・ブラウンだ　千葉からリポートしている

3 *Reporter (Meg Brown)*: Hi, / everyone.// **4** Can you see spectators
リポーター（メグ・ブラウン）：こんにちは　みなさん　あなたは観客が大きな画面

staring at a big screen / and cheering for the players?// **5** I am
をじっと見ているのが見えるか　そして選手を応援している　私は

reporting / from the venue for the first national high school e-sports
リポートしている　第1回全国高校eスポーツ選手権の会場から

tournament.// **6** Today is an important day.// **7** This is the final
今日は大切な日だ　これは選手権の

match of the tournament.// **8** On the front screen,/ rocket-
決勝戦だ　正面のスクリーン上では　ロケット

powered cars are playing soccer / and flying across a soccer field.//
エンジンの車がサッカーをし　そしてサッカー場を横切って飛んでいる

9 There were 153 teams participating in the tournament.//
153チームが選手権に参加していた

10 Some of them set up e-sports clubs in their high schools / only a
それらの中のいくつかはそれらの高校でeスポーツクラブを設立した

few months before the tournament.// **11** Now,/ the two teams in
選手権のわずか数か月前に　現在　決勝戦の2つのチームが

the final are competing hard / to win the championship.// **12** Back
激しく競争している　選手権で優勝するために

to you, / John.//
あなたに戻す　ジョン

語句

- □ newscaster /nú:zkæ̀stər/ 名 ニュースキャスター
- □ John Smith /dʒá:n smíθ/ 名 ジョン・スミス
- □ Meg Brown /még bráun/ 名 メグ・ブラウン
- □ spectator(s) /spékteɪtər(z)/ 名 観客
- □ staring /stéərɪŋ/ (< stare /stéər/) 動 じっと見る
- □ screen /skrí:n/ 名 画面，スクリーン
- □ venue /vénju:/ 名 会場
- □ rocket-powered /rá:kətpàuərd/ 形 ロケットエンジンの
- □ participating /pɑ:rtísəpèɪtɪŋ/ (< participate /pɑ:rtísəpèɪt/) 動 参加する

- □ set up ... （会社・組織など）を設立する

読解のポイント

2 Here's Meg Brown, reporting from Chiba.

reporting from Chibaは「千葉からリポートしている」という意味で，Meg Brownを修飾している。

4 Can you see spectators staring at a big screen and cheering for the players?

S V O C C

〈see＋O＋現在分詞〉は「Oが…しているのを見る」という意味。stare at ... は「…をじっと見る」, cheer for ... は「…を応援する」という意味で，この文ではstaringとcheeringが現在分詞。

⇒ Grammar

5 I am reporting from the venue for the first national high school e-sports tournament.

S V

the venue for ... は「…の会場」という意味。

7 This is the final match of the tournament.

S V C

Thisはこれまでの特定の内容を言いかえているのではなく，リポーターが実況している（視聴者が見ている）内容を指す。

8 On the front screen, rocket-powered cars are playing soccer and flying across a soccer field.

S V O V

リポーターが現在進行形で実況している。

9 There were 153 teams participating in the tournament.

〈There＋be動詞＋主語＋現在分詞〉は「…が～している」という意味。聞き手にとって新しい情報となる「人物」がしていることを表す。be動詞が過去形になっているのは，選手権の最初に参加していたチーム数を述べているため。

10 Some of them set up e-sports clubs in their high schools only a few months before the tournament.

S V O

themは9の文の153 teamsを指している。set up ... は「（会社・組織など）を設立する」という意味で，setはここでは過去形。

11 Now, the two teams in the final are competing hard to win the championship.

S V

in the finalがthe two teamsを後ろから修飾している。are competingは現在進行形の文で，competeはここでは「競争する」という意味。to win the championshipは「選手権で優勝するために」という意味で，〈to＋動詞の原形〉が副詞の働きをし，目的を表している。

12 Back to you, John.

Back to youは実況しているリポーターが，リポートが終わったことをスタジオに知らせる合図として使われる表現。日本語では「マイクをスタジオにお戻しします」などにあたる。

Grammar

S + V [知覚動詞] + O + C [現在分詞，原形不定詞] 「SはOがCしている [する] のをVする」という意味を表します。

S	V [知覚動詞]	O	C [現在分詞，原形不定詞]
We	saw	spectators	staring at a big screen.
(私たちは観客が大きな画面をじっと見ているのを見ました。)			
I	heard	them	talk about their plan for the game.
(私は彼らが自分たちのゲームの計画について話すのを聞きました。)			

解説 知覚動詞はsee, hear, feel, watch, look at, listen toなどの「見たり聞いたり」を表す動詞で，Cには現在分詞や動詞の原形（原形不定詞という）がくる。現在分詞がくる場合，その動作の一部を見たり聞いたりすることを表し，原形不定詞がくる場合はその動作の始めから終わりまで全部を見たり聞いたりすることを表す。

Try It!

(　　) 内の語を並べかえて，ペアで対話しましょう。

1. *A* : I can (my heart / beating / feel) faster.
B : Me, too. The final match is going to start in a moment.

2. *A* : Be quiet! (talk / listen to / the girls) about the tournament.
B : I will.

ヒント **1.** *A*「私は自分の心臓がより速く打っているのを感じることができます。」
B「私もです。決勝戦がすぐに始まります。」
動詞feelに注目し，〈知覚動詞 + O + 現在分詞〉の語順にする。

2. *A*「静かにしなさい！　その女の子たちが選手権について話すのを聞きなさい。」
B「そうします。」
1文目が命令文であることと動詞listenに注目し，〈知覚動詞 + O + 原形不定詞〉の語順にする。

練習問題

(　　) 内の語を並べかえなさい。

A : Where's John?
B : Probably in the kitchen. I (him / talking / heard) on the phone there a few minutes ago.

練習問題解答

heard him talking

解説 *A*「ジョンはどこにいますか。」
B「おそらく台所に。私は彼がそこで数分前に電話で話しているのを聞きました。」
動詞heardに注目し，〈知覚動詞 + O + 現在分詞〉の語順にする。補語に現在分詞がくる場合，動作の一部を見たり聞いたりすることを表す。

イラストを見て，語（句）の意味を推測しましょう。

1. worldwide　**2.** popularity　**3.** sharply increase

ヒント 教科書p.136では，**1.** 地球の周囲に網状のものが張りめぐらされている。 **2.** Likeのアイコンがたくさん描かれている。 **3.** 棒グラフが急激に右上がりになっている。

本文を読んで，（　）内に適切な語や数字を入れましょう。

時期	出来事
In 2000	The term "e-sports" was first (①　　　　).
Today	There are more than (②　　　　) million e-sports players in the world.
	About 450 million people watch e-sports games online, on TV, or at a (③　　　　).

ヒント 2000年に「『eスポーツ』という用語が初めて（　①　）。」
今日「世界には（　②　）百万人以上のeスポーツの選手がいます。」
「約4億5千万の人々がeスポーツの試合をオンラインで，テレビで，または（　③　）で見ます。」①は教科書p.137の3～6行目，②は7～8行目，③は8～10行目を参照。

Why do you think e-sports is popular among young people?

Plus One

ヒント「あなたはなぜeスポーツが若い人々の間で人気があると思いますか。」

本文

1 *Newscaster*: I'll explain more about e-sports.// **2** E-sports,/ short
ニュースキャスター：私はeスポーツについてもっと説明しよう　eスポーツ

for electronic sports,/ refers to an organized competition among
エレクトロニック・スポーツの略語で　コンピューターゲーム・プレーヤー間の

computer game players.// **3** E-sports has become more and more
組織された競技を指す　eスポーツは世界中の若い人々の間で

popular among young people worldwide / since the term "e-sports"
ますます人気になってきた　「eスポーツ」という用語が

was first used in 2000.//
2000年に初めて使われて以来

4 Today,/ there are more than 100 million e-sports players in
今日　世界には1億人を超えるeスポーツの選手がいる

the world.// **5** Moreover,/ about 450 million people watch e-sports
そのうえ　約4億5千万の人々がeスポーツの試合を見る

games / online, / on TV, / or at a venue.// **6** Because of its growing
オンラインで　テレビで　または会場で　その増していく人気のために

語句

- ☐ refer(s) /rɪfə́ːr(z)/ 動 指す，示す
- ☐ organized /ɔ́ːrɡənàɪzd/ 形 組織された
- ☐ term /tə́ːrm/ 名 用語
- ☐ popularity /pàːpjulǽrəti/ 名 人気
- ☐ official /əfíʃəl/ 形 公式の
- ☐ sharply /ʃáːrpli/ 副 急激に

popularity,/ the International Olympic Committee is considering
国際オリンピック委員会はeスポーツを正式種目として加えることを
adding e-sports as an official event.//
検討している

7 The number of e-sports clubs in high schools has been sharply
高校でのeスポーツクラブの数が急増してきている
increasing / in some countries such as the United States and
たとえばアメリカやオーストラリアのようないくつかの国では
Australia.// **8** In the U.S.,/ more and more universities let e-sports
アメリカでは　ますます多くの大学がeスポーツの選手
players have scholarships.//
に奨学金を受けさせる

- ☐ scholarship(s) /skáːlərʃìp(s)/ 名 奨学金

- ☐ short for ... …の略語で
- ☐ refer to ... …を指す
- ☐ International Olympic Committee 国際オリンピック委員会

読解のポイント

1 *Newscaster*: I'll explain more about e-sports.
(S＋V: I'll explain / O: more ← about e-sports)

moreはここでは名詞で「もっと多くのこと」という意味。Part 1のリポーターの説明を受けて，ニュースキャスターがeスポーツの説明を詳しく行うということ。

2 E-sports, short for electronic sports, refers to an organized competition among computer game players.
(S: E-sports ← short for electronic sports / V: refers to / O: an organized competition ← among computer game players)

short for electronic sports は「エレクトロニック・スポーツの略語で」という意味。

3 E-sports has become more and more popular among young people worldwide since the term "e-sports" was first used in 2000.
(S: E-sports / V: has become / C: popular ← more and more, among young people worldwide / S': the term "e-sports" / V': was first used)

現在完了形の文。〈more and more＋形容詞〉は「ますます…な」という意味で，ここでのmore and moreは副詞。接続詞sinceの後には節が続いている。

4 Today, there are more than 100 million e-sports players in the world.

more than ... は「…より多い」という意味。

5 Moreover, about 450 million people watch e-sports games online, on TV, or at a venue.
(S: about 450 million people / V: watch ← online, on TV, or at a venue / O: e-sports games)

Moreoverは「そのうえ」という意味で，**4**の文で言及された1億人の選手に加えて，大勢の観客がいることを述べている。onlineは「オンラインで」という意味の副詞。

6 Because of its growing popularity, the International Olympic Committee is considering adding e-sports as an official event.

S: the International Olympic Committee / V: is considering / O: adding e-sports as an official event

itsはe-sportsを指す。growingはgrow「増す」の現在分詞で，名詞popularityを修飾している。considerは目的語に動名詞のみをとる動詞で，adding以下が目的語。この文のeventは「(スポーツ大会の）種目」という意味で，official eventで「正式種目」を表す。

7 The number of e-sports clubs in high schools has been sharply increasing in some countries such as the United States and Australia.

S: The number / V: has been sharply increasing（現在完了進行形）

現在完了進行形の文。主語The numberは単数名詞のため，has been increasing「ずっと増え続けている」となっている。such as ...は「たとえば…のような」という意味で，この句が直前のsome countriesを修飾している。

8 In the U.S., more and more universities let e-sports players have scholarships.

S: more and more universities / V: let / O: e-sports players / C: have scholarships

ここでのmore and moreは「ますます多くの」という意味の形容詞。〈let＋O＋C［原形不定詞]〉は「OにCさせる」という意味。⇒ Grammar

Grammar

S＋V[使役動詞]＋O＋C[原形不定詞] 「SはOにCさせる」などの意味を表します。

S	V［使役動詞］	O	C［原形不定詞］
Many universities	let	e-sports players	have scholarships.
（多くの大学がeスポーツの選手に奨学金を受けさせます。）			
They	made	me	clean the computer.
（彼らは私にコンピューターをきれいにさせました。）			

解説「使役動詞」は他者にある行動をとることを許可したり，強制したり，頼んだりすることを表す。使役動詞は，letとmakeのほかにhaveなどがある。〈let + O + 原形不定詞〉は「Oに（許可して）…させる」,〈make + O + 原形不定詞〉は「Oに（強制的に）…させる」,〈have + O + 原形不定詞〉は「Oに（頼んだり話をしたりして）…させる，…してもらう」という意味（例1）。強制や許可が必要ない場合は，haveがよく使われる（例2）。

例1 I'll have my son meet you at the station tomorrow.
（私は私の息子に明日駅であなたを出迎えさせます。）

例2 I had the ambulance carry my grandmother to the hospital.
（私は救急車で祖母を病院に運んでもらいました。）

Try It!

(　　) 内の語 (句) を並べかえて，ペアで対話しましょう。

1. *A* : Mom, please (me / more e-sports / play / let) games.
B : Well, I'll think about it.

2. *A* : Why did the teacher (us / watch / make) the game?
B : Because we will compete with those teams in the tournament.

ヒント **1.** *A*「お母さん，私にもっとeスポーツのゲームをさせてください。」
B「そうですね，私はそれについて考えます。」
*A*の文に主語がなくpleaseがあることに注目し，命令文として〈let + O + 原形不定詞〉の語順にする。

2. *A*「なぜ先生は私たちにその試合を見させましたか。」
B「なぜなら私たちが選手権でそれらのチームと競い合うだろうからです。」
動詞makeがあることに注目し，〈make + O + 原形不定詞〉の語順にする。watchを知覚動詞と考え，watch us make ...の語順とすることはできるが，文脈上不適切。

練習問題

(　　) 内の語 (句) を並べかえなさい。

A : Turn off the TV. It's late.
B : (this show / me / let / watch) to the end. It's just ten more minutes.

練習問題解答

Let me watch this show

解説 *A*「テレビを消しなさい。夜遅いですよ。」
B「私にこの番組を最後まで見させてください。それはほんのあと10分です。」
動詞letに注目し，〈let + O + 原形不定詞〉の語順にする。文頭は大文字にする。

Part 3 教科書 ▶ pp.138-139

イラストを見て，語（句）の意味を推測しましょう。

1. concentration　　**2.** physical strength　　**3.** teamwork

ヒント 教科書p.138では，**1.** 男性が汗を流しながら何かの組み立て作業をしている。**2.** 男性が重量挙げをしている。　**3.** 複数の人が手を合わせている。

本文を読んで，（　　）内に適切な語を入れましょう。

反対意見	・E-sports is a (①　　　　) of time.
賛成意見	・Students can enjoy e-sports regardless of their (②　　　　) strength. ・Students can learn the (③　　　　) of teamwork. ・Students can (④　　　　) and make friends with various people.

ヒント 反対意見「・eスポーツは時間の(　①　)である。」
賛成意見「・生徒は彼らの(　②　)強さに関係なくeスポーツを楽しむことができる。
・生徒はチームワークの(　③　)を学ぶことができる。
・生徒は様々な人々と(　④　)し，友達になることができる。」
①は教科書p.139の5～6行目，②は15～16行目，③は16～17行目，④は17～19行目を参照。

Speak / Write

Do you think e-sports is a real sport? Why or why not?

Plus One

ヒント「あなたはeスポーツは本当のスポーツだと思いますか。なぜそう思いますか，またはなぜそうは思わないのですか。」

本文

1 *Newscaster*: Although e-sports is now very popular,/ few Japanese high schools have introduced e-sports as a club activity.// **2** Can you think of a reason,/ Mr. Yoneda?//

ニュースキャスター：eスポーツは今やとても人気があるが　eスポーツを部活動として導入している日本の高校はほとんどない　あなたは理由を思いつくことができるか　ヨネダさん

3 *Commentator (Mr. Yoneda)*: Well,/ some teachers and parents ask me / if e-sports is a real sport.// **4** I'm afraid / they still see e-sports as a waste of time.// **5** E-sports players need physical and mental skills,/ such as quick responses, concentration, and strategies,/ just like other athletes.// **6** In fact,/ the U.S.

コメンテーター（ヨネダさん）：　ええと　先生や親の中には私に尋ねる人がいる　eスポーツは本当のスポーツかどうか　残念ながら　彼らは依然として　eスポーツを時間のむだとして見ている　eスポーツ選手は身体的かつ精神的な技術を必要とする　たとえば素早い反応，集中力，そして戦略のような　ほかの運動選手と同様に　実は　アメリカ

語句

- ☐ commentator /ká:məntèɪtər/ 名 コメンテーター
- ☐ physical /fízɪkl/ 形 身体的な
- ☐ mental /méntl/ 形 精神的な
- ☐ quick /kwík/ 形 素早い
- ☐ response(s) /rɪspá:ns(ɪz)/ 名 反応
- ☐ concentration /kà:nsəntréɪʃən/ 名 集中力

government now recognizes e-sports players as professional
政府は今やeスポーツ選手をプロの運動選手として認めている

athletes.// **7** The government lets them enter the U.S. and play /
政府は彼らをアメリカに入国させプレーさせる

like other professional athletes / by giving them a special visa.//
ほかのプロの運動選手のように　彼らに特別なビザを与えることによって

8 *Newscaster*: What, then, are some of the advantages of introducing
ニュースキャスター：　それでは高校でeスポーツを導入するいくつかの利点

e-sports in high school?//
は何か

9 *Commentator*: First, / students can enjoy e-sports / regardless of
コメンテーター：　第一に　生徒はeスポーツを楽しむことができる

their physical strength.// **10** Second, / they can learn the value of
彼らの体力に関係なく　第二に　彼らはチームワークの価値を学ぶことが

teamwork.// **11** Third, / they can communicate and make friends
できる　第三に　彼らは様々な人々と意思疎通ができ友達

with various people / online / outside of school / not only in Japan
になることができる　オンラインで　学校の外で　日本でだけではなく

but also in other countries.//
ほかの国々でも

12 *Newscaster*: Thank you, Mr. Yoneda.// **13** You have shown us /
ニュースキャスター：ありがとう，ヨネダさん　あなたは私たちに…を示した

that e-sports opens doors to the world.//
eスポーツが世界への扉を開けるということ

□ strategies /strǽtədʒiz/ (< strategy /strǽtədʒi/)
名 戦略

□ visa /víːzə/
名 ビザ

□ advantage(s) /ədvǽntɪdʒ(ɪz)/
名 利点

□ regardless /rɪgɑ́ːrdləs/
副 それにもかかわらず

□ teamwork /tíːmwə̀ːrk/
名 チームワーク

□ think of ...
…を思いつく

□ regardless of ...
…に関係なく

読解のポイント

1 *Newscaster*: Although e-sports (S′) is (V′) now very popular (C′), few Japanese high schools (S) have introduced (V) e-sports (O) as a club activity.

Althoughは「(…である) けれども」という意味の接続詞。fewは冠詞なしで用いるとき，「ほとんど…ない」という否定の意味になる。introduceはここでは「…を導入する」という意味。

3 *Commentator (Mr. Yoneda)*: Well, some teachers and parents (S) ask (V) me (O_1) if e-sports is a real sport (O_2).

〈ask + O_1 + O_2 [ifが導く節]〉は「O_1にO_2かどうか尋ねる」という意味。ここでのifは「…かどうか」という意味で，動詞askの目的語となる名詞節を導く。⇒ Grammar

❹ I'm afraid [they still see e-sports as a waste of time].
S＋V　C　　S'　　V'　　O'

I'm afraid ... は「残念ながら…」という意味で，afraidのあとにはthatが省略されている。see ... as ～は「…を～と考える，みなす」という意味。

❺ E-sports players need physical and mental skills, such as quick responses, concentration, and strategies, just like other athletes.
S　V　O

such as ...「たとえば…のような」の句がphysical and mental skillsを修飾している。just like ... は「…と同様に」という意味。

❻ In fact, the U.S. government now recognizes e-sports players as professional athletes.
S　V　O

In factは「実は」という意味。❺の文の「eスポーツ選手がほかの運動選手と同様に必要なもの」に加え，この文で「アメリカ政府はeスポーツ選手をプロの運動選手として認めている」と述べることで，eスポーツの重要性を補足する事実を導いている。

❼ The government lets them enter the U.S. and play like other professional athletes by giving them a special visa.
S　V　O　C（原形不定詞）　C（原形不定詞）

The governmentは❻の文のthe U.S. government，themはe-sports playersを指す。〈let＋O＋原形不定詞〉を使った文。by *doing*は「…することによって」という意味。

❾ *Commentator*: First, students can enjoy e-sports regardless of their physical strength.
S　V　O

❾～⓫の文のFirst，Second，Third，は❽のsome of the advantages「いくつかの利点」を具体的に述べている。

❿ Second, they can learn the value of teamwork.
S　V　O

theyは❾の文のstudentsを指す。

⓫ Third, they can communicate and make friends with various people online outside of school not only in Japan but also in other countries.
S　V　O

communicate with ... は「…と意思疎通をする」，make friends with ... は「…と友達になる」という意味で，various peopleが共通の目的語となっている。onlineとoutside of schoolは，動詞を後ろから修飾している。not only in Japan but also in other countriesは名詞various peopleを後ろから修飾している。

⑬ You have shown us [that e-sports opens doors to the world].

S V O_1 O_2 S' V' O'

〈show + O_1 + O_2 [that節]〉は「O_1にO_2（…ということ）を示す」という意味。

Grammar

S + V + O_1 + O_2 [if などの節]　O_2 の位置に if などが導く節がくることがあります。

S	V	O_1	O_2
Some teachers and parents	ask	me	if e-sports is a real sport.
（先生と親の中には，私にeスポーツは本当のスポーツかどうか尋ねる人がいます。）			
Our teammate	showed	us	why we needed mental skills.
（私たちのチームメートは私たちに，なぜ私たちが精神的な技術が必要であるのかを示しました。）			

解説 askやshowなど，目的語を2つとることができる動詞では，2つ目の目的語にifや疑問詞（whyなど）が導く節を置くことができる。目的語が節となるときは「名詞節」といい，ifの名詞節は「…かどうか」，whyの名詞節は「なぜ…なのか」という意味を表す。名詞節は平叙文と同じ語順（S + V ...）となる。

Try It!

（　）内から適切な語を選び，声に出して文を読みましょう。

1. My friends asked me (if / which) I wanted to play e-sports.
2. The teacher told us (if / why) we needed to develop our physical skills.
3. He showed us (where / why) the venue was.

ヒント それぞれの英文の意味を参照。

1.「私の友達は私にeスポーツをプレーしたいかどうか尋ねました。」
2.「先生は私たちになぜ私たちは身体的な技術を伸ばす必要があるのか教えてくれました。」
3.「彼は私たちにどこに会場があるかを示しました。」

練習問題

（　）内から適切な語を選びなさい。

I didn't ask her (who / where) she was going.

練習問題解答

where

解説「私は彼女に，どこに（彼女は）行くところかを尋ねませんでした。」英文の意味を参照。

Summary 1 本文の内容に合うように，空所を埋めましょう。

Part1

- 第1回全国高校eスポーツ選手権には153チームが ① ＿＿＿ しました。
- ② ＿＿＿ では，2つのチームが戦っています。

Part2

- 「eスポーツ」という用語は ③ ＿＿＿ 年に初めて使われました。
- アメリカやオーストラリアなどの高校で，④ ＿＿＿ の数が急増しています。

Part3

- 高校にeスポーツを導入する1つ目の利点は，⑤ ＿＿＿ に関係なく楽しめることです。
- 2つ目の利点は，⑥ ＿＿＿ の大切さを学べることです。
- 3つ目の利点は，国内外の様々な人と意思疎通ができ，⑦ ＿＿＿ になれることです。

ヒント それぞれの教科書の参照ページを示す。①p.135の10～11行目　②p.135の13～14行目　③p.137の3～6行目　④p.137の13～15行目　⑤p.139の15～16行目　⑥p.139の16～17行目　⑦p.139の17～19行目。

Summary 2 (　　)内に入る語を ＿＿＿ の中から選び，要約を完成しましょう。

A reporter is reporting on the final match / from the venue for the first national high school
リポーターが決勝戦についてリポートしている　第1回全国高校eスポーツ選手権の会場から
e-sports tournament.// There were 153 teams (①　　　　) in the tournament.// Now, / the
153チームが選手権に（ ① ）　現在
two teams in the final are (②　　　　) hard.//
決勝戦の2つのチームが激しく（ ② ）いる

E-sports has become more and more popular among young people / since 2000.//
eスポーツは若い人々の間でますます人気になってきた　2000年以降
(③　　　　), millions of people watch e-sports games.// The number of e-sports clubs in
（ ③ ），非常に多数の人々がeスポーツの試合を見る　高校のeスポーツクラブの数
high schools / has been sharply (④　　　　) in some countries.//
いくつかの国では急激に（ ④ ）してきている

Some teachers and parents in Japan wonder if e-sports is a real sport.// (⑤　　　　),
日本の先生や親の中にはeスポーツは本当のスポーツかどうかと思う人もいる　（ ⑤ ），
there are some advantages of introducing e-sports in high school.// First, / students can enjoy
高校でeスポーツを導入するいくつかの利点がある　第一に　生徒はそれを楽しむ
it / regardless of their (⑥　　　　) strength.// Second, / they can learn the value of
ことができる　彼らの（ ⑥ ）力に関係なく　第二に　彼らは（ ⑦ ）の価値を学ぶ
(⑦　　　　).// Third, / they can communicate and make (⑧　　　　) with various
ことができる　第三に　彼らは様々な人々と意思疎通をすることができ，（ ⑧ ）になることができる

people / not only in Japan but also in other countries.//
日本でだけではなくほかの国でも

competing / friends / however / increasing / participating / physical / teamwork / today

ヒント それぞれの教科書参照ページを示す。①p.135の10～11行目 ②p.135の13～14行目 ③p.137の7～10行目。ここでの millions of ... は「非常に多数の…」という意味。 ④p.137の13～15行目 ⑤カッコの前の文で wonder if ...「…かどうかと思う」と疑わしさを示しているが，カッコの後ろに some advantages「いくつかの利点」とあり，内容が対比している。 ⑥p.139の15～16行目 ⑦p.139の16～17行目 ⑧p.139の17～19行目。

Vocabulary 英語のヒントを読んで，本文に出てきた単語を書きましょう。

1. n□□□□□□□er ………… someone who reads the news on radio or television
2. to□□□□□□nt ………… a series of games between a number of players, competing for a prize
3. in□□□□se ………… to become bigger in number

ヒント 1.「ラジオまたはテレビでニュースを読む人」 2.「賞のために競い合う，多数の選手の間の一連の試合」 3.「数の上で大きくなること」

Key Expressions 日本語と同じ意味になるように，(　　) 内に適切な語を入れて文を言いましょう。

1. Our high school (　　　) (　　　) an e-sports club last month.
私たちの高校は先月eスポーツクラブを設立しました。
2. E-sports (　　　) (　　　) an organized competition among computer game players.
eスポーツとは，コンピューターゲーム・プレーヤー間の組織された競技を指します。
3. Her name is Meg, (　　　) (　　　) Margaret.
彼女の名前はメグで，マーガレットの略称です。
4. We can enjoy watching an e-sports game (　　　) (　　　) the weather.
eスポーツの試合観戦は天気に関係なく楽しめます。

ヒント 1.「…を設立しました」に相当する語句を入れる。 2.「…を指します」に相当する語句を入れる。E-sportsは不可算名詞と考える。 3.「…の略称で」に相当する語句を入れる。 4.「…に関係なく」に相当する語句を入れる。

Grammar for Communication 例を参考に，日記を書くつもりで，最近の出来事について書きましょう。

I ❶ saw a friend coughing in the train yesterday.

I ❷ asked him if he had a fever.
I ❸ made him see a doctor.

Tool Box

❶ heard my cat knocking over the snack box
私のネコが菓子箱をひっくり返しているのを聞いた

❷ asked her if she was hungry
彼女におなかがすいているかどうか尋ねた

❸ let her eat as much as she wanted
彼女がほしがるだけ食べさせた

ヒント「私は昨日電車で友達がせきをしているのを見ました。私は彼に熱があるかどうか尋ねました。私は彼を医者に受診させました。」

教科書 ▶pp.142-143,183

Scene 1 賢とグリーン先生の会話を聞きましょう。

Ken: Ms. Green,/ I would like to set up an e-sports club in our school.// I want to take part in the national high school e-sports tournament next March.//
賢： グリーン先生 私は私たちの学校にeスポーツクラブを設立したい 私は次の3月の全国高校eスポーツ選手権に参加したい

Ms. Green: I would like to support you,/ but some teachers may be against your idea.//
グリーン先生： 私はあなたを支持したい しかし先生の中にはあなたの考えに反対する人がいるかもしれない

Ken: Why?//
賢： なぜか

Ms. Green: You know,/ you can play computer games at home.//
グリーン先生： つまり あなたは家でコンピューターゲームをプレーすることができる

Ken: I'm not sure I agree.// If we practice together at school,/ we can develop our teamwork skills.//
賢： 私は賛成する自信がない もし私たちが学校でいっしょに練習すれば 私たちはチームワークの技術を伸ばすことができる

Ms. Green: That's a good point,/ Ken.//
グリーン先生：それは良い点をついている 賢

Listen and Answer 問いの答えを選びましょう。

1. Why does Ken want to set up an e-sports club?
   a. To take part in the national high school e-sports tournament.
   b. To introduce computer games in his high school.
   c. To make friends with his classmates.

2. What does Ms. Green think about Ken's idea?
   a. She disagrees with it.
   b. She does not have any opinions about it.
   c. She wants to support it.
3. What does Ken say about e-sports?
   a. Students can play computer games for a long time.
   b. Students can develop their teamwork skills.
   c. Students can practice with teachers.

ヒント 1.「なぜ賢はeスポーツクラブを設立したいのですか。a. 全国高校eスポーツ選手権に参加するため。b. 彼の高校にコンピューターゲームを導入するため。c. 彼のクラスメートと友達になるため。」賢の最初の発言の2文目を参照。　2.「グリーン先生は賢の考えについて何と思っていますか。a. 彼女はそれに反対しています。b. 彼女はそれについて何も意見がありません。c. 彼女はそれを支持したいと思っています。」グリーン先生の最初の発言を参照。　3.「賢はeスポーツについて何と言っていますか。a. 生徒は長時間コンピューターゲームをプレーすることができます。b. 生徒は彼らのチームワークの技術を伸ばすことができます。c. 生徒は先生といっしょに練習することができます。」賢の3番目の発言の2文目を参照。

Scene 2 eスポーツクラブを設立する利点について，発表用の原稿を作りましょう。

1. ①の空所に，Part 2の本文を参考に適切な語（句）を入れましょう。
2. ②の空所に，Part 3の本文を参考に適切な語（句）を入れましょう。
3. ③の空所に，3つ目の理由をペアで考えて書きましょう。

Setting Up an E-sports Club
eスポーツクラブを設立すること

We would like to set up a new club in our high school,/ an e-sports club.// E-sports has
私たちは私たちの高校に新しいクラブを設立したいと思う　eスポーツクラブ　eスポーツは

been getting ①＿＿＿＿ among young people worldwide.// We would like to tell you / three
世界中の若い人々の間で（ ① ）になってきている　私たちはあなたたちに…を伝えたい

advantages of setting up an e-sports club in our high school.// First, / members can enjoy
私たちの高校にeスポーツクラブを設立する3つの利点　第一に　部員はeスポーツを楽しむ

e-sports / and learn the value of ②＿＿＿＿.// Second, /they can communicate with various
ことができる　そして（ ② ）の価値を学ぶことができる　第二に　彼らは様々な人々と意思疎通することが

people / online / outside of school / not only in Japan but also in other countries.// Third, /
できる　オンラインで　学校の外で　日本でだけではなくほかの国々でも　第三に

③＿＿＿＿.// Thank you for your attention.//
（ ③ ）　ご清聴ありがとうございました

ヒント 1. は教科書p.137の3～6行目，2. はp.139の16～17行目を参照。

定期テスト対策⑨（Lesson 9）

解答⇒p.218

1 日本語の意味を表すように，____に適切な語を入れなさい。

(1) マイクロプラスチックは5ミリメートル未満のプラスチックを指します。
Microplastic ____________ ____________ plastic less than five millimeters long.

(2) 10チームがその選手権に参加していました。
There were 10 teams ____________ ____________ the tournament.

(3) 渋沢は日本で最初の銀行を設立することにおいて役割を果たしました。
Shibusawa played a part in ____________ ____________ the first bank in Japan.

(4) 彼はスマホをなくしましたが，それは日本語で「スマートフォン」の略語です。
He lost a *sumaho*, which is ____________ ____________ “smartphone” in Japanese.

(5) そのスポーツの人気はこの前のオリンピック以来，急増しました。
The sport’s ____________ has ____________ increased since the last Olympics.

2 対話が成り立つように，（　　）内から適切な語を選び，○で囲みなさい。

(1) *A* : We have one more ticket for the concert.
B : Then I’ll ask Taro (does / if) he wants to come with us.

(2) *A* : You didn’t come to the Saturday tennis practice.
B : I had a fever, and my mother didn’t (let / made) me go out.

(3) *A* : Your house is very close to the venue for the World Cup match.
B : Yes, I heard people (cheered / cheering) for their teams yesterday.

3 日本語に合うように，［　　］内の語（句）を並べかえなさい。

(1) 私たちは彼にどのようにその会場に行くつもりであるか尋ねました。
We asked him [go / planned / how / he / to] to the venue.
We asked him ____ to the venue.

(2) 私は私のネコが何かをじっと見ているのに気づきました。
I [something / at / my cat / staring / noticed].
I ____.

(3) この本は私たちに年齢に関係なく将来について考えさせました。
This book [our future / of / think / us / regardless / made / about] our age.
This book ____ our age.

4 次の日本語を，指示に従って英語にしなさい。

(1) 彼女は私にそのイヌが眠っているかどうか尋ねました。（ifを用いて）

(2) 私たちはあの男の子がその木に登るのを見ました。（watchを用いて）

5 次の英語を日本語にしなさい。

(1) He didn't understand why I made him read that book.

(2) Today, more and more companies in Japan let workers work at home.

6 次の英文を読んで，質問に答えなさい。

Newscaster: Although e-sports is now very popular, ①few Japanese high schools have introduced e-sports as a club activity. Can you think of ②a reason, Mr. Yoneda?

Commentator (Mr. Yoneda): Well, some teachers and parents ask me if e-sports is a real sport. I'm afraid they still see e-sports as a waste of time. E-sports players need physical and mental skills, such as quick responses, concentration, and strategies, just like other athletes. In fact, the U.S. government now recognizes e-sports players as professional athletes. ③The government lets them enter the U.S. and play like other professional athletes by giving them a special visa.

(1) 下線部①を日本語にしなさい。

(2) 下線部②の内容を日本語で具体的に書きなさい。

(3) 下線部③を日本語にしなさい。

Lesson 10 Being Different Is Beautiful

Get Started! 教科書 ▶ p.147

写真を見て話し合ってみましょう。

What do you think of this picture?

ヒント「あなたはこの写真をどう思いますか。」

Part 1 教科書 ▶ pp.148-149

イラストを見て，語（句）の意味を推測しましょう。

1. photographer **2.** ethnic group **3.** fit in

ヒント 教科書p.148では，**1.** 女性がカメラを構えている。 **2.** 民族衣装を着た人々が描かれている。 **3.** ジグソーパズルの1ピースが収まろうとしている。

本文を読んで，（ ）内に適切な語を入れましょう。

Five years old	Yoshida Nagi became (①) in African ethnic groups.
Junior high school student	She (②) going to school in second grade.
23 years old	She finally (③) Africa.

ヒント 5歳「ヨシダナギさんはアフリカの民族集団に(①)ようになりました。」
中学生「彼女は2年生で学校に行くこと(②)。」
23歳「彼女はついにアフリカ(③)。」
①は教科書p.149の4～5行目，②は11～12行目，③は15～16行目を参照。

What do you know about Africa?

Plus One

ヒント「あなたはアフリカについて何を知っていますか。」

本文

1 Yoshida Nagi is a unique photographer.// **2** She often takes pictures in Africa and other places around the world.//
ヨシダナギさんは独特な写真家だ　彼女はよく　アフリカや世界中のほかの場所で写真を撮る

3 Yoshida became interested in African ethnic groups / when she was five years old.// **4** She happened to see the Masai people,/ one of
ヨシダさんはアフリカの民族集団に興味を持つようになった　彼女が　5歳のとき　彼女は偶然マサイ族の人々を見た

語句

- □ Africa /ǽfrɪkə/ 名 アフリカ
- □ African /ǽfrɪkən/ 形 アフリカの
- □ Masai /mάːsaɪ/ 名 マサイ族

the ethnic groups in Africa,/ on TV.// ❺ She did not know why,/ but
アフリカの民族集団の1つ　テレビで　彼女はなぜだかわからなかった

she became strongly attracted to the Masai.// ❻ She even thought,/ "I
しかし彼女はマサイ族に強くひかれるようになった　彼女は…と考えさえした

wish I were a member of their tribe."// ❼ Soon after that,/ going to
「私が彼らの種族の一員だったらいいのに」　そのあと間もなく

Africa became one of her dreams.//
アフリカに行くことが彼女の夢の1つになった

❽ She stopped going to junior high school in second grade /
彼女は2年生で中学校に行くをやめた

because she had trouble fitting in.// ❾ In fact,/ she was bullied in
彼女はなじむのに苦労したため　実は　彼女は小学校と

both elementary and junior high schools.// ❿ After leaving school,/
中学校の両方でいじめられた　学校を去ったあと

she worked for several years / and saved money.// ⓫ Her childhood
彼女は数年間働いた　そしてお金をためた　彼女の子供時代の夢

dream came true in 2009,/ when she was 23 years old.// ⓬ She finally
は2009年に実現した　そしてそのとき彼女は23歳だった　彼女はついに

visited Africa.//
アフリカを訪れた

□ strongly /strɔ́ːŋli/
副 強く

□ tribe /tráɪb/
名 種族，民族

□ grade /gréɪd/
名 学年

□ fit(ting) /fít(ɪŋ)/
動 なじむ，適合する

□ bullied /búlid/
(< bully /búli/)
動 …をいじめる

□ happen to *do*
偶然…する

□ come true
実現する

読解のポイント

❷ She often takes pictures in Africa and other places around the world.
S V O

She は❶の文の Yoshida Nagi を指す。

❸ Yoshida became interested in African ethnic groups when she was five years old.
S V C S' V' C'

become interested in ... は「…に興味を持つようになる」，ethnic group は「民族集団」という意味。

❹ She happened to see the Masai people, one of the ethnic groups in Africa, on TV.
S V O

happen to *do* は「偶然…する」，see ... on TV で「…をテレビで見る」という意味。コンマで区切られた one of ... は名詞句で，the Masai people を修飾している。

❺ She did not know why, but she became strongly attracted to the Masai.
S V O S V C

become attracted to ... は「…にひかれるようになる」という意味。the Masai は「マサイ族の人々」という意味。

6 She even thought, "I wish I were a member of their tribe."

S V S V S' V' C'

I wish I were ... は「(私は) …だったらいいのに」という事実に反する事柄を表す。their は5の文の the Masai を指している。⇒ Grammar

7 Soon after that, going to Africa became one of her dreams.

S V C

Soon after ... は「…のあと間もなく」という意味で，that は5～6の文で「ヨシダさんがマサイ族に強くひかれて，種族の一員だったらいいのにとさえ思ったこと」を指す。

8 She stopped going to junior high school in second grade because she had trouble fitting in.

S V O S' V' O'

stop *doing* は「…することをやめる」，have trouble *doing* は「…するのに苦労する」，fit in は「うまく調和する，なじむ」という意味。

9 In fact, she was bullied in both elementary and junior high schools.

S V

In fact「実は」とあり，8の文の「学校になじむことに苦労した」ことに加え，この文で「小学校と中学校の両方でいじめられた」と述べることで，8の文の内容を補強している。

10 After leaving school, she worked for several years and saved money.

S V V O

After leaving school は「学校を去ったあとで」という意味で，前置詞の後ろには動名詞がくる。

11 Her childhood dream came true in 2009, when she was 23 years old.

S V C

Her childhood dream は7の文の going to Africa「アフリカに行くこと」を指す。come true は「(願いや夢などが) 実現する」という意味。〈, ＋when ...〉は関係副詞 when の節が先行詞「2009」に情報を加えている (関係副詞の非制限用法)。

12 She finally visited Africa.

S V O

finally は「ついに，ようやく」という意味。

Grammar

wish＋仮定法過去の節 〈wish＋主語＋were ...〉，〈wish＋主語＋動詞の過去形〉などで「…だったらいいのに」のように，事実に反する事柄を表します。

I wish I were a member of their tribe.

〈wish＋主語＋were ...〉

(私は彼らの種族の一員だったらいいのに。) ＝実際は，私は彼らの種族の一員ではない

I **wish** I **had** a little sister.

〈wish + 主語 + 動詞の過去形〉

(私に妹がいたらいいのに。) ＝実際は，私には妹はいない

I **wish** he **could** come tomorrow.

〈wish + 主語 + 助動詞の過去形 + 動詞の原形〉

(彼が明日来ることができたらいいのに。) ＝実際は，彼は明日来ることができない

解説 動詞wishの後ろには，〈S + V ...〉の節を続けることができ，Vにbe動詞の過去形wereや一般動詞の過去形，〈助動詞の過去形 + 動詞の原形〉を置いた文を「仮定法過去」という。〈wish + 仮定法過去〉の文は，現在の事実に反する願望や実現の可能性が低い願望「…だったらいいのに」を表す。仮定法過去では，主語の人称に関係なくbe動詞はwereを用いるのが基本。

Try It!

(　　) 内の語を並べかえて，ペアで対話しましょう。

1. *A* : Did you see a lot of stars when you were in Africa?
B : Yes. I (we / wish / see / could) more of them here.

2. *A* : I (Africa / closer / were / wish) to Japan.
B : Me, too. Then we could go there more easily.

ヒント **1.** *A*「あなたはアフリカにいたときにたくさんの星を見ましたか。」
B「はい。私たちはここでそれらをもっと見ることができたらいいのに。」
〈wish + 主語 + 助動詞の過去形 + 動詞の原形〉の語順にする。

2. *A*「アフリカが日本にもっと近いといいのに。」
B「私もです。それなら，私たちはもっと簡単にそこに行くことができるのに。」
〈wish + 主語 + were ...〉の語順にする。

練習問題

(　　) 内の語 (句) を並べかえなさい。

A : I (have to / I / go / didn't / wish) to school today.
B : Why? Do you have a test or something?

練習問題解答

wish I didn't have to go

解説 *A*「今日学校に行かなくてよかったらいいのに。」
B「なぜ？　あなたはテストか何かがあるのですか。」
〈wish + 主語 + 助動詞の過去形 + 動詞の原形〉の語順にする。助動詞の過去形の部分に，didn't have toが用いられている。

ヨシダさんが現地の人に受け入れられるためにしたことは何でしょう。下から1つ選びましょう。

1. wrote a letter　**2.** behaved like an African woman　**3.** sang a song

ヒント **1.**「手紙を書いた」 **2.**「アフリカの女性のようにふるまった」 **3.**「歌を歌った」

本文を読んで，(　　) 内に適切な語を入れましょう。

Why did Yoshida begin taking photos?

Well, she wanted to show that Africa and the people there were (① 　　　).
In addition, she believes taking photos of people in traditional clothes might help pass their (② 　　　) on to following generations.

ヒント「なぜヨシダさんは写真を撮り始めたのですか。」
「ええと，彼女はアフリカとそこの人々が(①)と示したかったのです。さらに，彼女は伝統的な服を着た人々の写真を撮ることが，彼らの(②)を次の世代に伝えるのを助けるかもしれないと思っています。」
①は教科書p.151の1〜2行目，②は9〜11行目を参照。

Write

If you become friends with someone from abroad, what would you like to do with him or her?

Plus One

ヒント「もしあなたが海外からの誰かと友達になったら，あなたは彼または彼女と何をしたいですか。」

本文

1 Why did Yoshida begin taking photos?// **2** She wanted to show / that Africa and the people there were attractive.// **3** Almost everyone around her / thought of Africa as a hungry, poor, and violent place.// **4** She thought / photos would help them understand the continent better.//

なぜヨシダさんは写真を撮り始めたか　彼女は…を示したかった　アフリカとそこの人々は魅力的だということ　彼女のまわりのほぼすべての人　アフリカを，空腹で，貧しく，暴力的な場所として考えていた　彼女は…と考えた　写真は彼らが大陸をより良く理解するのを助けるだろう

5 In addition,/ she wanted to take photos of African people in their traditional costumes.// **6** Nowadays,/ some young people in the

さらに　彼女は伝統的な衣装を着たアフリカの人々の写真を撮りたいと思った　最近では　民族集団の若い人々の中には

語句

□ violent /váɪələnt/
形 暴力的な

□ continent /kάːntənənt/
名 大陸

ethnic groups avoid wearing their traditional clothes.// **7** She
彼らの伝統的な服を着ることを避ける人たちもいる　彼女は

believes/ that taking photos of people in their clothes / might help
…と思っている　それらの服を着た人々の写真を撮ることは　彼らの伝統を

pass their traditions on to following generations.//
次の世代に伝えることを助けるかもしれない

8 However,/ it was difficult to take good photos at first.// **9** "The
けれども　最初は良い写真を撮ることが難しかった

trust between a photographer and their subjects is important,"/ says
「写真家とその被写体の間の信頼は重要だ」　…とヨシダ

Yoshida.// **10** "If they don't trust a photographer,/ they will not show
さんは言う　「もし彼らが写真家を信頼しなければ　彼らは自分たちが本当は

who or what they really are."//
誰または何であるかを示さないだろう」

11 To gain their trust,/ she behaved as if she were an African
彼らの信頼を得るために　彼女は自分がまるでアフリカの女性であるかのよう

woman.// **12** She wore the same costume,/ ate the same meals,/ and
にふるまった　彼女は同じ衣装を着た　同じ食事を食べた　そして

put on the same make-up.// **13** This led to her success.//
同じ化粧をした　これが彼女の成功につながった

- □ avoid /əvɔ́ɪd/
  動 …を避ける
- □ might /máɪt/
  助 …かもしれない
- □ behave(d) /bɪhéɪv(d)/
  動 ふるまう
- □ make-up /méɪkʌ̀p/
  名 化粧

読解のポイント

2 She wanted to show [that Africa and the people there were attractive].
S′ (Africa and the people there)　V′ (were)　C′ (attractive)

showの目的語がthat節となっている。thereは直前のAfricaを指す。

3 Almost everyone around her thought of Africa as a hungry, poor, and violent place.
S (everyone ← Almost, around her)　V (thought of … as)

think of ... as ～は「…を～だと思う，見なす」という意味。

4 She thought [photos would help them understand the continent better].
S (She)　V (thought)　O ([…])　S′ (photos)　V′ (would help)　O′ (them)　C′ (understand)(原形不定詞)

thoughtの目的語はthat節で，thatは省略されている。wouldはwillの過去形で，主節の動詞thoughtの時制と同じになっている（時制の一致）。help ... *do*は「…が～するのを助ける」という意味。the continentは**3**の文のAfricaを言いかえている。

5 In addition, she wanted to take photos of African people in their traditional costumes.
S (she)　V (wanted)　O (to take photos ← of African people, in their traditional costumes)

In additionは「さらに」という意味。**2**の文のshe wanted to ...に加えて，ヨシダさんがしたかったことをもう1つ示している。

6 Nowadays, some young people in the ethnic groups avoid wearing their traditional clothes.

S ← / V / O

avoid *doing* は「…することを避ける」という意味。avoid は動名詞のみを目的語にとる。

7 She believes [that taking photos of people in their clothes might help pass their traditions on to following generations].

S V O S' ← V' O'

believes の目的語が that 節となっている文。助動詞 might は「…かもしれない」という意味。help *do* は「…するのを助ける」，pass ... on to ～は「…を～に伝える」という意味。

8 However, it was difficult to take good photos at first.

S V C 真主語

〈it was ... to *do*〉は「～することは…だった」という意味。it は仮の主語で「それ」とは訳さない。to 不定詞以下が真主語。

9 [“The trust between a photographer and their subjects is important,”] says Yoshida.

O S' ← V' C' V S

この文の文構造は〈O＋V＋S〉。目的語が長い場合，文のリズムを良くするために目的語を先に置き，あとに動詞と主語を置くことがある（倒置という）。their は直前の a photographer を指している。a photographer の性別が特定されていない場合，代名詞はふつう his or her で受けるが，ここでは their で代用されている。subject は「被写体」という意味。

10 “If they don’t trust a photographer, they will not show who or what they really are.”

S' V' O' S V O

3つの they は **9** の文の their subjects を指す。主節の目的語は who or what they really are で，「彼らが本当は誰または何であるか」という意味。show の目的語が who と what で導かれる名詞節となっており，who の後ろには what 節と共通する they really are が省略されている。

11 To gain their trust, she behaved as if she were an African woman.

S V ← S' V' C'

To gain their trust は「彼らの信頼を得るために」という意味で，their は **9** の文の their subjects を指す。〈as if＋主語＋were〉は「まるで…であるかのように」という意味。⇒ Grammar

12 She wore the same costume, ate the same meals, and put on the same make-up.

S V O V O V O

11 の文の具体例を示している。put on ... は「…を身につける」という意味。

⑬ This led to her success.
S V

This は⑪と⑫の文の内容を指す。led は lead の過去形で lead to ... は「…（という結果）につながる」という意味。

Grammar

仮定法過去の as if 節　〈as if＋主語＋were〉で，「まるで…であるかのように」のように，事実に反する事柄を表します。

Yoshida behaved as if she were an African woman.
まるで彼女がアフリカの女性であるかのように
（ヨシダさんはまるで自分がアフリカの女性であるかのようにふるまいました。）

He acts as if he were my boss.
まるで彼が私の上司であるかのように
（彼はまるで自分が私の上司であるかのようにふるまっています。）

解説 as if の後ろには〈主語＋were〉の仮定法過去を続けることができ，be 動詞の過去形は were を用いるのが基本。主節の動詞には上の例文のように過去形（behaved）や現在形（acts）を置くことができる。

Try It!

（　　）内の語（句）を並べかえて，ペアで対話しましょう。

1. *A* : Look at this photo of her.
   B : Wow, she looks (a member / as / if / were / she) of the tribe.
2. *A* : Can you tell us more about your days in Africa?
   B : Sure. I don’t know why, but I always felt (as / I / if / Japanese / not / were).

ヒント 1. *A*「この彼女の写真を見てください。」
B「わあ，彼女はまるでその種族の一員のように見えます。」
〈as if＋主語＋were ...〉の語順にする。
2. *A*「私たちにアフリカでのあなたの日々についてもっと教えていただけますか。」
B「もちろんです。なぜかわかりませんが，私はまるで自分が日本人ではないようにいつも感じていました。」〈as if＋主語＋were not ...〉の語順にする。

練習問題

（　　）内の語を並べかえなさい。

A : Look! The cat is behaving (if / as / hungry / it / were).
B : I saw it eating something just a minute ago.

練習問題解答

as if it were hungry

解説 *A*「見て！　そのネコはまるで空腹であるかのようにふるまっています。」
B「私はちょうど数分前，それが何かを食べているのを見ました。」
〈as if＋主語＋were ...〉の語順にする。

イラストを見て，語（句）の意味を推測しましょう。

1. Ethiopia　**2.** TV program　**3.** Amazon region

ヒント 教科書p.152では，**1.** 国旗と，一地点が赤く塗られたアフリカ大陸が描かれている。**2.** 番組表が映っているテレビの画面と，リモコンが描かれている。**3.** 南アメリカ大陸の北部に河川と森林らしきものが描かれている。

本文を読んで，（　　）内に適切な語や数字を入れましょう。

Can you tell me something about Yoshida's pictures?

Well, this is a photo of people who (①　　　　) to the Suri Tribe in Ethiopia. So far, she has taken pictures of more than (②　　　　) ethnic groups in Africa.

ヒント「私にヨシダさんの写真について何か教えてくれませんか。」
「ええと，これはエチオピアのスリ族に(　①　)人々の写真です。今まで，彼女はアフリカで(　②　)を超える民族集団の写真を撮ってきました。」
①は教科書p.153の2〜3行目，②は7〜8行目を参照。

Speak / Write

What do you think of Yoshida's message about being different?

Plus One

ヒント「あなたは異なっていることについてのヨシダさんのメッセージをどう思いますか。」

本文

1 Look at the left photo above.// **2** This photo,/ which Yoshida took in 2015,/ changed her life.// **3** It is a photo of people / who belong to the Suri Tribe in Ethiopia.// **4** Luckily,/ it was featured in a TV program that year,/ and it made her famous.// **5** Although she had not expected to become a photographer,/ she ended up becoming a professional one.//

上の左の写真を見なさい　この写真　それはヨシダさんが2015年に撮ったのだが　彼女の人生を変えた　それは人々の写真だ　エチオピアのスリ族に属している　幸運にも　それはその年にテレビ番組で特集された　そしてそれは彼女を有名にした　彼女は写真家になるつもりはなかったが　彼女は結局プロの写真家になった

6 So far,/ she has taken pictures of more than 200 ethnic groups in Africa.// **7** Now,/ she takes pictures of people around the world /

今まで　彼女はアフリカで200を超える民族集団の写真を撮ってきた　現在　彼女は世界中の人々の写真を撮る

語句

- ☐ Suri Tribe /súːriː tràɪb/ 名 スリ族
- ☐ Ethiopia /ìːθióʊpiə/ 名 エチオピア
- ☐ luckily /lʌ́kəli/ 副 幸運にも
- ☐ program(s) /próʊgræm(z)/ 名 番組
- ☐ expect(ed) /ɪkspékt(ɪd)/ 動 …するつもりである

who look beautiful to her.// **8** For example,/ she has been to the
彼女にとって美しく見える　たとえば　彼女はアマゾン川流域にも
Amazon region,/ as well as several Asian countries.//
行ったことがある　いくつかのアジアの国だけでなく
9 Why do people in Yoshida's pictures look beautiful?// **10** She
なぜヨシダさんの写真の中の人々は美しく見えるのか　彼女は
seems to bring out the beauty in people everywhere.// **11** Yoshida
どこでも人々の美しさを引き出すように思われる　ヨシダさんは…と
says,/ "Being different is one of the most beautiful things on Earth.//
言う　「異なることは地球上で最も美しいことの1つだ
12 If we were all the same,/ the world would be boring."//
もし私たちがみな同じならば　世界は退屈だろうに」

□ Amazon /ǽməzὰːn/
名 アマゾン川
□ region /ríːdʒən/
名 地域

読解のポイント

2 This photo, which Yoshida took in 2015, changed her life.
(This photo = S, Yoshida = S', took = V', changed = V, her life = O)

This photo は**1**の文の the left photo above を指している。〈, ＋ which〉は関係代名詞の非制限用法で，先行詞This photoに情報を加えている。

3 It is a photo of people who belong to the Suri Tribe in Ethiopia.
(It = S, is = V, a photo = C)

who以下は主格の関係代名詞が導く節で，先行詞peopleを修飾している。belong to ... は「…に所属する」という意味。

4 Luckily, it was featured in a TV program that year, and it made her famous.
(it = S, was featured = V, it = S, made = V, her = O, famous = C)

文頭のLuckilyは「幸運にも」という意味で，文全体を修飾している。2つの主語itは**3**の文のa photo of people ... Ethiopiaを指す。featureは「…を特集する」という意味で，受け身となっている。〈make＋O＋C（形容詞）〉は「OをCにする」という意味。

5 Although she had not expected to become a photographer, she ended up becoming a professional one.
(she = S', had not expected = V'（過去完了形）, to become a photographer = O', she = S, ended up = V（過去形）, becoming a professional one = O)

Althoughは「…であるけれども」，expect to *do*は「…するつもりである」という意味。Although節では過去完了形が使われており，過去のある時点までは「写真家になるつもりはなかった」ことを示している。主節のend up *do*ingは「結局…する」という意味。文末のoneはこの文のphotographerを指している。

6 So far, she has taken pictures of more than 200 ethnic groups in Africa.
(she = S, has taken = V, pictures = O)

So farは「今までのところでは」という意味で現在完了形とともに用いられることが多い。

7 Now, she takes pictures of people around the world who look beautiful to her.
S V O

6のSo farで始まる現在完了形の文の後，ここではNowとあり，「ヨシダさんの現在の活動」に焦点を当てている。whoは主格の関係代名詞で，先行詞peopleを修飾している。

8 For example, she has been to the Amazon region, as well as several Asian countries.
S V 〈A as well as B〉

For exampleとあり，7の文のaround the worldを具体的に説明している文。has been to ...は「…に行ったことがある」という意味。〈A as well as B〉は「BだけではなくAも」という意味で，「A」に主眼を置いている表現。

9 Why do people in Yoshida's pictures look beautiful?

〈look＋C（形容詞）〉は「…に見える」という意味。

10 She seems to bring out the beauty in people everywhere.
S V

seem to *do*は「…するように思われる」，bring out ...は「…を引き出す」という意味。

11 Yoshida says, [“Being different is one of the most beautiful things on Earth.
S V O S' V' C'

saysの目的語は引用符を含む文で，動名詞句Being differentが引用文の中の主語となっている。

12 If we were all the same, the world would be boring.”]
S' V' C' S V C

〈If＋主語＋were ..., 主語＋助動詞の過去形＋動詞の原形〜〉は「もし…ならば，〜だろうに」という意味で仮定法過去を用いて事実に反する事柄を表した文。wouldは助動詞willの過去形。

⇒ Grammar

Grammar

仮定法過去のif節 〈if＋主語＋were ...〉，〈if＋主語＋動詞の過去形 ...〉などで，「もし…ならば」のように現在の事実に反する事柄や実現の可能性が低い事柄を表します。

If we were all the same, the world would be boring.（現在の事実に反する事柄）
〈if＋主語＋were ...〉 〈主語＋助動詞の過去形＋動詞の原形〜〉
（もし私たちがみな同じならば，世界は退屈だろうに。）

If you had your own jet, you could arrive in Ethiopia tonight.（実現の可能性が低い事柄）
〈if＋主語＋動詞の過去形 ...〉 〈主語＋助動詞の過去形＋動詞の原形〜〉
（もしあなたが自分のジェット機を持っていれば，あなたは今夜エチオピアに到着できるのだが。）

解説 if節を含む仮定法過去の文では，「もし…ならば，〜だろうに」という意味を表すことができる。if節では，動詞はbe動詞の過去形wereまたは，一般動詞の過去形を用いる。主節には主語のあとに助動詞の過去形が使われ，〈would＋動詞の原形〉「…だろうに」，〈could

＋動詞の原形〉「…することができるだろうに」という意味になる（例）。

例 If we were able to leave here before two, we could watch the movie from the beginning.
（もし私たちが2時前にここを出発することができれば，私たちはその映画を最初から見ることができるのだが。）

Try It!

（　）内の語（句）を並べかえて，ペアで対話しましょう。

1. *A* : What photos would you take (a professional photographer / if / were / you)?
B : Hmm, I would take photos of my favorite musicians. Perhaps!

2. *A* : Where would you live (abroad / could / live / if / you) now?
B : I would live in Ethiopia.

ヒント **1.** *A*「もしあなたがプロの写真家ならば，あなたは何の写真を撮りますか。」
B「うーん，私は私のいちばん好きな音楽家の写真を撮るでしょう。おそらく！」
What photos would you takeとあり，現在の事実に反する事柄を表しているので，if節も仮定法過去の〈if＋主語＋were ...〉の語順にする。

2. *A*「もしあなたが今海外に住むことができるなら，あなたはどこに住みますか。」
B「私はエチオピアに住むだろうと思います。」
Where would you liveとあり，現在の事実に反する事柄を表しているので，if節も仮定法過去の〈if＋主語＋助動詞の過去形＋動詞の原形...〉の語順にする。

練習問題

（　）内の語（句）を並べかえなさい。

A : It's a beautiful day today!
B : (didn't / if / a test / I / have) tomorrow, I could go hiking.

練習問題解答

If I didn't have a test

解説 **1.** *A*「今日はすばらしい日です！」
B「もし私が明日テストがなければ，私はハイキングに行くことができるのに。」
主節にI could goとあり，事実に反する事柄を表すので，〈if＋主語＋(助)動詞の過去形 ...〉の語順にする。

Summary 1 本文の内容に合うように，空所を埋めましょう。

Part1

- ヨシダナギさんは，5歳のときにアフリカの ① に興味を持ちました。
- 彼女は，② 歳のときに，アフリカを訪れることができました。

Part2

- ヨシダさんは，写真を撮ることで，アフリカをより ③ してもらいたいと考えました。
- 彼女は，伝統衣装を着た人たちの写真を撮ることで，次の ④ に伝統を伝えられると信じています。
- 彼女は現地の人たちの ⑤ を得るために，彼らと同じ衣装を着て，同じ食事をし，同じ化粧をしました。

Part3

- ヨシダさんは，今までにアフリカで ⑥ 以上の民族を撮ってきました。
- 「⑦ ということは，地球上で最も美しいことの1つだ。」と彼女は言っています。

ヒント それぞれの教科書の参照ページを示す。①p.149の4～5行目 ②p.149の15～16行目 ③p.151の4～5行目 ④p.151の9～11行目 ⑤p.151の16～18行目 ⑥p.153の7～8行目 ⑦p.153の14～15行目。

Summary 2 (　) 内に入る語 (句) を ［　］ の中から選び，要約を完成しましょう。

Yoshida Nagi saw the Masai people on television / (① 　　　) she was five years old.//
ヨシダナギさんはテレビでマサイ族の人々を見た　彼女が5歳だった (①)

She had a tough time in her school days.// (② 　　　) she left school,/ she saved money / and visited Africa.//
彼女は学生時代につらい時期があった　彼女は学校を去った (②)　彼女はお金をためた　そしてアフリカを訪れた

Yoshida wanted to show others / how attractive Africa and the people there were.//
ヨシダさんはほかの人たちに…を示したかった　アフリカとそこの人々がどんなに魅力的か

(③ 　　　),/ she believes / that her pictures might help African people to pass their traditions on to following generations.// (④ 　　　),/ it was difficult to take pictures she was satisfied with.// So, / she behaved as if she were an African woman.//
(③)　彼女は…と思っている　彼女の写真がアフリカの人々が彼らの伝統を次の世代に伝えることを助けるかもしれない　(④)　彼女が満足する写真を撮ることは難しかった　だから　彼女はまるで自分がアフリカの女性であるかのようにふるまった

One photo of the Suri Tribe changed her life.// (⑤ 　　　),/ it was featured in a TV program.// The picture made her become a professional photographer.// Now, / she takes
1枚のスリ族の写真が彼女の人生を変えた　(⑤)　それはテレビ番組で特集された　その写真が彼女をプロの写真家にした　現在　彼女は

photographs of not only ethnic groups in Africa,/ (⑥) also various people around
アフリカの民族集団の写真を撮るだけではなく 世界中の様々な人々（ ⑥ ）

the world / who look beautiful to her.//
彼女にとって美しく見える

in addition / however / but / after / luckily / when

ヒント それぞれの教科書参照ページを示す。①p.149の4～6行目 ②p.149の13～16行目 ③p.151の6～11行目 ④p.151の12行目 ⑤p.153の3～5行目 ⑥p.153の7～9行目。要約文のnot only, alsoに注目。

Vocabulary 英語のヒントを読んで，本文に出てきた単語を書きましょう。

1. p□□□□□□□□□□er ………… someone who takes pictures as a job
2. el□□□□□□□□ school ………… a school for children between the ages of about 6 and 12
3. f□□□□s ………… known about by many people

ヒント 1.「仕事として写真を撮る人」 2.「約6歳と12歳の間の子供たちのための学校」 3.「多くの人々によって知られている」

Key Expressions 日本語と同じ意味になるように，（ ）内に適切な語を入れて文を言いましょう。

1. Yoshida Nagi ( ) ( ) become a photographer.
ヨシダナギさんは，偶然写真家になりました。
2. She says the photo of the Suri Tribe is ( ) ( ) her favorite pictures.
彼女は，スリ族の写真が彼女のお気に入りの写真の1つだと言います。
3. She ( ) ( ) the same make-up as ethnic groups in Africa.
彼女は，アフリカの民族と同じ化粧をしました。
4. The Suri Tribe ( ) ( ) being kind to Nagi.
スリ族は，最後にはナギさんに親切になりました。

ヒント 1.「偶然…した」に相当する語句を入れる。 2.「…の1つ」に相当する語句を入れる。 3.「化粧をした」は「化粧を身につけた」と考え，「…を身につけた」に相当する語句を入れる。 4.「最後には…した」に相当する語句を入れる。

Grammar for Communication 例を参考に，日記を書くつもりで，あこがれの人について書きましょう。

I wish I were ❶ Yoshida Nagi.
She [He] ❷ behaves as if she were not afraid of anything.

If I had ❸ more courage, I could go abroad alone.

Tool Box

❶ Ichiro / Lady Gaga
イチロー　レディー・ガガ

❷ plays as if he would never lose / sings as if she were speaking to the world
まるで彼は決して負けることはないかのようにプレーする　まるで彼女は世界に話しかけているかのように歌う

❸ more strength, become a baseball player / more talent, be a star
もっと強さ，野球選手になる　もっと才能，スターになる

ヒント「私がヨシダナギさんだったらいいのに。彼女［彼］はまるで何もおそれていないかのようにふるまいます。もし私にもっと勇気があれば，私は1人で海外に行くことができるだろうに。」

教科書 ▶pp.156-157, 184

Listen Scene 1 海外のラジオ番組に出演したヨシダナギさんのインタビューの一部を聞きましょう。

Interviewer: Thank you for being with us.//
インタビュアー：私たちといっしょにいてくれて［出演してくれて］ありがとう

Yoshida: It's my pleasure.//
ヨシダさん：どういたしまして

Interviewer: Did you experience anything surprising in Africa?//
インタビュアー：あなたはアフリカで何か驚くべきことを体験したか

Yoshida: Well, /of course.// Africa was totally different from Japan.// Sometimes those differences took me by surprise.// For example, / I once stayed at a hotel.// I found out / that my space had no roof, no walls, and not even a bed.// I received two mattresses and a mosquito net.// There were no lights or even electricity,/ so I had to prepare my "bedroom" by daylight.//
ヨシダさん：ええと　もちろん　アフリカは日本とまったく異なっていた　時々それらの違いは私をびっくりさせた　たとえば　私は以前ホテルに滞在した　私は…を知った　私の空間が屋根も壁もベッドさえもないこと　私はマットレス2枚と蚊帳（かや）1張りを受け取った　明かりも電気さえもなかった　だから私は　昼間に私の「寝室」を準備しなければならなかった

語句
- □ totally /tóutəli/ 副 まったく
- □ space /spéɪs/ 名 空間
- □ mattress(es) /mǽtrəs(ɪz)/ 名 マットレス
- □ mosquito net /məskíːtou nèt/ 名 蚊帳
- □ daylight /déɪlàɪt/ 名 昼間

Listen and Answer　問いの答えを選びましょう。

1. Where did Yoshida stay when she was in Africa?

a. In a tent.　**b.** In a house.　**c.** In a hotel.

2. Yoshida thought Africa was different from Japan. What was different?

a. The hotel had mattresses.　**b.** She did not have her own space.

c. The hotel did not have a roof, walls, or a bed.

3. When did Yoshida have to prepare her "bedroom"?

a. Before it got dark.　**b.** After it got dark.　**c.** Before she went to bed.

ヒント **1.**「ヨシダさんはアフリカにいたとき，どこに滞在しましたか。**a.** テントに。**b.** 家に。**c.** ホテルに。」ヨシダさんの2番目の発言の4文目を参照。　**2.**「ヨシダさんは，アフリカは日本とは異なっていると考えました。何が異なっていましたか。**a.** そのホテルにはマットレスがありました。**b.** 彼女は自分自身の空間がありませんでした。**c.** そのホテルは屋根も壁もベッドもありませんでした。」ヨシダさんの2番目の発言の5文目を参照。　**3.**「ヨシダさんはいつ自分の『寝室』を準備しなければなりませんでしたか。**a.** 暗くなる前に。**b.** 暗くなったあとに。**c.** 寝る前に。」ヨシダさんの2番目の発言の最後の文を参照。

Write　Scene 2　ヨシダナギさんについて発表をするための原稿を作りましょう。

1. ①の空所に，**Part 1**の本文を参考に適切な語（句）を入れましょう。

2. ②の空所に，**Part 2**の本文を参考に適切な語（句）を入れましょう。

3. ③の空所に，**Part 3**の本文を参考に適切な語（句）を入れましょう。

4. ④の空所に，自分で調べたことや感じたことをもとに，適切な1文を考えて入れましょう。

Yoshida Nagi is a ① ______.// She began taking pictures / because she wanted to show /
ヨシダナギさんは（ ① ）だ　彼女は写真を撮り始めた　彼女は…を示したかったから

that Africa and the people there are ② ______.// Now, / she travels around the world / and
アフリカとそこの人々が（ ② ）だということ　現在　彼女は世界中を旅している

takes pictures of people / who look beautiful to her.// Yoshida says,/ "③ ______ is one of the
そして人々の写真を撮っている　彼女にとって美しく見える　ヨシダさんは…と言う「（ ③ ）は地球上で最も

most beautiful things on Earth."//
美しいことの1つである」

④ ______________________________.

ヒント **1.** 教科書p.149の1行目，**2.** p.151の1～2行目，**3.** p.153の14～15文目を参照。

定期テスト対策⑩（Lesson 10）

解答⇒p.219

1 日本語の意味を表すように，___に適切な語を入れなさい。

⑴ 私は偶然外を見ると，庭にシカが見えました。

I ____________ ____________ look outside and saw a deer in my yard.

⑵ 彼女は学校でなじむのに時間がかかりました。

It took time for her to ____________ ____________ at school.

⑶ 私はあなたの夢がまもなく実現することを願っています。

I hope your dream will ____________ ____________ soon.

⑷ この本はおもしろいだけでなく役に立ちます。

This book is useful ____________ ____________ ____________ interesting.

⑸ 今までのところでは，私はこの町のあたりでサルを見かけたことはありません。

I haven't seen any monkeys around this town ____________ ____________.

2 ___に，(　　) 内の語を適切な形に変えて入れなさい。

⑴ I often wish my dog ____________ speak.（can）

⑵ He wore a thick coat, as if it ____________ the middle of winter.（be）

⑶ If a day ____________ 25 hours, we could sleep one more hour.（have）

⑷ They wish it ____________ a bad dream.（be）

3 日本語に合うように，［　　］内の語（句）を並べかえなさい。

⑴ 私は世界中を旅行できたらいいのに。

[I / I / around / travel / wish / the world / could].

____.

⑵ 彼らはまるで私が彼らの古い友達であるかのように私に話しかけました。

They talked to me [if / their / as / I / old friend / were].

They talked to me ____.

⑶ もし私の製品がテレビ番組で特集されたら，それらはもっと売れるだろうに。

[were / featured / TV programs / if / my products / on], they would sell better.

____, they would sell better.

⑷ 私たちはビニール袋の使用をもっと速く減らすことができたらいいのに。

[we / could / the use / reduce / wish / we] of plastic bags more quickly.

____ of plastic bags more quickly.

4 次の各組の英文がほぼ同じ内容になるように，＿＿に適切な語を入れなさい。

(1) I want to take a taxi, but I don't have enough money.

I ＿＿＿＿＿＿ I ＿＿＿＿＿＿ enough money to take a taxi.

(2) I can't help you because I have to go.

If I ＿＿＿＿＿＿ have to go, I ＿＿＿＿＿＿ help you.

5 次の英語を日本語にしなさい。

(1) I wish I could bring out her talent for language.

＿＿＿＿＿＿＿＿＿＿＿＿＿＿＿＿＿＿＿＿＿＿＿＿＿＿＿＿＿＿

(2) What would happen if all of the Arctic icebergs melted?

＿＿＿＿＿＿＿＿＿＿＿＿＿＿＿＿＿＿＿＿＿＿＿＿＿＿＿＿＿＿

6 次の英文を読んで，質問に答えなさい。

In addition, she wanted to take photos of African people in their traditional costumes. Nowadays, some young people in the ethnic groups avoid ①(wear) their traditional clothes. ②<u>She believes that taking photos of people in their clothes might help pass their traditions on to following generations.</u>

However, it was difficult to take good photos at first. "The trust between a photographer and their subjects is important," says Yoshida. "③<u>If they don't trust a photographer, they will not show who or what they really are.</u>"

To gain their trust, she behaved as if she ④(be) an African woman. She wore the same costume, ate the same meals, and put on the same make-up. ⑤<u>This</u> ⑥(lead) to her success.

(1) ①・④・⑥の（　　）内の語を適切な形にしなさい。

①＿＿＿＿＿＿　④＿＿＿＿＿＿　⑥＿＿＿＿＿＿

(2) 下線部②を日本語にしなさい。

＿＿＿＿＿＿＿＿＿＿＿＿＿＿＿＿＿＿＿＿＿＿＿＿＿＿＿＿＿＿

＿＿＿＿＿＿＿＿＿＿＿＿＿＿＿＿＿＿＿＿＿＿＿＿＿＿＿＿＿＿

(3) 下線部③を日本語にしなさい。

＿＿＿＿＿＿＿＿＿＿＿＿＿＿＿＿＿＿＿＿＿＿＿＿＿＿＿＿＿＿

(4) 下線部⑤の具体的な内容（行動）を日本語で書きなさい。

＿＿＿＿＿＿＿＿＿＿＿＿＿＿＿＿＿＿＿＿＿＿＿＿＿＿＿＿＿＿

教科書 ▶ pp.160-161

本文

1 Dear Ichiro,/
親愛なるイチローへ

2 First off,/ I want to thank you / for being a great friend to me /
まず初めに　私はあなたに感謝したい　私にとってすばらしい友達であること
and being my favorite player to this day.//
に対して　そして今日まで私のいちばん好きな選手であることに対して

3 Before I made the decision to play baseball,/ I remember
私が野球をプレーする決心をする前に　私はあなたを
looking at you and thinking to myself,/ "Wow, / that guy is skinny like
見て心の中で考えたことを覚えている　「わあ　あいつは自分のようにがりがりだ
me,/ so if he could do it, / I most definitely can, too!"// **4** You made
だからもし彼がそれをできるなら　自分も絶対にできる」　あなたは私に野球
me want to play baseball.// **5** I idolized you as a kid in Avon Park.//
をプレーしたい気持ちにさせた　私は子供のときエイボン・パークであなたに心酔した
6 We even named a player after you / in an old video game that came
私たちは選手にあなたの名前を付けさえもした　私が生まれる前に発売された古い
out before I was born.//
テレビゲームで

7 I met you in 2004 in Houston at the All-Star Game.// **8** I
私は2004年にヒューストンでのオールスターゲームであなたに会った　私は
remember walking across the field with my dad around 3 p.m.,/ and
午後3時ごろに父とフィールドを横切って歩いたことを覚えている　そして
you were already there stretching and getting ready / — at the All-Star
あなたはすでにそこにいてストレッチと準備をしていた　オールスターゲームで
Game!// **9** No one does that!//
誰もそんなことはしない

10 It seemed like everyone else was huge and hit homers,/ but you
ほかの誰もが巨大でホームランを打つように思えた　しかしあなたは
stayed true / to yourself, / your work, / your process, / and, / most
忠実だった　自分自身に対して　自分の仕事に対して　自分の手順に対して　そして　最も
importantly, / your culture.// **11** You showed me / that I could do
重要なことには 自分の文化に対して　あなたは私に…を示した　私は何もかも
anything and everything / I could possibly want to do in this game,/
できるということ　この試合でおそらく私がしたい

語句

- □ guy /gáɪ/ 名 やつ
- □ skinny /skíni/ 形 がりがりの
- □ idolize(d) /áɪdəlàɪz(d)/ 動 …に心酔する
- □ kid /kíd/ 名 子供
- □ Avon Park /éɪvn pá:rk/ 名 エイボン・パーク
- □ Houston /hjú:stn/ 名 ヒューストン
- □ All-Star Game /ɔ́:lstà:r géɪm/ 名 オールスターゲーム
- □ homer(s) /hóʊmər(z)/ 名 ホームラン
- □ importantly /ɪmpɔ́:rtntli/ 副 重要なことには
- □ possibly /pá:səbli/ 副 おそらく

even when literally *everyone* is twice as big as us!//
文字通り誰もが私たちの2倍の大きさがあるときでさえ

⑫ Then, / here comes 2012.// ⑬ The Dodgers are in Seattle /
それから　2012年がやってきた　ドジャースはシアトルにいて

playing you guys.// ⑭ I'm standing at shortstop / watching every
あなたたちと対戦している　私はショートに立っていて　あなたの一挙一動を

move you make,/ and I end up adding to your hit total.// ⑮ I got
見ている　私はついにはあなたの通算安打の積み上げに貢献してしまった　私は

caught up / paying more attention to watching you hit / than actually
夢中になった　あなたがヒットを打つのを見るのにより注意を払うこと　実際に

playing defense!// ⑯ (Sorry,/ Dodgers,/ but that's Ichiro, / you
守備をすることよりも　申し訳ない　ドジャース　でもイチローだ

know?)//
わかる？

⑰ The next day, / you were traded to the Yankees / before I could
その次の日　あなたはヤンキースにトレードされた　私が打撃に

even talk to you about hitting.// ⑱ I was crushed,/ but then came
ついてあなたに話しかけさえする前に　私は打ちひしがれた　しかしその後

2015.// ⑲ I had just been traded to Miami, / and a few days later, /
2015年がきた　私はマイアミにトレードされたばかりだった　そして2，3日後

you signed there!//
あなたはそこで契約した

- ☐ literally /lítərəli/
  副 文字通りに
- ☐ Dodgers /dá:dʒərz/
  名 ドジャース
- ☐ Seattle /siǽtl/
  名 シアトル
- ☐ shortstop /ʃɔ́:rtstɑ̀:p/
  名 遊撃手，ショート
- ☐ total /tóutl/
  形 総計の
- ☐ attention /əténʃən/
  名 注意
- ☐ defense /dɪféns/
  名 守ること，守備
- ☐ Yankees /jǽŋkiz/
  名 ヤンキース
- ☐ crush(ed) /krʌ́ʃ(t)/
  動 …を打ちひしぐ
- ☐ Miami /maɪǽmi/
  名 マイアミ

読解のポイント

② First off, I want to thank you for being a great friend to me and being my favorite player to this day.
(I = S, want to thank = V, you = O)

First offは「まず初めに」，thank ... for～は「～に対して…に感謝する」という意味。

③ Before I made the decision to play baseball, I remember looking at you and thinking to myself, [“Wow, that guy is skinny like me, so if he could do it, I most definitely can, too!”]
(I = S', made = V', the decision = O', to play baseball = 同格; I = S, remember = V, looking at you / thinking to myself = O; that guy = S', is = V', skinny = C'; he = S'', could do = V'', it = O''; I = S', can = V')

make the decisionは「決心する」という意味で，to play baseball「野球をプレーする」という意味の不定詞句とイコールの関係（同格）。remember *doing*は「…したことを覚えている」という意味で，目的語はlookingとthinkingの動名詞句。think to *one*selfは「心の中で考える」という意味。itはこの文のto play baseballを指す。canの後ろにdo itが省略されている。

④ You made me want to play baseball.
(You = S, made = V, me = O, want to play baseball = C（原形不定詞）)

〈make＋O＋原形不定詞〉で「…に～させる」という意味。③の文にあるように，「体が細いイチロー選手の存在が，ゴードン選手に野球をしたい気持ちにさせた」ということ。

5 I idolized you as a kid in Avon Park.
S V O

前置詞asはここでは「…のときに」という意味。Avon Parkはゴードン選手の出身地。

6 We even named a player after you in an old video game that came out before I was born.
S V O S' V'

主語がWeとなっており，「ゴードン選手と，いっしょにプレーをした人」を指すと推測される。name ... after ～は「～にちなんで…に名前を付ける」という意味。that came outは主格の関係代名詞が導く節で，an old video gameを修飾している。beforeは接続詞で，〈S' + V'〉の節を導いている。

8 I remember walking across the field with my dad around 3 p.m., and you were already there stretching and getting ready — at the All-Star Game!
S V O S V
分詞構文

stretching and getting readyは分詞構文で，「…しながら」という意味を表す。

9 No one does that!
S V O

No oneは「誰も…ない」という意味で，否定文となる。thatは**8**の文のyou were already there stretching and getting readyを指す。

10 It seemed [like everyone else was huge and hit homers], but you stayed true to yourself, your work, your process, and, most importantly, your culture.
S V S' V' C' V' O' S V C

It seemed like ...は「…のように思われた」という意味で，likeは接続詞で「…のように」を表す。hit a homerは「ホームランを打つ」という意味。この文は「大柄なホームランバッター選手ばかりの中で，イチロー選手はぶれずに自分のスタイルを貫いていた」ということを表す。

11 You showed me [that I could do anything and everything I could possibly want to do in this game, even when literally *everyone* is twice as big as us]!
S V O O S' V' O' S'' V'' S''' V''' C'''

showedの2つ目の目的語がthat節となっている文。I could possibly ... gameは〈S + V〉を含む節で，直前の名詞anything and everything「何もかも」を修飾している（everythingのあとに目的格の関係代名詞thatが省略されていると捉えることも可能）。could possiblyは強調表現で，日本語に訳さないのが自然。twice as ... as ～で「～の2倍…」という意味。

12 Then, here comes 2012.
V S

〈here comes + S〉は「…がやってきた」という意味で，〈V + S〉の語順で注意を引く表現。このパラグラフ（**12**～**14**の文）では現在時制が用いられている。これは，過去に起こったことについて現在起こっているかのような臨場感を与える表現方法。

⑬ The Dodgers are in Seattle playing you guys.
S　V　分詞構文

The Dodgersは当時ゴードン選手が所属していたチームで，Seattleはイチロー選手が当時所属していたマリナーズの本拠地。playはここでは「…と対戦する」，you guysは「あなたたち」という意味で，youはマリナーズを指す。playing ... は分詞構文。

⑭ I'm standing at shortstop watching every move you make, and I end up adding to your hit total.
S　V　分詞構文　S'　V'　S　V

watching ... は「…しながら」という意味の分詞構文。you makeは〈S＋V〉を含む節で，名詞のevery moveを修飾している。end up *doing*は「ついには…することになる」，add to ... は「…を増やす」という意味。

⑮ I got caught up paying more attention to watching you hit than actually playing defense!
S　V　〈知覚動詞＋O＋原形不定詞〉

get caught up (in) *doing*は「…することに夢中になる」という意味。pay more attention to ... than 〜は「〜よりも…にもっと注意を払う」という意味で，比較表現が用いられており，前置詞toとthanのあとは動名詞句となっている。watch you hitは〈知覚動詞＋O＋原形不定詞〉「Oが…するのを見る」を用いた表現。play defenseは「守備をする」という意味。

⑰ The next day, you were traded to the Yankees before I could even talk to you about hitting.
S　V　S'　V'

be traded to ... は「…にトレードに出される［移籍させられる］」という意味。

⑱ I was crushed, but then came 2015.
S　V　V　S

came 2015は〈V＋S〉の語順となっており，注意を引く表現。

⑲ I had just been traded to Miami, and a few days later, you signed there!
S　V　S　V

had just been tradedは過去完了形の受け身で，「ちょうどトレードに出されたばかりだった」という意味で，「イチロー選手がマイアミで契約した時点」で完了していた動作を表している。2012年はイチロー選手と対戦相手だったが，2015年にはチームメートになったことを表す。

教科書 ▶p.162

本文

1 Now / I'm jumping up and down,/ yelling to my best friend,/
今 私はひどく興奮している そして私の親友に大声をあげている

"Hey!!!// 2 I get to play with Ichi-bro?!// 3 Like, are you serious?//
「おい 私がイチ兄とプレーするようになる おい，マジかよ

4 Me?// 5 No way!"// 6 I remember going to Jupiter early,/ just
私が まさか」 私は早くにジュピターに行ったことを覚えている ただ

hoping you were there / so I could watch you hit and run.// 7 When
あなたがそこにいるのを願いながら 私はあなたが打ったり走ったりするのを見られるように

you finally arrived, /I nervously walked over to you / and you were so
あなたがようやく到着したとき 私はあがってあなたのほうへ歩いて行った そして

nice to me.// 8 You told me you would help me in any way possible.//
あなたは私にとても親切だった あなたは私に可能なあらゆる方法で助けると言った

9 I swear, it hit me hard.// 10 To this day, / I still say,/ "Hey!// 11 I
マジで感動した 今日まで 私はいまだに…と言う 「おい

play with Ichi?!// 12 How?// 13 I'm from little Avon Park!"//
私がイチとプレーする どうやって 私は小さなエイボン・パーク出身なのに」

14 People don't know / how much you've helped me / over these
人々は…を知らない どれだけあなたが私を助けてきたか この過去

last five years,/ Ichi.// 15 We both know/ I've had good times, bad
5年の間 イチ 私たちは2人とも…を知っている 私が良いとき，悪いとき，

times, ups and downs,/ but your friendship never wavered once.//
浮き沈みがあったこと しかしあなたの友情はただの一度も揺らがなかった

16 You always stuck by my side / through anything,/ and always had
あなたはいつも私をそばで支えてくれた 何でも初めから終わりまで そしていつも私を

my back.// 17 If I was wronged, /you would stick up for me every
守ってくれた もし私が不当な扱いを受けたら あなたは毎回私を弁護してくれるのだった

time,/ even if it hurt you getting on the field.//
たとえそれがあなたがグラウンドに出ることを妨げたとしても

18 I didn't think / a tweet or Instagram post was appropriate for
私は…とは思わなかった ツイッターのツイートやインスタグラムの投稿はこの場に

this occasion,/ so I wanted to do it the right way / and tell you / how
ふさわしい だから私はそれを正しい方法でしたかった そしてあなたに伝えたかった

much I appreciate you / as loudly as possible.// 19 Without your
どれだけ私があなたに感謝しているか できる限り大きな声で あなたの友情と

friendship and guidance / — and if you never told me your secrets
指導がなかったら そしてもしあなたが秘訣を決して私に教えなかったら

語句

- □ bro /bróu/ 名 兄弟
- □ Jupiter /dʒúːpətər/ 名 ジュピター
- □ nervously /nə́ːrvəsli/ 副 あがって
- □ swear /swéər/ 動 誓う
- □ waver(ed) /wéɪvər(d)/ 動 揺らぐ
- □ tweet /twíːt/ 名（ツイッターの）ツイート
- □ Instagram /ínstəgræ̀m/ 名 インスタグラム
- □ appropriate /əpróupriət/ 形 ふさわしい
- □ loudly /láudli/ 副 大声で
- □ guidance /gáɪdns/ 名 指導
- □ secret(s) /síːkrət(s)/ 名 秘訣

(don't worry, / I'll never tell!) — / there wouldn't be a batting
（心配するな　私は決して言わない）　ディー・ゴードンという名の首位打者は
champion named Dee Gordon.//
いないだろう

20 Love you, bro!// 21 You're a part of my life forever.// 22 I hope
愛している　兄よ　あなたは永遠に私の人生の一部だ　私はあなたが
you enjoy retirement.// 23 You better come hit with me on days off /
引退後の生活を楽しむことを願っている　絶対休暇にいっしょに打撃練習しにきてほしい
because I'm definitely going to miss that / — and miss having you
私は絶対それを懐かしく思うから　そしてあなたがそばにいてくれることを懐かしく
around / to lean on.//
思うから　頼るべき

24 Your brother,/
あなたの弟
DeVaris //
ディバリス

- ☐ batting /bǽtɪŋ/ 名 バッティング，打撃
- ☐ Dee Gordon /díː gɔ́ːrdn/ 名 ディー・ゴードン
- ☐ retirement /rɪtáɪərmənt/ 名 引退
- ☐ day(s) off /dèɪ(z) ɔ́ːf/ 名 休暇
- ☐ lean /líːn/ 動 寄りかかる
- ☐ DeVaris /dəvǽrɪs/ 名 ディバリス

読解のポイント

1 Now I'm jumping up and down, yelling to my best friend, "Hey!!!
(I = S, 'm jumping = V, yelling to my best friend = 分詞構文)

この文も過去のことを述べているが，臨場感を与えるために現在時制が用いられている。jump up and downは「ひどく興奮する」という意味。yell to ... は「…に大声をあげる」という意味で，分詞構文は「…しながら」の意味で用いられている。

6 I remember going to Jupiter early, just hoping [you were there] [so I could watch you hit and run].
(I = S, remember = V, going to Jupiter early = O, hoping = 分詞構文, you = S', were = V', I = S'', could watch = V'', you = O'', hit and run: 〈知覚動詞＋O＋原形不定詞〉)

hoping ... thereは分詞構文で，「…しながら」という意味。hopingの後ろにはthatが省略されており，〈S'+V'〉の節が続く。〈so (that)＋主語＋can ...〉は「～が…できるように」という意味で節を導く。canは時制の一致によって過去形になっている。

7 When you finally arrived, I nervously walked over to you and you were so nice to me.
(you = S', arrived = V', I = S, walked = V, you = S, were = V, nice = C; finally → arrived, nervously → walked)

nervouslyは「あがって」という意味で，ゴードン選手の緊張を表している。

8 You told me [you would help me in any way possible].
(You = S, told = V, me = O, [...] = O, you = S', would help = V', me = O'; possible → any way)

told meのあとには接続詞thatが省略されている。wouldはwillの過去形で，主節との時制の一致で過去形になっている。形容詞possibleは強調のためany wayを後ろから修飾している。

9 I swear, it hit me hard.
S V S' V' O'

it は8の文の内容全体を指す。

10 To this day, I still say, "Hey!
S V O

この文の"Hey! から13の文までは，1の文の"Hey! から5の文までと内容が似ている。これは，1～5の当時の状況と10～13の現在の状況を対比させることで，ゴードン選手のイチロー選手に対する心酔に変わりがないことを表している。

13 I'm from little Avon Park!"
S V C

小さな町の出身であるゴードン選手が，イチロー選手とプレーできることの驚きを示している。

14 People don't know [how much you've helped me over these last five years], Ichi.
S V O S' V' O'

know の目的語は how much で始まる間接疑問で，疑問詞の後ろは〈S＋V〉の語順になる。前置詞 over は期間を表す語句とともに用いると，「…の間（ずっと）」という意味になる。

15 We both know [I've had good times, bad times, ups and downs], but your friendship never wavered once.
S V O S' V' O' O' O' S V

We と both はイコールの関係で both「2人とも」は代名詞。know の目的語は that 節で that は省略されている。never once は「ただの一度も…ない」という意味で，never を強調した表現。

16 You always stuck by my side through anything, and always had my back.
S V V O

stuck は動詞 stick の過去形。through はここでは「…の初めから終わりまで」という意味。

17 If I was wronged, you would stick up for me every time, even if it hurt you getting on the field.
S' V' S V O S'' V'' O''

would は「…したものだ」という意味で，過去の習慣を表す。even if 節の it は直前の If I was ... every time を指す。hurt の目的語は動名詞句で，you は getting の意味上の主語。get on the field は「グラウンドに出る」という意味。「イチロー選手の試合の出場機会を減らしてしまったこと」を表す。

18 I didn't think [a tweet or Instagram post was appropriate for this occasion], so I wanted to do it the right way and tell you [how much I appreciate you] as loudly as possible.
S V O S' V' C' S V O V O O S' V' O'

イチロー選手の引退にあたって，ゴードン選手が地元紙に手紙を掲載した理由を述べた文。think の目的語は that 節で，that は省略されている。post は「（インターネットなどへの）投稿メッセージ」，

appropriate for this occasionは「この場にふさわしい」，do it the right wayは「それを正しいやり方でする」という意味。この文では，itは後ろのtell you how much I appreciate youを指している。tellの2つ目の目的語は間接疑問で，how much I appreciate youは「どれだけ私があなたに感謝しているか」という意味。

⑲ Without your friendship and guidance—and if you never told me your secrets (don't worry, I'll never tell!)—there wouldn't be a batting champion named Dee Gordon.

仮定法のif節に相当する副詞句 / 仮定法のif節 / 仮定法の主節

Without ... は「…がなければ」という意味で，続くif節とともに「条件」を表している。there wouldn't be ... は〈there is＋主語〉を用いた文で，「…はいないだろう」という意味。namedは「…という名前の」という意味で，named Dee Gordonがa batting championを修飾している。

⑳ Love you, bro!

V O

主語Iを省略した口語的な言い回し。

㉒ I hope [you enjoy retirement].

S V O S' V' O'

hopeの目的語はthat節で，thatは省略されている。

㉓ You better come hit with me on days off because I'm definitely going to miss that—and miss having you around to lean on.

S V S'+V' O' V' O'

不定詞の形容詞的用法 youがonの目的語

You better は助動詞を用いた表現had better *do*「…すべきである」のhadが省略された形。come *do*は「…しにくる」という意味。because節のthatはこの文のhit with meを指す。have ... aroundは「…がそばにいてくれる」という意味。to lean onは「頼るべき」という意味の形容詞の働きをする不定詞句で，直前のyouを修飾している。

定期テスト対策❶（Lesson 1）解答

問題⇒pp.22-23

1 (1) provides, for　(2) only, but　(3) such as　(4) stand for
(5) per night

2 (1) are　(2) must　(3) was running

3 (1) She is seeking advice　(2) What do you usually do on
(3) They were in the library　(4) You should go on this farm tour

4 (1) I was preparing dinner then.
(2) He will come back at five tomorrow.

5 (1) 私は幼いときニンジンが好きではありませんでした。
(2) 世界中から多くの人々がこの祭りにくるでしょう。
(3) あなたが私に電話したとき，私はあなた（のこと）について考えていました。

6 (1) ① among　⑧ to　(2) ② went　④ are　⑥ is
(3) ③ その神社は数えきれないほどの赤い鳥居で有名です。
⑤ これらの黒い文字は鳥居の建立年月日と寄贈者の名前です。
(4) 赤い鳥居と黒い文字の間のはっきりとした対比。

解説

1 (1) provide ... for ～で「～に…を提供する」。(2) not only ... but also ～で「…だけでなく～も」。(3) such as ... で「たとえば…のような」。(4) stand for ... で「…を表す」。(5) per nightで「1泊につき」。

2 (1) 主語が複数の文。(2)「…に違いない」という強い確信はmustで表す。(3) when節の時制が過去なので，過去進行形が適切。

3 (1)「…しています」は〈be動詞＋動詞の-ing形〉で表す。(2) 現在の習慣を尋ねる一般動詞の疑問文。(3)「存在」を表すbe動詞の過去の文。(4)「…すべきだ」は〈should＋動詞の原形〉で表す。

4 (1) 現在進行形を過去進行形の文にする。(2)〈will＋動詞の原形〉を使って「…だろう」という未来を表す文にする。

5 (1) 一般動詞の過去の否定文。(2) from all around the worldは「世界中から」という意味。(3) when節が過去形，主節が過去進行形の文。

6 (1) ①amongで「…の間で」。⑧appeal to ... で「…の心を引きつける」。(2) ② last monthに注目。④主語はthese black letters。⑥修飾語句のbetween ～ lettersにより主語と動詞が離れているが，主語はThe sharp contrastで三人称単数。(3) ③ *be* famous for ... で「…で有名だ」。⑤Theyは直前の文のthese black lettersを指す。(4) 直前の文のThe sharp contrast ～ lettersの内容をまとめる。

定期テスト対策❷（Lesson 2）解答

問題⇒pp.40-41

1 (1) gives off　(2) attracts　(3) a sign of　(4) turn off

2 (1) was given by　(2) have lived [been], for
(3) I'm often distracted　(4) have been running

3 (1) We've been looking for　(2) I've never seen a firefly
(3) Cancer cells were not found

4 (1) Have you ever been to Hawaii? [Have you been to Hawaii before?]
(2) This picture was painted [drawn] by Picasso.

5 (1) あの国は何世紀もの間，良いワインを生産し続けています。
(2) クラゲは夏の間にこの地域でよく見つけられます。
(3) 私はまだこの旅行の目的を聞いていません。

6 (1) ① with　④ since　(2) ② found　⑤ is put　⑥ are spotted
(3) 科学者たちは光を発するたんぱく質を利用し続けています
(4) (a) ○　(b) ×

解説

1 (1) give off ... で「(光・熱・においなど）を放つ」。(3) a sign of ... で「…のしるし」。(4) turn off ... で「…を消す」。

2 (1) 各文の主語と目的語が入れ替わっていることに注目し，受け身の文を作る。(2)「3年前に引っ越し，まだ住んでいる」→「3年間ずっと住んでいる」という現在完了の文を作る。(3) もとの英文の主語My catが，2文目ではby my catになっていることに注目し，受け身の文を作る。(4)「3時に走り始め，まだ走っている」→「3時から走り続けている」という現在完了進行形の文を作る。

3 (1) look for ... で「…を探す」。(2) 否定語neverは過去分詞の前に置く。(3) 受け身の否定文では否定語はbe動詞の後ろに置く。

4 (1)「…に行ったことがある」はhave been to ... で表す。

5 (1) has been producing ... は，「…を生産し続けている」という現在完了進行形の文。for centuriesで「何世紀もの間」。(3) yetは否定文では「まだ」という意味。

6 (1) ①with great difficultyで「とても苦労して」。④現在完了進行形の文に注目。(2) ②この文のあとの(since) thenに注目。時制は過去。⑤⑥putとspotの目的語がそれぞれの文の主語になっている。
(3) Theyは前文のScientists，itはa luminous proteinを指している。(4) (a) 2文目参照。(b) 4文目参照。

定期テスト対策③（Lesson 3）解答

問題⇒pp.58-59

1 (1) the field (2) have difficulty (3) In those

2 (1) to (2) that (3) being

3 (1) She quit university to become a professional dancer
(2) dream is winning the next World Cup
(3) I didn't know that he opposed my plan

4 (1) 姉［妹］と私の両方ともボルダリングは刺激的だと思いました。
(2) 彼らは今週末彼らのイヌを世話してくれる誰かを探しています。
(3) 牛小屋を独力で建てることは容易ではないかもしれません。

5 (1) ① climbing ② going
(2) グアムで初めてスポーツクライミングを体験し，おもしろかったこと。
(3) was able to

6 (1)（あなたたちは）ルートを見つけるためには創造力が必要です。
(2) ② of ③ that ④ myself
(3)（あなたたちは）多くの課題に取り組んでいる間に，人として成長し発達することができます。

解説

1 (1) in the field of ... で「…の分野で」。(2) have difficulty (in) *do*ing で「…するのに苦労する」。(3) in those days で「当時（は）」。

2 (1) 副詞の働きで「…するために」という意味の不定詞。(2) 空所の後ろが主語と動詞を含むことに注目し，that節を続ける。(3) 前置詞の目的語には動名詞を置くことができる。

3 (1) 副詞の働きをする不定詞の文。(2) 補語の働きをする動名詞の文。(3) 動詞knowの目的語にはthat節を続けることができる。

4 (1) both ... and ～で「…と～の両方とも」。(2) 形容詞の働きをする不定詞で，名詞someoneを後ろから修飾している。(3) 主語の働きをする動名詞の文。by *one*selfで「独力で」。may notで「…でないかもしれない」。

5 (1) 動名詞は動詞の目的語の働きをする。「1語で」という指示に注意。(2) 野口選手の4～6文目の発言を参照。(3) *be* able to *do*で「…することができる」。

6 (1) 副詞の働きをする不定詞の文。(2) ② a sense of ... で「…感」。③ カッコの後ろに主語と動詞を含む節が続くので，thinkの目的語としてS＋Vの節を導くthatを入れる。④improve *one*selfで「自身を向上させる」。主語はIなのでmyselfが入る。(3) as a personで「人として」。動詞growとdevelopを後ろから修飾している。whileは「…している間に」という意味の接続詞。

定期テスト対策④（Lesson 4） 解答

問題⇒pp.76-77

1 (1) the rest (2) Most of (3) For example (4) confused

2 (1) written (2) shorter (3) competing (4) rarest

3 (1) The language spoken by these people may disappear
(2) What is the hardest thing about studying
(3) is more common among men than women
(4) Enoden is the line running between Kamakura and

4 (1) the tallest (2) saying (3) prepared by

5 (1) 近頃は，人々は以前よりもっとひんぱんにスマートフォンを使っています。
(2) これらは英語に翻訳された日本のマンガのいくつかの例です。

6 (1)・日本のマンガ家の中には（始めから終わりまで）試しに横書きの日本語を使ってみる人がいた点。
・ページとコマも左から右へ進んだ点。
(2) 人々が英語の翻訳版で彼らの本を自然に読むことができること。
(3) is much longer than that of horizontal Japanese
(4) 同じ意味 appeared / 反対の意味 disappeared

解説

1 (1) the restで「残り」。(2) most of the ... で「…の大部分」。(3) for exampleで「たとえば」。(4) get confusedで「とまどう」。

2 (1) poemsとwriteは「受け身」の関係。(2) 後ろにthanがあるため，比較級を用いる。(3) Playersとcompeteは「能動」の関係。(4) one of the ... と文末のin the worldより，最上級を用いる。

3 (1) 主語The languageをspoken by these peopleが後ろから修飾する文を作る。(2)「最も難しいこと」は最上級でthe hardest thingと表す。(3) commonの比較級はmore common。(4) まず，主語・動詞・補語の順でEnoden is the lineとし，running between ...がthe lineを後ろから修飾する文を作る。

4 (1) 範囲を表すof the three studentsより，最上級を用いる。(2) a messageとsayは「能動」の関係。sayで「…と書いてある」。(3) *bento*とprepareは「受け身」の関係。

5 (1) more often than beforeで「以前よりもっとひんぱんに」。(2) comic booksとtranslatedは「受け身」の関係。

6 (1) 1文目と2文目の内容をまとめる。(2) 3文目のthat節の内容をまとめる。(3) 副詞のmuch「ずっと」は，比較級の前に置く。(4) appearは「出現する」，disappearは「消える」という意味。

定期テスト対策⑤ (Lesson 5) 解答

問題⇒pp.110-111

1 (1) are familiar to (2) played, part in (3) comes from (4) Thanks to

2 (1) seems [appears] to be (2) which [that] was made
(3) who [whom, that] I met

3 (1) that are read in Europe
(2) of the biggest problems that they are facing
(3) It seemed that he didn't remember me

4 (1) She is the person who [whom, that] I was looking for.
(2) They seem [appear] to like wild animals.
[It seems [appears] that they like wild animals.]

5 (1) ニセコはパウダースノー［粉雪］で有名な町です。
(2) その町はより多くの海外からの観光客がいるように見えます［思えます］。
(3) 私がそこで会った男性は，その雪をとても楽しみました。

6 (1) それはバナナの食べる部分からではなく，バナナの茎から作られています
(2) ②on ③away ④down ⑤into (3) (a)× (b)×

解説

1 (1) *be* familiar to ... で「…によく知られている」。(2) play a part in ... で「…において役割を果たす」。(3) come from ... で「…に由来する，…から生じる」。(4) thanks to ... で「…のおかげで」。

2 (1)〈look＋形容詞〉を〈seem［appear］to＋動詞の原形〉の文に書きかえる。(2) a shirt（物）を修飾する関係代名詞which［that］が導く節を続ける。(3) The girl（人）を修飾する関係代名詞who［whom, that］が導く節を続ける。

3 (1) Japanese comic books（物）を修飾する関係代名詞thatが導く節を続ける。(2)主語になる部分を作る。the biggest problemsを先行詞，thatを関係代名詞と考える。(3)〈It seemed＋that節〉で「…のように見えた」。

4 (1)「人」を修飾する関係代名詞はwho［whom, that］。「私が探していた」はI was looking for。(2)〈seem［appear］to＋動詞の原形〉または〈It seems［appears］＋that節〉の文を作る。

5 (1) which以下が先行詞a townを修飾している。(2)〈seems to＋動詞の原形〉に注意して訳す。(3) The man ... thereまでが主語。

6 (1) not ... but～「…でなく～」，the part of bananasを修飾する関係代名詞thatが導く節に注意して訳す。(2) ②grow on ... で「…に（実が）なる」。③throw ... awayで「…を（投げ）捨てる」④cut ... downで「…を切り倒す」。⑤turn ... into～で「…を～に変える」。(3) (a) 本文5～6行目参照。a sustainable resourceは食用ではない。(b) 本文8～9行目参照。fibersではなくpaperが正しい。

定期テスト対策⑥（Lesson 6）解答

問題⇒pp.128-129

1 (1) the following (2) On average (3) According to (4) In order to
(5) wonder whether

2 (1) likes to keep his desk clean (2) It is great that (3) He looked happy

3 (1) They found the paintings exotic
(2) It was lucky that I didn't take this route
(3) The situation didn't look good for

4 (1) What made you so angry yesterday?
(2) It is natural that we are attracted to beautiful things.

5 (1) 近頃は，観光客は文化的な体験により興味を持っているように思えます。
(2) この国の多くの人々がダイエットをしているのは驚くべき（こと）です。

6 (1) スーパーマーケットに行くと，不必要な食べ物を買うこと。
(2) found eating before shopping useful
(3) その結果は，1番目のグループが2番目のグループよりもより少なく不必要な食べ物を買ったということを示しました。
(4) つまり，（あなたが）空腹なら，より多くの不必要な食べ物を買う傾向があります。
(5) the next time you go shopping

解説

1 (1) the following ... で「下記の…」。(2) on average で「平均して」。(3) according to ... で「…によれば」。(4) in order to *do* で「…するために」。(5) wonder whether ... で「…かなと思う」。

2 (1) 〈keep + O + C〉で「OをCに保つ」。(2) 〈It + be動詞 + 形容詞 + that節〉の文にする。(3) 〈S + V + C [形容詞]〉の語順にする。

3 (1) 〈S + V + O + C [形容詞]〉の語順にする。(2) 〈It + be動詞 + 形容詞 + that節〉の語順にする。(3) 〈S + V + C［形容詞］〉の語順にする。

4 (1) What made you ...? は「理由」を尋ねる文。(2) Naturally「当然ながら」から始まる文をIt is natural that ... に書きかえる。

5 (1) 〈seem + C［形容詞］〉で「…に思える」。*be* interested in ... で「…に興味を持っている」。ここでは，be動詞の部分がseemになっている。(2) surprisingで「驚くべき」。*be* on a dietで「ダイエットをしている」。

6 (1) 1文目の内容をまとめる。(2) 〈find + O + C［形容詞］〉の語順にする。目的語は文脈より eating before shopping が適切。(3) 比較級のless ... than～「～よりもより少ない…」を忘れず訳出する。(4) That isで「つまり」，tend to *do*で「…する傾向がある」。(5) 〈the next time + S + V〉で「今度SがVするときに」。the next time は3語で接続詞に近い働きをする。

定期テスト対策⑦ (Lesson 7) 解答

問題⇒pp.146-147

1 (1) In fact (2) end, in (3) mistake, for (4) prevented [stopped], from

2 (1) when (2) where (3) what

3 (1) the store where my sister works
(2) What attracts me about this tour
(3) Christmas is the time when the whole family gathers
(4) how much beef is consumed

4 (1) ここがそのクジラが飢餓で死んだ場所です。
(2) 彼女が昨日私たちのために料理してくれたものはとてもおいしかったです。

5 (1) To make matters worse
(2) ② or ④ to ⑤ In the meantime ⑥ in turn
(3) それらは5ミリメートル未満のために見ることが難しいです。

6 (1) 下記（のもの）は私たちが毎日の生活でできることの例です。
(2) ごみを散らかさないこと。詰め替え可能な水筒を使うこと。ビニール袋を使わないようにすること。
(3) それらがもはや使えないとき，それらをリサイクルしなさい。

解説

1 (1) in fact で「実際には」。(2) end up in ... で「(場所など) に最終的に至る」。(3) mistake ... for ～で「…を～と間違える」。(4) prevent [stop] ... from *do*ing で「…が～するのを妨げる」。

2 (1) 先行詞 the year は時を表すので when。(2) 先行詞 the place は場所を表すので where。(3) 先行詞がないので what を選ぶ。

3 (1) 場所を表す the store に関係副詞 where に導かれる節を続ける。(2) 先行詞を含み主語になる関係代名詞 What に導かれる節を作る。(3) 時を表す the time に関係副詞 when に導かれる節を続ける。(4) 命令文の動詞の原形のあとに〈how much + S + V〉の間接疑問を続ける。V は is consumed の受け身。

4 (1) 先行詞 the place と関係副詞 where を含む文。(2) 関係代名詞 What で導かれる節が主語となっている文。

5 (1) To make matters worse で「その上悪いことに」。(2) ②〈..., + or ～〉で「…，つまり～」。④ 数字（期間）を表すときは A to B「A から B」を用いる。⑤ In the meantime で「その間（に）」。⑥ in turn で「今度は」。

6 (1) 前置詞 of の目的語が関係代名詞 what で導かれる節となっている文。(2) 下線部② 直後の3文の内容をまとめる。(3) not ... any longer「もはや…でない」を正しく訳出する。

定期テスト対策⑧（Lesson 8）解答

問題⇒pp.164-165

1 (1) in the middle of　(2) Otherwise　(3) without saying
(4) by the end of　(5) no longer

2 (1) had　(2) , which　(3) who　(4) listening　(5) had

3 (1) Walking to the station
(2) a sister, who is studying animal behavior
(3) She had never been abroad

4 (1) Reaching　(2) which

5 (1) 疲れていたので，私は昨夜早く寝ました。
(2) 私のいちばん好きなパン店は，30年間開いていたのですが，昨年閉まりました。

6 (1) ① at　② with　⑤ like
(2) すぐに料理されうる安くて栄養のある食べ物。
(3) 揚げた魚とポテトをいっしょにするという考え。
(4) (c)

解説

1 (1) in the middle of ... で「…の半ばに」。(2) otherwise で「そうでなければ」。(3) without *doing* で「…しないで」。(4) by the end of ... で「…の終わりまでには」。(5) no longer ... で「もはや…ない」。

2 (1) (5) 過去のある時点までの経験は過去完了形〈had + 過去分詞〉を選ぶ。(2) 文頭に There とあり，先行詞 bouldering は特定されているので〈, + which〉を選ぶ。(3) 先行詞 any girls は不特定なので，who を選ぶ。(4)「…しながら」という意味で分詞構文になる listening を選ぶ。

3 (1)「…しているとき」は分詞構文で表すことができる。(2)「1人の妹」は特定の人なので，〈, + who〉を続ける。(3)「…する前に～したことがなかった」は過去完了形〈had + 過去分詞〉で表す。

4 (1) When 節は分詞構文で表すことができる。(2) 先行詞 the Banana Paper Project は特定の物なので，〈, + which〉で書きかえる。

5 (1) コンマの前までは分詞構文。前後の流れから，「…ので」という意味を訳出する。
(2) 非制限用法の関係代名詞と過去完了形を正しく訳出する。

6 (1) ① at the beginning of ... で「…の初めに」。② with low pay で「低い賃金で」。⑤ like は「…のような」という意味。(2) 直前の cheap and nutritious food that could be cooked quickly の内容をまとめる。(3) 直後の of は「…という」を表す前置詞。putting ... together の内容をまとめる。(4) 本文6～7行目の内容より，(c)が適切。

定期テスト対策⑨（Lesson 9）解答

問題⇒pp.182-183

1 (1) refers to (2) participating in (3) setting up
(4) short for (5) popularity, sharply

2 (1) if (2) let (3) cheering

3 (1) how he planned to go (2) noticed my cat staring at something
(3) made us think about our future regardless of

4 (1) She asked me if the dog was sleeping.
(2) We watched that boy climb [climbing] (up) the tree.

5 (1) 彼はなぜ私が彼にあの本を読ませたかわかり［理解し］ませんでした。
(2) 今日，ますます多くの日本の会社が労働者に家で働かせます。

6 (1) ほとんどの日本の高校は部活動としてeスポーツを導入していません
(2) 先生や親が依然としてeスポーツを時間のむだとみなしていること。
(3) 政府は，彼らに特別なビザを与えることによって，ほかのプロの運動選手のように彼らをアメリカに入れさせて，プレーさせています。

解説

1 (1) refer to ... で「…を指す」。(2) participate in ... で「…に参加する」。(3) set up ... で「…を設立する」。(4) (*be*) short for ... で「…の略語で（ある）」。

2 (1) 動詞の目的語のif節は「…かどうか」。(2)〈let + O + 原形不定詞〉で「Oに…させる」。(3)〈hear + O + 現在分詞〉で「Oが…しているのを聞く」。

3 (1)「Oにどのように…が～するか尋ねる」は〈ask + O + how + S' + V'〉。(2)「Oが…しているのに気づく」は〈notice + O + 現在分詞〉。(3)「Oに…させる」は〈make + O + 原形不定詞〉。「…に関係なく」はregardless of ...。

4 (1)「Oに…が～するかどうか尋ねる」は〈ask + O + if + S' + V'〉で表す。(2)「Oが…するのを見る」は〈watch + O + 原形不定詞〉または〈watch + O + 現在分詞〉で表す。

5 (1)〈understand + why + S' + V'〉は，「なぜ…が～するか理解する」という意味。why節で〈make + O + 原形不定詞〉「Oに…させる」が用いられている。(2) Todayは「今日（こんにち）」，more and more ... は「ますます多くの…」，〈let + O + 原形不定詞〉は「Oに…させる」という意味。

6 (1) fewは冠詞なしで用いるとき「ほとんど…ない」という否定の意味。(2) I'm afraid they still see e-sports as a waste of time.の内容をまとめる。theyは前文の(some) teachers and parentsを指す。(3) 主語はThe government「政府」，動詞はletsで〈let + O + 原形不定詞〉の現在の文。原形不定詞はenterとplayの２つ。by *doing*で「…することによって」。

定期テスト対策⑩（Lesson 10）解答

問題⇒pp.200-201

1 (1) happened to (2) fit in (3) come true
(4) as well as (5) so far

2 (1) could (2) were (3) had (4) were

3 (1) I wish I could travel around the world
(2) as if I were their old friend
(3) If my products were featured on TV programs
(4) We wish we could reduce the use

4 (1) wish, had (2) didn't, could

5 (1) 私は彼女の言語の才能を引き出すことができたらいいのに。
(2) もし北極の氷山のすべてが溶けたら，何が起こるでしょうか。

6 (1) ① wearing ④ were ⑥ led
(2) 彼女は，それらの服を着た人々の写真を撮ることは，彼らの伝統を次の世代に伝えるのを助けるかもしれないと思って［信じて］います。
(3) もし彼らが写真家を信頼しないのなら，彼らは自分たちが本当は誰であるか，または何であるかを示さないでしょう。
(4) 彼女［ヨシダナギさん］が同じ衣装を着て，同じ食事をして，同じ化粧をしたこと。

解説

1 (1) happen to *do* で「偶然…する」。(2) fit in で「なじむ」。(3) come true で「実現する」。(4) A as well as B で「BだけでなくAも」。(5) so far で「今までのところでは」。

2 (1) wish の仮定法過去の文なので could。(2) as if の仮定法過去の文なので were。(3) if の仮定法過去の文なので had。(4) wish の仮定法過去の文なので were。

3 (1)〈wish＋主語＋助動詞の過去形＋動詞の原形〉の語順にする。(2)〈as if＋主語＋were ...〉の語順にする。(3) 受け身の文も〈If＋主語＋動詞の過去形 ...〉の語順となる。(4)〈wish＋主語＋助動詞の過去形＋動詞の原形〉の語順にする。

4 (1)〈wish＋主語＋動詞の過去形〉の文に書きかえる。(2)〈If＋主語＋(助) 動詞の過去形 ..., 主語＋助動詞の過去形＋動詞の原形〉の文に書きかえる。

5 (1)〈wish＋主語＋(助) 動詞の過去形〉を正しく訳出する。bring out ... で「…を引き出す」。(2) 仮定法過去の What would happen は「何が起こるだろうか」という意味。

6 (1) ① avoid の後ろの動詞は動名詞となる。④ as if の文では，be動詞は were を用いるのが正式。⑥ lead の過去形は led。(2) believes の目的語の that 節は文末まで続く。that 節の主語は taking ... clothes, 動詞は might help pass。(3) 主節の show の目的語は who と what で導かれる名詞節。(4) 直前の文の３つの具体例をまとめる。